Hanspeter Mathys
Mit Gott – gegen die Welt

PSYCHE UND GESELLSCHAFT

HERAUSGEGEBEN VON JOHANN AUGUST SCHÜLEIN UND HANS-JÜRGEN WIRTH

Hanspeter Mathys

Mit Gott – gegen die Welt

Über die Anziehungskraft
des christlichen Fundamentalismus

Psychosozial-Verlag

Bibliografische Information der Deutschen Nationalbibliothek
Die Deutsche Nationalbibliothek verzeichnet diese Publikation
in der Deutschen Nationalbibliografie; detaillierte bibliografische Daten
sind im Internet über http://dnb.d-nb.de abrufbar.

Originalausgabe
© 2024 Psychosozial-Verlag GmbH & Co. KG, Gießen
E-Mail: info@psychosozial-verlag.de
www.psychosozial-verlag.de
Umschlagabbildung: Léon Spilliaert, *The Sun*, 1924
Umschlaggestaltung & Innenlayout nach Entwürfen von Hanspeter Ludwig, Wetzlar
Satz: metiTec-Software, www.me-ti.de
ISBN 978-3-8379-3328-4 (Print)
ISBN 978-3-8379-6225-3 (E-Book-PDF)

Inhalt

Dank

Herzlich bedanken möchte ich mich bei meiner Lebenspartnerin Vera Luif, bei Bernhard Grimmer, Monique Honegger und Günther Kainz für die kritische Durchsicht des Manuskripts. Neben den zahlreichen inhaltlichen und stilistischen Verbesserungsvorschlägen haben sie alle auf ihre Art dazu beigetragen, diejenigen Passagen, die vorwiegend in einem Tonfall der Entrüstung formuliert waren, in aufgeklärtere Bahnen zu lenken.

Ein besonderer Dank geht auch an Christian Flierl und Anina Leute-Roemer vom Psychosozial-Verlag für die umsichtige Betreuung und das sorgfältige Lektorieren des Buchtextes.

Einleitung

»Hast du eine Freundin?« spricht mich ein mir unbekannter Mann in der Fußgängerzone an.

»Äh, was?«, entgegne ich ihm. Und bevor ich ihm irgendeine Antwort geben kann:

»Und, schläfst du mit ihr?«

Ich bin viel zu perplex, um irgendeine Antwort darauf zu geben. Und bevor ich mich irgendwie sammeln kann, zischt mir ein »Du wirst in der Hölle schmoren!« entgegen.

»Wie bitte?«

»Du wirst in der Hölle schmoren!« wiederholt der Mann mit einem nicht unzufriedenen Grinsen im Gesicht.

In dieser Szene steckt viel von dem, was christlichen Fundamentalismus ausmacht. Zum einen läuft der Kontakt nicht auf ein interaktives Geschehen hinaus. Vielmehr ist die Rollenverteilung dezidiert einseitig konzipiert: Der eine lässt die Botschaft verlauten, der andere soll sie entgegennehmen. Fertig. Auf die gestellten Fragen wird keine Antwort erwartet. Ein Dialog ist nicht vorgesehen. Es war auch kein einladendes Angebot, sondern eine dumpfe Drohung, die darauf abzielte, Angst zu erzeugen.

Der Mann wusste offenbar ganz genau, wer in den Himmel und wer in die Hölle kommt. Hier war der Fall scheinbar klar: Sex vor der Ehe führt direkt in die Hölle, und er wollte mich wohl vor diesem unausweichlichen Schicksal bewahren. Aus Nächstenliebe quasi. Zumindest aus seiner Sicht. Mir schien seine Nächstenliebe und Sorge um mein Seelenheil jedoch nicht sein drängendstes Anliegen gewesen zu sein, vielmehr dominierte der Eindruck seiner kaum verborgenen Schadenfreude, mich in der Hölle schmoren zu sehen.

Drohung und Aggression, geäußert im selben Atemzug mit Botschaften von Vergebung und Versöhnung, dieses unverbundene Nebeneinander, der blitzschnelle Wechsel vom einen in den anderen Modus, je nachdem, wie das

Gegenüber reagiert, sorgt aus der Perspektive der Fremdwahrnehmung für Irritation.

Wie aber lässt sich das Selbstverständnis von Fundamentalisten charakterisieren? Eine erste übersichtsartige Antwort könnte folgendermaßen lauten (nach Lambrecht & Baars, 2009): Charakteristisch für christliche Fundamentalisten ist die wörtlich verstandene Bibel als verbindliche Grundlage ihres Glaubens und Lebens. Fundamentalismus bedeutet, kompromisslos nach bestimmten moralischen Grundsätzen zu leben. So gilt beispielsweise Homosexualität als Sünde, Sex vor der Ehe ist verboten, Abtreibung wird teilweise militant bekämpft. Die Entstehung der Welt und allen Lebens wird konsequent kreationistisch verstanden, das heißt, Fundamentalisten gehen davon aus, dass die Welt in sechs Tagen erschaffen wurde und nicht älter als etwa 6000 Jahre ist. Die Evolutionstheorie wird abgelehnt. Fundamentalisten halten ihre Art des Glaubens für die einzig richtige und wahre, wovon alle Ungläubigen überzeugt werden müssen. Andere Religionen, ja sogar andere Konfessionen wie den Katholizismus, lehnen sie ab.

Auf Grundlage ihres Bibelverständnisses teilen fundamentalistische Christen die Welt in Gut und Böse, in Gläubige und Nichtgläubige ein. Die »Welt«, wie sie sie verstehen, ist in ihren Augen verloren, sündig, böse, vom Satan beherrscht. Sie leben in einer ständigen Endzeiterwartung und glauben, dass auf sie selbst die Rettung wartet, das ewige Heil, wenn Jesus wieder auf die Erde kommt. Diejenigen, die ihren Glauben nicht teilen, erwartet ihrer Ansicht nach die ewige Verdammnis, die Hölle. Deswegen entwickeln viele Fundamentalisten eine rege Missionstätigkeit, um die ihrer Ansicht nach »Verlorenen« zu »retten«, unabhängig davon, ob die Betreffenden selbst nach dieser Errettung verlangen. Fundamentalisten bezeichnen sich selbst als »bibeltreue« oder »bekennende« Christen, weil sie sich ganz bewusst für diesen Glauben entschieden haben. Diese Entscheidung bezeichnen sie als »Bekehrung« oder »Wiedergeburt«. Damit wollen sie zum Ausdruck bringen, dass ein komplett neues Leben angefangen hat, in dessen Mittelpunkt eine ihrem Verständnis gemäße »intensive persönliche Beziehung zu Gott« steht.

Was macht diese in vielen Bereichen so rigide Ideologie für viele Menschen attraktiv? Mit anderen Worten, welche psychische Disposition begünstigt die Bereitschaft, das fundamentalistische Glaubenssystem als passende Antwort auf eigene Fragen zu erleben? Das ist der Ausgangspunkt der vorliegenden Arbeit, die sich mit dieser Frage aus psychoanalytischer Perspektive auseinandersetzt.

Wenn heute von Fundamentalismus die Rede ist, geht es meist um religiösen Fanatismus, und zwar vorwiegend um Terroraktionen von radikalisierten Islamisten, getreu dem Motto »Fundamentalisten sind immer die anderen«

(Paramo Ortega, 2013). Angesichts der spektakulären Bilder vom Nine-Eleven-Terror mit Flugzeugen, die in Wolkenkratzer fliegen, ist es nicht einfach, das Phänomen aus einer gewissen Distanz zu diesem medial vorgegebenen Sensationshype zu betrachten. Eine psychoanalytische Perspektive einzunehmen, heißt deshalb zuerst, den Blick aus einer Haltung gleichschwebender Aufmerksamkeit auf das Phänomen zu richten und sich nicht blenden zu lassen von einem Bild des Fundamentalismus, das durch mediale Produktionsbedingungen verbreitet wird. Wenn Freud in der *Traumdeutung* (1900) davon ausging, dass der Blick des Analytikers durch unbewusste Mechanismen der Traumarbeit auf das Spektakuläre und vermeintlich affektiv Hochbesetzte gelenkt wird, in Wirklichkeit allerdings dadurch vom Eigentlichen abgelenkt wird, kann dies die Richtung weisen, die Aufmerksamkeit auf das vermeintlich weniger Sensationelle zu richten. Auf das massenpsychologische Phänomen des Fundamentalismus angewandt heißt dies: Das Sichtbare und Spektakuläre dieses Phänomens, insbesondere die gewalttätigen Aktionen, mit Freud als »die kurzen aber hohen Wellen der langen Dünungen der See« (Freud, 1921, S. 90) zu verstehen, die aber für den analytischen Blick nicht im Fokus des Interesses stehen. Vielmehr sind es die weniger auffälligen »stummen Massenprozesse«, die in der Gesellschaft strukturell eingelagert sind und einen entsprechenden Effekt auf das Individuum haben, die kaum wahrnehmbar sind, aber gerade deswegen einen umso prägenderen Einfluss auf die »Prozesse der Subjektformierung« (Brunner, 2019, S. 12) haben. Letzteren auf den Grund zu gehen, ist das Vorhaben dieser Arbeit.

Zum anderen besteht eine Stärke des psychoanalytischen Denkens darin, gesellschaftlich-moralische Entrüstungsdiskurse daraufhin zu befragen, wo genau der Ansatz zu projektiven Mechanismen ansetzt, an welchen Stellen Eigenes verwischt und beim Anderen identifiziert werden muss. Angesichts der historischen Entwicklung des religiösen Fundamentalismus erscheint es als politisches Kalkül, wenn in der westlichen Hemisphäre der Fundamentalismus vorwiegend als islamisches Phänomen betrachtet wird. Nicht zuletzt aus diesem Grund beschränkt sich diese Arbeit auf einen bestimmten Teilbereich des religiösen Fundamentalismus. Im Fokus steht die christliche Religion, und zwar in ihrer protestantischen Ausprägung, also diejenige Variante, die sich vor der eigenen »kulturellen Haustür« befindet.

Der erste Teil dieses Buches widmet sich der Frage nach den Grundlagen des Fundamentalismus. Das erste Kapitel beschreibt, was Fundamentalismus ausmacht und wogegen er abzugrenzen ist. Eine geschichtliche Übersicht mit den Leitfragen, wie der Fundamentalismus entstanden ist und wie er sich bis heute weiterentwickelt hat, folgt im zweiten Kapitel. Schließlich ist der Fundamentalismus als Bewegung oder Ideologie keine rein individualpsychologische Erscheinung, auch wenn in diesem Buch der Schwerpunkt auf diesem Ansatz liegt. Um dieser Tatsache Rechnung zu tragen, wirft Kapitel 3 die Frage auf, welcher gesellschaftliche Kontext fundamentalistische Antworten fördern könnte. So werden unter dem Stichwort des »Autoritarismus« auch einige Parallelen zwischen Verschwörungsnarrativen und fundamentalistischen Vorstellungen dargestellt, die deutlich machen, dass die fundamentalistische Mentalität über den ihr üblicherweise zugeordneten Bereich hinausgeht.

Der hier vorliegende Versuch, der sich aus psychoanalytischer Perspektive mit dem religiösen Fundamentalismus befasst, ist nicht der erste seiner Art. Eine Auswahl verschiedener Ansätze, die aus unterschiedlichen Perspektiven einen Beitrag zur Fragestellung geleistet haben, wird am Anfang des zweiten Teils dieser Arbeit in Kapitel 4 vorgestellt. In Kapitel 5 wird zuerst die grundsätzliche Frage, inwieweit ein kulturelles Phänomen psychoanalytisch untersucht werden kann, diskutiert, gefolgt von der Frage, welchen Wandel der psychoanalytische Blick auf das Gebiet der Religion generell durchgemacht hat. Aus dieser Diskussion heraus wird der hier vertretene Beitrag zu einer psychoanalytischen Auseinandersetzung mit dem Phänomen des Fundamentalismus vorgestellt. Dabei werden zwei Schwerpunkte gesetzt, die abgeleitet von zwei Hauptmerkmalen des spezifisch protestantischen Fundamentalismus genauer betrachtet werden: Der erste Fokus liegt auf dem literalistischen Bibelverständnis, das im Zusammenhang mit Theorien zur Symbolisierung diskutiert wird (Kap. 6); der zweite beschäftigt sich mit dem streng dualistischen Ansatz, der kompromisslosen Einteilung der Welt in Gut oder Böse, der mit dem Konzept der paranoid-schizoiden Position und den entsprechenden Abwehrmanövern in Zusammenhang gebracht wird. Anschließend wird diskutiert, inwiefern die vorgeschlagenen psychoanalytischen Konzepte herangezogen werden können, um besser zu verstehen, was die fundamentalistische Mentalität so attraktiv für bestimmte Personen macht, beziehungsweise für welche Art psychischer Disposition die fundamentalistische Variante von Religion die passende Antwort anbietet (Kap. 7).

1 Was versteht man unter »Fundamentalismus«?

1.1 Zur Begriffsgeschichte des Fundamentalismus

Während die Entstehung des Fundamentalismus sich klar in einer bestimmten Religion – respektive Konfession – nämlich dem Protestantismus, und einer geografischen Einheit, den USA, verorten lässt (Kap. 2), herrscht weniger Einigkeit darüber, was der Begriff »Fundamentalismus« heutzutage genau umfasst. Oft begegnet man einer eher diffusen Vorstellung, die locker mit Positionen wie Radikalismus, Terrorismus, Intoleranz, überhaupt ideologischer Enge in Verbindung gebracht werden. Auch in der Politik taucht der Begriff auf. So wurde beispielsweise in den 1980er Jahren eine Strömung der politischen Partei der »Grünen« in Deutschland als »Fundis« bezeichnet. Der Begriff hat in den letzten 100 Jahren eine inflationäre Erweiterung erfahren und dadurch an Kontur verloren. Jede Arbeit über Fundamentalismus muss sich deshalb mit der Frage befassen, was darunter zu verstehen ist.

Einst als stolze Selbstbezeichnung einer dynamischen Bewegung Anfang des 20. Jahrhunderts in den USA entstanden, hat die Bezeichnung heute eine »stigmatisierende Wirkung« (Buchholz, 2017, S. 14). The »dirty 14-letter word« oder, noch dirtier, »the F-word« (zit. nach Buchholz, 2017, S. 14) eignet sich vorzüglich, um »die Anderen«, Individuen wie Gruppen, zu diskreditieren. Seit den Attentaten auf die Twin Towers in New York 2001 taucht der Begriff deutlich häufiger im Zusammenhang mit dem Islam auf. Die Ausweitung des Begriffs »Fundamentalismus« auf den Islam begann aber schon früher. 1979 wurden in Teheran im Verlauf der islamischen Revolution US-amerikanische Diplomaten in Geiselhaft genommen. Das war der Moment, als der Begriff »Fundamentalismus« von Wissenschaftler*innen und Journalist*innen erstmals auf den Islam angewandt wurde (Marsden, 2006, S. 250). Dass er aber heute derart getreu dem Motto: »Fundamentalisten sind immer die anderen« (Paramo Ortega, 2013) verwendet wird, ist doch eine bemerkenswerte Verschiebung des Begriffs vom protestantischen Christentum auf den Islam und hängt wohl mit einer Tendenz zusammen, deren ideologischer Unterbau bereits einige Jahre vorher von Samuel Huntington in seinem Buch »Clash of civilisations« (1996, dt. »Kampf der Kulturen«) geliefert wurde. Verschiedene Autor*innen machen auf die verheerende Wirkung dieses Werks aufmerksam, weil es sowohl christlichen als auch islamischen Fundamentalisten eine Art Begründung für ihre Ideologie liefere (Meyer, 2011; Riesebrodt, 2001). Riesebrodt (2001) bezeichnet das Buch von Huntington dieser Argumentationsebene folgend als eine »Pseudo-Verwissenschaftlichung der fundamentalistischen Ideologie« (S. 29). Statt »Kampf der Kulturen« würde »Kampf der Fundamentalismen« besser passen. Damit weist er darauf hin, dass die unterschiedlichen Fundamentalismen einander gegenseitig bedingen und befeuern. Das Verheerende sei, so Riesebrodt weiter, dass Huntington in seiner Funktion als amerikanischer Politwissenschaftler die Entstehung der neuen Machtblöcke weniger beschreibt, als in der Art einer »self-fulfilling prophecy« herbeizuschreiben versucht. Seine Hauptthese lässt sich wie folgt zusammenfassen: Das christliche Abendland und der Islam stehen einander als unvereinbare kulturelle Machtblöcke gegenüber mit der unausweichlichen Konsequenz, dass dieser »Clash« in Feindseligkeit und Krieg mündet. Dies entspringe der jeweiligen Natur des Islams und des Christentums. Diese Zuspitzung bietet auch den ideologischen Unterbau für eine Polarisierung in der Migrationspolitik. Nicht selten werden dabei Bezüge zur Religion der Flüchtlinge hergestellt und mit Verweisen auf »religiösen Fanatismus« versehen. Die darauf folgende Behauptung einer mangelnden kulturellen Passung insbesondere der muslimischen Zuwanderer zum »christlichen« Europa wirkt ausgesprochen bemüht (Decker & Brähler, 2018, S. 217). Offensichtlich hat für Huntington die Wirklichkeit kultureller Differenz nichts Bereicherndes an sich. Vielmehr ist sie für ihn zwingend mit Hass und Feindschaft assoziiert. Damit arbeite er »mit seinen außenpolitischen Sandkastenspielen den Fundamentalisten aller Schattierungen in die Hände« (Riesebrodt, 2001, S. 27), um einer eher simplen und westlich orientierten Weltordnung Vorschub zu leisten. Der Begriff des Fundamentalismus wird somit heute vorzugsweise zur Diskriminierung von Muslimen instrumentalisiert. Er wird als politischer Kampfbegriff missbraucht, indem Regierungen politisch Oppositionelle als Fundamentalisten bezeichnen, um sie zu unterdrücken. »Damit hat der Fundamentalismus erfolgreich die Nachfolge des Kommunismus als Schreckgespenst in der politischen Rhetorik angetreten« (Riesebrodt, 2001, S. 51).

1.2 Fundamentalismus: ein genuin protestantisches oder ein religionsübergreifendes Phänomen?

Auf diesem (Schlacht-)Feld der politischen Instrumentalisierung scheint auch die nicht gerade triviale Frage bereits beantwortet zu sein, ob es sich beim Fundamentalismus um eine genuin protestantische Angelegenheit oder um ein religionsübergreifendes Phänomen handelt, das zwar im amerikanischen Protestantismus entstanden ist, mittlerweile aber als Variante des religiösen Lebens in allen Religionen vorkommt. Die meisten Fundamentalismus-Forscher*innen vertreten diese zweite Sichtweise.

Dies gilt auch für die mit Abstand umfassendste Studie, die sich auf phänomenologischer und empirischer Ebene mit dem Fundamentalismus befasst: das fünfbändige Werk von Martin E. Marty & R. Scott Appleby (1991–1995) mit dem Titel »The Fundamentalism Project«. Die Autoren verstehen »Fundamentalismus« als einen Familienbegriff im Sinne Wittgensteins. Alle Fundamentalismen teilten eine Reihe charakteristischer Merkmale ihres Denkens und Handelns, aber nicht alle genau dieselben. Almond et al. (1995) haben im Rahmen dieses umfangreichen Projekts in einer zusammenfassenden Arbeit neun allgemeine Charakteristika religiös-fundamentalistischer Bewegungen herausgearbeitet. Von diesen neun Kriterien bezeichnen sie die ersten fünf als »ideologisch«, die letzten vier als »organisatorisch« (S. 405ff.).

Als elementare Haltung kann in fundamentalistischen Bewegungen die *Reaktivität gegenüber der Marginalisierung von Religion* bezeichnet werden. Fundamentalismus ist eine militante Gegenreaktion gegen die Kräfte der Modernisierung und der Säkularisierung, welche eine Erosion des religiösen Glaubens mit sich gebracht haben.

Als zweites Merkmal fällt den Autor*innen eine bestimmte Art von *Selektivität* auf, die sich in verschiedener Hinsicht manifestiert: Fundamentalisten beharren nicht lediglich auf einem Traditionalismus, sondern sie wählen ganz bestimmte Bereiche aus, die sie vom Mainstream unterscheiden. So sind nicht alle biblischen Bücher für christliche Fundamentalisten gleich wichtig. Besondere Bedeutung hat das Buch der Offenbarung des Johannes mit seinen plastischen Schilderungen der Apokalypse, also der Endzeit und des Weltuntergangs. Fundamentalisten bedienen sich des Weiteren der modernen Massenmedien und sind in dieser Hinsicht ganz und gar nicht traditionalistisch, sondern ausgesprochen modern und medienkompetent. Und schließlich fokussieren sie auf bestimmte Themen, die sie besonders bekämpfen: unter anderem vertreten sie rigide Moralvorstellungen im Bereich der Sexualität.

Ein *moralischer Manichäismus*[1] wird als drittes Charakteristikum aufgeführt. Die manichäische oder dualistische Weltsicht teilt die Welt kompromisslos in

---

1   Der Manichäismus ist eine vom Perser Mani (216 bis 276/77) gegründete Religion der Spätantike. Ausgangspunkt ist ein radikaler Dualismus von Licht und Finsternis, Gut und Böse, Gott und Welt, Geist und Materie.

zwei Hälften: die helle und gute auf der einen Seite (in den fundamentalistischen Gruppen), die böse und dunkle auf der anderen (außerhalb der fundamentalistischen Gruppen).

Für den protestantischen Fundamentalismus ist das nächste Kennzeichen von besonderer Bedeutung: die Doktrin von der *Irrtumsfreiheit der heiligen Texte*, die dadurch erklärt wird, dass jedes Wort von Gott diktiert wurde. Hierin unterscheiden sich die drei abrahamitischen Religionen mit ihren heiligen Büchern, die sogenannten Schriftreligionen (Judentum, Islam und Christentum) von den fernöstlichen Religionen (Hinduismus und Buddhismus).

Laut den apokalyptischen Texten bewegt sich die Geschichte auf einen wundervollen Höhepunkt zu. Das Gute wird über das Böse triumphieren. *Millenarismus und Messianismus* bilden das fünfte Kennzeichen. Sie beinhalten die Verheißung, dass das Leiden ein Ende haben wird dank dem Auftreten eines allmächtigen Erlösers.

Die von Gott *erwählte Mitgliedschaft* zu einer fundamentalistischen Gruppierung und *scharfe Grenzen* zwischen der damit verbundenen Gruppenzugehörigkeit und dem Bereich außerhalb der entsprechenden Gruppe, seien diese physisch oder symbolisch, zum Beispiel durch den Gebrauch eines spezifischen Vokabulars, gelten als organisatorische Merkmale. Ergänzt werden diese durch zwei weitere: Die typische fundamentalistische Organisation wird von einer männlichen charismatischen Führerfigur *autoritär geführt*. Die Jünger leisten ihrem Führer bedingungslosen Gehorsam. Als Belohnung wähnen sie sich der Gottheit besonders nahe und erhalten dadurch unter anderem ein volles und tiefes Verständnis der heiligen Texte. Schließlich existieren für die Gläubigen strenge überwachte Regeln für alle Lebensbereiche, die in einem explizit oder implizit bestehenden *Verhaltenskodex* durch den Alltag führen.

Die herausgearbeiteten Charakteristika von Almond et al. (1995) eignen sich vor allem für die Beschreibung der drei abrahamitischen Religionen: das Judentum, das Christentum und den Islam. Gemäß diesen Charakteristika werden zehn fundamentalistische Bewegungen definiert, weitere dem Fundamentalismus ähnliche Bewegungen und nicht-fundamentalistische Bewegungen werden davon abgegrenzt. Unter diesen zehn fundamentalistischen Bewegungen finden sich keine hinduistischen und buddhistischen Gruppen, was den ansonsten so verdienstvollen Ansatz mit seinen materialreichen Analysen von Marty und Appleby etwas einschränkt. Fundamentalismus käme in seiner »Reinform« also lediglich in den abrahamitischen Religionen vor. Überhaupt wird der Ansatz, bestimmte religiöse *Gruppen* als fundamentalistisch zu bezeichnen eher selten vertreten. Meist werden Fundamentalisten als Individuen verstanden, die sich nicht nur oder nicht in erster Linie in religionssoziologisch abgrenzbaren Gruppen zusammenfinden, sondern überall vorkommen, auch in den relativ liberalen Volkskirchen. Deswegen ist der Ansatz, den Fundamentalismus (auch) von organisatorischen Merkmalen aus zu beschreiben, umstritten. Nichtsdestotrotz prägte die umfassende, mit zahlreichen Feldstudien angereicherte Arbeit von Marty und Appleby eine große Zahl nachfolgender Arbeiten und deren Verständnis von Fundamentalismus, wie beispielsweise das des Politikwissenschaftlers Thomas Meyer:

> »Trotz der tiefgreifenden inhaltlichen und formellen Unterschiede, die fundamentalistische Ideologien in den verschiedenen Kulturen und Gesellschaften der Welt aufweisen, eint sie alle eine gemeinsame Tiefenstruktur des ›fundamentalistischen Impulses‹, dem sie entspringen. Er erzeugt eine idealtypische Struktur, die den Fundamentalismus von den anderen großen Zivilisationsstilen, dem Traditionalismus und der Modernisierung, klar unterscheidet und die unterschiedlichen Fundamentalismen der Gegenwart einander im Stil ihres Umgangs mit kulturellen Differenzen ähnlicher macht als den jeweils konkurrierenden Zivilisationsstilen innerhalb ihrer eigenen Kultur« (S. 28).

Nur wenige Autor*innen vertreten einen engeren Begriff des Fundamentalismus und wollen diesen auf den ursprünglich *protestantischen Bereich* beschränkt wissen, so beispielsweise die Theologin H. S. Harris (1998). Sie kritisiert das Forschungsprojekt von Marty und Appleby, insbesondere seien die Kriterien der »Familienähnlichkeiten« zu offen formuliert, sodass zu vieles darunter subsumiert werden könne. Einer der problematischen Punkte bestünde darin, wie man die Wahl der Kriterien, die man definiert hat, begründet, wenn man die religiöse Tradition wechselt. Mit anderen Worten: Wenn man für den protestantischen Fundamentalismus das Kriterium der Irrtumsfreiheit der Bibel definiert hat, wie wendet man dies auf fernöstliche Religionen wie Hinduismus und Buddhismus an, die keine heilige Schrift kennen? Ein Ausweg könnte sein, den Begriff Fundamentalismus nur auf die sogenannten abrahamitischen Schriftreligionen anzuwenden, also Judentum, Christentum und Islam, so wie es die oben genannten Ansätze in der Praxis auch tun. Aber auch dies ist laut Harris ungenau und beliebig. Denn der Ursprung des Begriffs liegt eindeutig im amerikanischen Protestantismus der 1920er Jahre, die Ausdehnung auf die abrahamitischen Religionen erfolgte erst etwa 60 Jahre später. Auch im Katholizismus wurde der Begriff für den Absolutismus des Papstes und der kirchlichen Dogmen erst eingeführt, nachdem er auf die anderen Religionen angewendet worden war. Außerdem fügt sie noch ein inhaltliches Argument an: Während es im Judentum und im Islam eine energisch strikte und autoritäre Auslegung der heiligen Schriften gebe, unterlaufen die protestantischen Fundamentalisten die Frage der Interpretation konsequent. Ihr explizites Misstrauen gegenüber jeder Art von Interpretation zeichnet sie sogar aus.

Ein möglicher Ansatz für eine gemeinsame Basis der Fundamentalismen verschiedener Religionen wäre der Kampf gegen die Moderne. Harris betont, dass andere Traditionen den Kampf gegen die Moderne von den protestantischen Fundamentalisten imitierten, aber der Kampf gegen die jeweilig kulturell geprägte Moderne sei dann doch so verschieden, dass die Gemeinsamkeiten verschwindend klein würden. So sei es mittlerweile im amerikanischen Fundamentalismus schwierig geworden, überhaupt Aspekte der Moderne ausfindig zu machen, gegen die sich die Fundamentalisten richten, weil diese die amerikanische Kultur zu einem großen Teil mitgeprägt hätten (Harris, 1998, S. 334). Auch unterscheide sich der amerikanische Fundamentalist vom jüdischen oder islamischen in der Rolle des Staates. Im amerikanischen Protestantismus werde die Trennung von Kirche und Staat sehr betont, in der jüdischen und islamischen Kultur hingegen gerade kritisiert.

Riesebrodt (2001, 2005) kann aus seiner soziologischen Perspektive diese Haltung, die für den Fundamentalismus eine protestantische Provenienz reklamiert, nicht nachvollziehen und spart nicht an Polemik. »Diese Position vermengt auf merkwürdige Art ein romantisches Kulturverständnis mit einem Begriffsrealismus. Würde man eine solche Position ernst nehmen, wäre wissenschaftliche Begriffsbildung generell unmöglich« (2001, S. 52). Er sieht in diesem Vorgehen vielmehr »eine prinzipielle Gegnerschaft gegen transkulturelle Vergleiche [...], die mit ihrem handgestrickten, provinziellen Vorverständnis entgegen ihrer erklärten Absicht zur Exotisierung und Essentialisierung gerade nicht-westlicher Kulturen und religiöser Traditionen beiträgt« (ebd.). Er geht davon aus, dass die Gemeinsamkeiten der fundamentalistischen Bewegungen über die Religionen hinweg größer seien als deren religions- und damit kulturbedingten Unterschiede und plädiert für einen Fundamentalismusbegriff, der transkulturell verwendbar ist. So versteht Riesebrodt den Fundamentalismus hauptsächlich als patriarchale Bewegung. Um diesen Kern herum formierten sich die kulturell jeweils unterschiedlichen Fundamentalismen.

Auch Marsden (2006) setzt sich mit der Frage auseinander, ob ein religionsübergreifendes Verständnis von Fundamentalismus sinnvoll ist. Er arbeitet insbesondere auch die Unterschiede und Gemeinsamkeiten zwischen dem US-amerikanisch geprägten, protestantischen und dem muslimischen Fundamentalismus heraus. Gerade in der militanten Opposition gegenüber der modernen Kultur zeigten sich klare Parallelen, aber auch Unterschiede: Im Islam gebe es eine größere Nähe zwischen religiöser Militanz und aktualisierter militärischer Gewalt als im Christentum. Er bezeichnet die Moderne in der islamischen Kultur als einen Importartikel, wodurch der Fundamentalismus in der islamischen Welt auch eine antiimperialistische Note bekomme. Und er kommt zum Schluss, dass Fundamentalismus kein strikt amerikanisches und damit protestantisches Phänomen sei.

In allen referierten Arbeiten kristallisiert sich heraus, dass fundamentalistische Vorstellungen bei genauerer Betrachtung in allen drei sogenannten Schriftreligionen, dem Christentum, dem Judentum und dem Islam, auftauchen. Auch wenn die Autoren jeweils betonen, dass auch im Hinduismus und Buddhismus fundamentalistische Strömungen vorkommen, gibt es kaum Beispiele dafür. Es ist, als verschwänden diese beiden Religionen plötzlich von der Bildfläche des Fundamentalismus.

Während zahlreiche Arbeiten, die ein religionsübergreifendes Verständnis des Fundamentalismus vertreten, dies als eine gewisse Selbstverständlichkeit postulieren, belegen sie kaum je, wo bestehende Übereinstimmungen und Unterschiede zu verorten sind.

Die Studie von Henson und Wasserman (2011) bildet eine Ausnahme. Sie versucht anhand konkreten Materials herauszuarbeiten, wo die Gemeinsamkeiten fundamentalistischer Vorstellungen im Protestantismus und im Islam liegen. Die Autoren vergleichen die Logik im Begründungsvorgang zwischen christlichem und islamischem Fundamentalismus. Sie entwickelten eine Methode, die es ermögliche, fundamentalistische Muster religionsübergreifend zu vergleichen. Ihr Fokus liegt auf der immanenten Rechtfertigungslogik der jeweiligen Argumentation. Das Material ihrer Studie entnehmen sie einem Aufsatz des amerikanischen TV-Evangelisten Jerry Falwell (Kap. 2) und einer Rede von Osama bin Laden. Die Autoren machen einleitend auf eine bemerkenswerte Tatsache aufmerksam. Liegt der Fokus der Betrachtung auf dem Inhalt, sind die Gegensätze und Unterschiede offensichtlich. Diese theologische Perspektive betont die Differenz und will den Fundamentalismus auf den Protestantismus beschränkt wissen (Harris, 1998). Aus soziologischer Perspektive hingegen erscheinen diese Unterschiede deutlich weniger relevant. Die meisten oben genannten Autoren nehmen keine theologische, sondern eine historische, politologische oder eben soziologische Perspektive ein. Diese letztgenannte ist auch die Position von Henson und Wassermann (2011). Sie richtet sich auf die formale Logik, nicht auf den Inhalt. In ihrer Studie kommen die Autoren auch zu dem Schluss, dass die Gemeinsamkeiten entscheidender sind als die Unterschiede. Ihr Fazit lautet: Beide fundamentalistischen Gruppen fordern Unterwerfung unter religiöse Autorität und stellen dafür eine im Jenseits erfolgende Belohnung im Sinne einer »Rechtfertigungslogik« in Aussicht. Mit ihrem Ansatz arbeiten die beiden Autoren eine bemerkenswerte Nähe der beiden sich als diametral entgegengesetzt wahrnehmenden Gruppierungen heraus.

1.3   Fundamentalismus als Ideologie

Die Diskussion verdeutlicht, dass sich der Fundamentalismusbegriff verändert hat: von einem eher theologisch, beziehungsweise religionsgeschichtlichen Begriff mit einer Entstehungsgeschichte, die klar einer bestimmten Religion und Konfession zugeordnet werden kann, hin zu einem Phänomen, das – nun als Fremdzuschreibung und ideologisch geprägter Kampfbegriff – auch in anderen Kulturen und Religionen auftaucht bis hin zur Frage, ob der Fundamentalismus nicht vielmehr eine innere Einstellung beschreibt als ein Phänomen in der Außenwelt im Sinne religiöser Gruppierungen. Damit sind wir bei einem erweiterten Verständnis des Fundamentalismusbegriffs angelangt, der Fundamentalismus in erster Linie als Ideologie betrachtet. Dabei geht es um eine Denkart, eine geistige Haltung des Fundamentalismus. Paramo Ortega (2013) schreibt von »fundamentalistischer Mentalität«. Ausgehend von dieser Vorstellung tritt die Frage, ob es sich beim Fundamentalismus um ein protestantisches oder allgemein religiöses Phänomen handelt, in den Hintergrund. Der Begriff lässt sich mit diesem Verständnis gut als gesellschaftliches Phänomen verallgemeinern, sodass er nicht mehr an eine bestimmte Religion oder Konfession gekoppelt werden muss. Fundamentalismus kann in diesem Verständnis nicht als bestimmte Konfession oder Sekte im Sinne einer soziologisch abgrenzbaren Gruppe bezeichnet werden. Ganz auf dieser Linie argumentiert auch Riesebrodt: »Es macht deshalb wenig Sinn, den Fundamentalismusbegriff an eine spezifische Organisationsform zu koppeln [...]. Denn auch bei der Analyse anderer Bewegungen [...] ist das entscheidende Kriterium nicht die Organisationsform, sondern der Inhalt der jeweiligen Ideologie« (2005, S. 27).

1.4   Abgrenzungen

Um den inflationären Begriff etwas zu schärfen, ist es nützlich, einige Phänomene und Begriffe, die oft im Zusammenhang mit dem Fundamentalismusbegriff auftauchen oder gar mit ihm gleichgesetzt werden, von ihm abzugrenzen. Eine erste Abgrenzung erfolgt dadurch, dass Fundamentalismus als Begriff *religiös de-*

terminiert ist (Heeb, 2020, S. 137). Beim Fundamentalismus geht es also nicht um soziale oder politische Bewegungen, die »fahrlässig mit religiösen Symbolen und Begriffen« (Riesebrodt, 2005, S. 9) hantieren oder eher zufällig eine religiöse Färbung angenommen haben. Vielmehr ist es als Beitrag zur Trennschärfe des Begriffs sinnvoll, die religiöse Dimension als unverzichtbare und grundlegende zentrale Substanz seiner Beschreibung zu verstehen.

1.4.1 Fundamentalismus und Traditionalismus

Nicht alle Skeptiker der Moderne, die sich aus der Gesellschaft zurückgezogen haben, sind Fundamentalisten. Traditionalistische Gruppen wie beispielsweise die Amish People, die Quäker oder bestimmte Gruppierungen aus der Täufertradition wollen schlicht in Ruhe gelassen werden. Sie gestalten ihr Leben zwar nach heiligen und sehr traditionellen Prinzipien, haben aber keinerlei Interesse daran, anderen ihren Glauben und ihre Lebensweise aufzudrängen oder gar aufzuzwingen. Ganz anders Fundamentalisten. Diese »reklamieren eine Position, von der sie glauben, dass sie ihnen weggenommen worden sei [...] Fundamentalisten wollen alles Erforderliche unternehmen, um die Zukunft einer Welt [...] nach ihren Vorstellungen [...] sicherzustellen« (Marty & Appleby, 1996, S. 27).

Der Unterschied zwischen Traditionalisten und Fundamentalisten lässt sich anhand des Konzepts der *Plausibilitätsstruktur* des amerikanischen Soziologen Peter L. Berger (1994) verdeutlichen. Alle Menschen benötigen bei dem, was sie über die Welt denken, eine Art sozialen Rückhalt, der ihre Haltung und Wertung als glaubwürdig, einleuchtend, plausibel erscheinen lässt. In einer pluralistischen Gesellschaft ist die Plausibilität dieser Haltungen durchaus relativ. Was in der einen sozialen Gruppe höchste Plausibilität beansprucht, ist in einer anderen nicht einleuchtend oder verpönt. Gerade religiöse Gemeinschaften werden mit diesem Phänomen je nach sozialem Umfeld in erhöhtem Maße konfrontiert, und sie sind gefordert, der Infragestellung, die von ihrem Umfeld ausgeht, zu begegnen. Während liberalere Strömungen den Weg des sogenannten »kognitiven Verhandelns« wählen, das heißt überlegen, welche Glaubensinhalte aufgegeben werden können (beispielsweise der Glaube an die Wunder Jesu) und welche beibehalten werden müssen (beispielsweise der Glaube an die Auferstehung), entscheiden sich Traditionalisten und Fundamentalisten für den Weg der »kognitiven Verschanzung«. Die Infragestellung der Gesellschaft wird bekämpft durch den Rückzug in die Orthodoxie. Traditionalisten unterscheiden sich von Fundamentalisten durch eine defensive Variante: Sie ziehen sich zurück aus der Gesellschaft, kümmern sich um sich selbst und die Bewahrung ihres Glaubens und versuchen so, die Kontaminierung mit der Gesellschaft, ihren Infragestellungen und allfälligen daraus entstehenden Zweifeln auf ein Minimum zu reduzieren. Fundamentalisten hingegen vertreten einen offensiven Modus. Sie wollen die Gesellschaft »re-christianisieren« und zwar nach ihrer Variante, welche sie als die einzig richtige betrachten (Deckert, 2007, S. 41f.).

1.4.2 Fundamentalisten und Evangelikale

Die Unterscheidung zwischen Fundamentalisten und Evangelikalen ist eine nicht restlos geklärte Abgrenzung. Klar ist: Fundamentalisten sind historisch betrachtet eine Teilmenge der Evangelikalen. Generell gelten Evangelikale als Christen, welche die Bibel als zentrale Autorität für ihr Leben betrachten, die Notwendigkeit einer sogenannten Wiedergeburt, also einen radikalen Bruch zwischen altem und neuem Leben, betonen und Evangelisation und Mission als zentrale Lebensaufgabe erachten, um möglichst viele Menschen vor dem ewigen Verderben zu »erretten«. Die Abgrenzung zwischen Evangelikalen und Fundamentalisten ist unter anderem auch deshalb so schwierig, weil beide Bezeichnungen eine Geschichte durchgemacht haben (Marsden, 2006):

Der *Evangelikalismus* im 19. Jahrhundert setzt sich aus den meisten größeren protestantischen Denominationen dieser Zeit zusammen. Neuere Erweckungsbewegungen, welche die Heiligung anstreben, und Prämillenaristen (Kap. 2) bilden den Kern der Bewegung. Der *Fundamentalismus,* dessen organisatorischer Beginn auf die 1920er Jahre datiert wird, basiert auf einer breiten Koalition von Konservativen der größeren protestantischen Denominationen, die sich militant gegen modernistische Tendenzen innerhalb und außerhalb der Kirchen mobilisieren. Dabei mag der Grad dieser Militanz und die Striktheit der literalistischen Bibelauslegung als Arbeitshypothese zur Abgrenzung von den Evangelikalen dieser Zeit dienen.

Die Unterscheidung der beiden Gruppierungen lässt sich ab den 1950er Jahren am besten an der Figur des amerikanischen Evangelisten Billy Graham festmachen. Evangelikale gelten als Anhänger dieses Predigers, Fundamentalisten vertreten zu dieser Zeit vor allem einen kirchlichen Separatismus und distanzieren sich dezidiert von Billy Graham.

Von den späten 1970er Jahren bis heute verschwimmen die Grenzen zusehends und gruppieren sich zu einer religiösen Rechten, die auch Katholiken und Mormonen umfasst und als *fundamentalistische Evangelikale* bezeichnet werden können, eine Teilgruppe der Evangelikalen. Sie zeichnen sich aus durch vermehrtes politisches Einmischen insbesondere bei Wahlen.

Dressler versteht »unter Fundamentalismus nur solche religiösen Strömungen, die aufgrund der Unfähigkeit, zwischen Glauben und Wissen zu unterscheiden, absolute Wahrheitsansprüche [...] nicht nur im Blick auf die je eigene Lebensführung beanspruchen, sondern auch für den öffentlichen Raum in Geltung setzen wollen« (Dressler, 2018, S. 375f.). Damit unterscheidet er Evangelikale und deren Frömmigkeit von fundamentalistischen Gruppierungen, die ihre Auffassungen – wie etwa das Abtreibungsverbot – auch politisch durchsetzen wollen. Und er ergänzt, dass bei diesen letztgenannten Bewegungen eine latente oder offene Gewaltbereitschaft dazu gehören könne.

Für Lambrecht und Baars (2009) sind die Unterschiede zwischen Fundamentalisten und Evangelikalen für den deutschsprachigen Raum vernachlässigbar. Sie begründen dies mit dem literalistischen Bibelverständnis, das beide teilen. »Denn auch wenn in der Bewegung in Nuancen darüber gestritten wird, sind sich doch die meisten darüber einig, dass die Aussagen der Bibel absolut wahr und nicht kritisch in ihrem geschichtlichen Zusammenhang zu betrachten sind« (S. 14f.). Das führe in der Konsequenz zum gleichen Absolutheitsanspruch wie bei den Fundamentalisten. Auch die kompromisslos vertretenen moralischen Werte zu Fragen der Abtreibung und der Homosexualität seien kaum unterscheidbar. Insofern sei die prinzipielle Ähnlichkeit von Fundamentalisten und Evangelikalen für den deutschen Sprachraum größer als deren Unterschiede.

Der Historiker George Marsden bringt diese relativ uneinheitliche und komplexe Mélange mit einem kurzen Satz auf den Punkt: »Ein Fundamentalist ist ein Evangelikaler, der auf irgendetwas wütend ist« (2006, S. 234). Auch der 2007 verstorbene amerikanische TV-Prediger Jerry Falwell bezeichnete den Fundamentalisten als einen »wütenden Evangelikalen« (zit. nach Schneeberger, 2010, S. 53). Und umgekehrt könnte man sagen: Evangelikale sind die »Light-Version« des Fundamentalismus. Aber lassen wir die Fundamentalisten für sich selbst sprechen. Das folgende Beispiel illustriert, wie sie sich in ihrem Selbstverständnis von den (Neo-)Evangelikalen abheben: »Der Neo-Evangelikale ist dem Dialog verfallen; Wahrheit ist für ihn diskutierbar. (Für den Fundamentalisten ist sie nicht nur indiskutabel, sondern göttlich geoffenbart und endgültig)« (Bibelbund, 2015, S. 4).

Ganz allgemein lässt sich schlussfolgern, dass diese letztgenannte Aussage im Sinne einer selbstbewussten Abhebung wohl eher die Ausnahme darstellt. Seit dem sogenannten »Affenprozess« von 1925 (Kap. 2) hat sich die Selbstbezeichnung »Fundamentalist« immer mehr verflüchtigt, die damit verbundenen

Vorstellungen einer gewissen Rückständigkeit und Verbohrtheit passen längst nicht mehr zu einem publicity-bewussten Auftreten der »modernen« Fundamentalisten, die viel Wert auf ihre Außenwahrnehmung legen. Und so folgert Brockschmidt (2021): »Das Label ›Fundamentalisten‹ war nicht mehr zu retten, weshalb Anhänger der Bewegung schließlich begannen, sich als ›Evangelikale‹ zu bezeichnen« (S. 51).

1.4.3 Fundamentalismus und Radikalismus

Eine erhellende, wenn auch seltener vorgenommene Unterscheidung ist diejenige zwischen Fundamentalismus und Radikalismus, die vor allem auf den Religionssoziologen Wolfgang Essbach zurückgeht und eine politische Dimension ins Spiel bringt. Nach Essbach (2014) zeichnen sich beide Richtungen durch religiöse Intensität aus. Unterschiede fänden sich in der jeweiligen »Verarbeitung« dieser Intensität:

> »Momente religiöser Intensität, in denen eine besondere Gottesnähe oder eine besondere Gottverlassenheit erfahren wird, können unterschiedlich verarbeitet werden. Wenn Momente religiöser Intensität als positive Erfahrungen einer Gottesnähe erfahren werden, so geht das Streben eher dahin, zu versuchen, solche Momente wiederzugewinnen. Umgekehrt: Wenn religiöse Intensität umgekehrt als negative Erfahrung einer Gottverlassenheit erlebt wird, so geht das Streben eher dahin, zu versuchen, solche Momente zu verhindern. Einmal ist die Zielrichtung Hoffnung auf Gewinn, das andere Mal Angst vor Verlust. Die Prägung der religiösen Intensität, die bei den Fundamentalisten vorherrschte, war gezeichnet durch die Angst vor Erfahrungen der Gottverlassenheit [...]. Religiöser Radikalismus sieht den Glauben weniger bedroht. Vielmehr dominiert ein hoffnungsfroher Aktivismus, der sich in der Pflicht sieht, vor Ankunft des Herrn die Verhältnisse auf dieser Erde möglichst zu verbessern« (S. 576f.).

Diese Unterscheidung ist ausgesprochen relevant, wenn es um die religiöse Deutung des Weltendes geht. Während sich die Vertreter eines »heilsökonomischen Radikalismus« eine »sinnvoll gestufte Evolution in Richtung einer vollkommenen Präsenz des Göttlichen« vorstellen, erwarten apokalyptisch geprägte Vorstellungen in der bisherigen Geschichte nichts Sinnhaftes, sondern ein »gewaltsames Ende des Ganzen« (Essbach, 2014, S. 366). Dabei scheint es, dass die optimistischeren Deutungen mit zunehmenden Krisenerfahrungen an Überzeugungskraft einbüßen, die apokalyptischen Deutungen dafür zunehmen. Die »Spannung zwischen den fortschrittsgläubigen Sinnkonstrukteuren und den apokalyptischen Sinnzersetzern« tauche verstärkt in den Szenarien um 1800, im Ersten Weltkrieg und in den Debatten um atomare Rüstung und Umweltzerstörung in den 1980er Jahren auf (Essbach, 2014, S. 613f.). Zeitgeschichtlich sind diese Angaben deshalb von Interesse, weil der Fundamentalismus im Zuge des Ersten Weltkriegs entstand und eine Neubelebung in den 1980er Jahren erfuhr.

Essbach arbeitet die Unterschiede weiter heraus, indem er die jeweiligen Bezeichnungen und deren metaphorische Qualität sprachlich untersucht. Demnach sei ein Fundament definitionsgemäß etwas Tragendes, darauf könne aufgebaut werden. Suggeriert werde damit Stabilität und Härte, das könnten Steine sein, oder Felsen. Nach Essbach gehöre demnach auch die Versteinerung religiöser Intensität zu den Strukturmerkmalen des Fundamentalismus. Demgegenüber seien die Radikalen diejenigen, die an die Wurzel gingen. Es handele sich hierbei um eine organische Metapher. Der religiöse Radikalismus ziele auf eine Intensivierung der Religion, und anders als bei der felsigen Variante seien durchaus auch Transformationen und Metamorphosen möglich. »Nur auf diese Weise glaubt religiöser Radikalismus der Tradition gerecht werden zu können. Religiöser Fundamentalismus dagegen zielt auf die Unverrückbarkeit der Glaubenswahrheit, die petrifizierte Identität, die in jedem Gestaltwechsel einen Verlust sieht« (ebd., S. 578). Ein weiterer Unterschied sei das Verhältnis von Frömmigkeit und Wahrheit. Für Radikale ist Frömmigkeit wichtiger als Wahrheit,

> »Fundamentalisten dagegen glauben, dass Gott ihnen die ganze Wahrheit offenbart hat und dass sie diese Vollständigkeit nur durch Buchstabengläubigkeit und Formkonstanz bewahren können. Die Frömmigkeit, die ohne Gestaltwechsel nicht denkbar ist, wird dagegen an die zweite Stelle gerückt. Die ästhetischen Qualitäten des Glanzes, der Makellosigkeit, die glatt polierte Steinoberflächen ausstrahlen, das sinnliche Scheinen der Wahrheit stehen im Vordergrund fundamentalistischer Bestrebungen« (ebd., S. 579).

Auch Riesebrodt (2001, 2005) verortet den Fundamentalismus im Kontext religiöser Revitalisierungsbewegungen (Riesebrodt, 2001, S. 52). Diese können allgemein als Ausdruck gesellschaftlicher Krisen verstanden werden. Sie gehen davon aus, dass die von ihnen wahrgenommene Gesellschaftskrise nur durch eine Rückkehr zu den Grundlagen religiöser Tradition überwunden werden könne. Riesebrodt unterscheidet zwischen einem utopischen und einem fundamentalistischen Typus. Als Beispiel für ersteren dient die lateinamerikanische Befreiungstheologie. Utopische Typen vertreten die Überwindung sozialer Gegensätze und streben Gleichberechtigung von Geschlecht und Rasse an. Der fundamentalistische Typus hingegen ist gekennzeichnet durch die Idealisierung patriarchalischer Autorität mitsamt ihrer inhärenten Ungleichheit und Ungerechtigkeit als gottgewollter Norm. Das Geschichtsbild des Fundamentalismus ist apokalyptisch. Die ideale Ordnung wird durch göttlichen Eingriff und nicht durch menschliches Handeln realisiert.

Essbach sieht in diesen gegensätzlichen Haltungen die religionsgeschichtliche Basis für das politische Rechts-Links-Schema. Die fundamentalistische Vorstellung führe zu einer rechten Politik, die radikale zu einer eher linken politischen Haltung.

1.4.4 Fundamentalismus und Fanatismus

In der Literatur wird der Begriff »Fundamentalismus« häufig mit demjenigen des »Fanatismus« gleichgesetzt. Wenn Religion zur Gewalt neigt, kommen Ausführungen zum Fanatismus ins Spiel, und als eine Art Appendix folgt oft ein Absatz zum Fundamentalismus. Umso wichtiger ist eine Differenzierung. Hole (2004) unterscheidet Fanatismus und Fundamentalismus dergestalt, dass der religiöse Fundamentalismus als »möglicher Wegbereiter fanatischer Einstellungen, als deren Ideenkern« dienen kann (S. 12). Fundamentalismus an und für sich ist aber aus seiner Sicht noch kein Fanatismus. »Der Fundamentalismus *begründet* die Lehre oder Bewegung und stellt ihre *Verbindlichkeit* her. Der Fanatismus *kämpft* für diese Verbindlichkeit und versucht sie mit hohem energetischem Einsatz *durchzusetzen*« (S. 44, kursiv im Original). Ähnlich sieht Conzen (2005) im Fanatismus einen im Vergleich zum Fundamentalismus verstärkten »Hang zum Agieren« (S. 40), sodass man den Fanatismus als eine »fundamentalistische Haltung in Aktion« verstehen könnte.

1.5 Charakteristika des religiösen Fundamentalismus

Wenn im vorhergehenden Abschnitt die Rede davon war, was der Fundamentalismus *nicht* ist, stellt sich nun die Frage: Was macht den Fundamentalismus aus? Ausgehend von der Fülle und Vielfalt der zahlreichen Definitionen und Beschreibungen des religiösen Fundamentalismus, die in der Literatur vorgestellt und diskutiert werden, schlage ich folgende Formulierung vor:

Im Fundamentalismus werden religiöse Phänomene, die aufgrund der Errungenschaften der Aufklärung in ihrer Relativität erkannt wurden, (wieder) absolut gesetzt. Das »Ab-solute« ist das buchstäblich von allem Los-Gelöste, Abgehobene, das in keiner Beziehung mehr zu etwas anderem steht, wohingegen das »Relative« seiner Wortbedeutung gemäß eben gerade in Relation zu etwas steht, also bezogen ist auf anderes. Der Fundamentalismus erhebt Relatives in die Sphäre des Absoluten und macht es damit unhinterfragbar, undiskutierbar, unverhandelbar. Das ist die Essenz aller fundamentalistischen Bewegungen.

Verschiedene Autor*innen kommen auf unterschiedliche Art und Weise immer wieder auf diesen zentralen Punkt zu sprechen, wenn sie versuchen, das Wesen des Fundamentalismus zu erfassen. »Fundamentalistisch werden Religionen und Quasi-Religionen dann, wenn sie zu Ideologien kristallisieren und damit Ausschließlichkeit oder sogar Absolutheitscharakter beanspruchen« (Jäggi & Krieger, 1991, S. 16). Ebenso betont der Religionssoziologe und systematische Theologe Schäfer (2008) diesen Aspekt des Absoluten. Fundamentalistisch sind nach seiner Definition »Bewegungen, die (1) religiöse Überzeugungen [...] absolut setzen und (2) daraus eine gesellschaftliche Dominanzstrategie ableiten, die das private und öffentliche Leben dem Diktat ihrer religiösen Überzeugungen zu unterwerfen sucht« (S. 18). Was bei ihm dazu kommt, ist der offensive Impuls von Fundamentalisten, die Gesellschaft diesem Absoluten unterwerfen zu wollen. Auch Paramo Ortega (2013) sieht in dieser Richtung das Kernstück des fundamentalistischen Denkstils: »Mir scheint, dass das Grundproblem dort anfängt, wo irgendeine Wahrheit als absolut betrachtet wird und aus dieser Absolutheit heraus das Recht hergeleitet wird, sie anderen aufzuzwingen« (S. 147). Das Kernstück ist aus seiner Sicht zugleich der problematischste Punkt des Fundamentalismus. Meyer (2011) schreibt: »Fundamentalismus als politische Ideologie und Bewegung ist der Versuch, den modernen Prozess der Öffnung und der Ungewissheit, [...] umzukehren und die von seinen Verfechtern zur absoluten Gewissheit erklärte Variante der Weltdeutung, der Lebensführung, der Ethik, der sozialen Organisation zu Lasten aller Anderen verbindlich zu machen« (S. 29). Und Olivier Roy beschreibt den Fundamentalismus als »die am besten an die Globalisierung angepasste Form des Religiösen, weil er seine eigene Dekulturation akzeptiert und daraus seinen Anspruch auf Universalität ableitet« (2010, S. 24). Fundamentalismus wird hier als von der Kultur entkoppelte Religion abgegrenzt von Religionsformen, die durch die jeweilige kulturelle Einbettung eine Relativierung des Anspruchs mit sich bringen, während der »dekulturierte« universelle Anspruch das fundamentalistisch Absolute verkörpert.

Dieses basale Manöver der Absolutsetzung macht jede fundamentalistische Variante zu einer ausgesprochen autoritären Ideologie. Bestimmte Autoritäten wie Schriften, Personen, Institutionen, oder Traditionen dürfen nicht angezweifelt werden. Allein die Einsicht in ihre historische Entstehungsgeschichte, die konsequenterweise auch deren mögliche Wandelbarkeit impliziert, wird strikt abgelehnt (Buchholz, 2017, S. 124). Die Fixierung auf das Absolute wird also einerseits als Abspaltung des Zweifels an religiösen Instanzen beschrieben, andererseits als Ablehnung der geschichtlichen Entstehung dieser Autoritäten verstanden. Das Autoritäre besteht gemäß den zitierten Autoren demnach nicht nur in einer Absolutsetzung heiliger Schriften und der Unterdrückung von Zweifeln bei den Gläubigen in den eigenen Reihen, sondern auch in einer Art von zumindest geistigem Imperialismus, der die ganze Welt dieser Ideologie untertan zu machen bestrebt ist.

Auf der Basis dieses grundlegenden Kerns jeder fundamentalistischen Ideologie greife ich nun vier Charakteristika heraus, denen von verschiedenen Autor*innen eine hohe Plausibilität als fundamentalistische Merkmale zumindest für die drei abrahamitischen (Schrift-)Religionen (Judentum, Christentum, Islam) zugesprochen wird. Je nach kultureller, religiöser und konfessioneller Prägung zeigt sich dieser Grundzug der Absolutsetzung auf verschiedene Weise. Während die ersten beiden Merkmale eher allgemeinerer Natur sind, zeichnen sich die letzten beiden dadurch aus, dass sie vor allem für die protestantische Ausprägung des Fundamentalismus typisch sind.

1.5.1 Fundamentalismus als Kampf gegen die Moderne und die Säkularisierung

Die Ausgangsthese zur Entstehung des religiösen Fundamentalismus ist relativ unumstritten: Fundamentalismus ist eine Gegenbewegung zu den Phänomenen der Modernisierung und der Säkularisierung, die im Laufe des 19. und 20. Jahrhunderts zu einer Relativierung und Marginalisierung aller Religionen geführt hat. Es ist ein Kampf gegen die Erosion des religiösen Einflusses in der Gesellschaft und damit eine dezidierte Gegenbewegung zur Aufklärung. Diese ging davon aus, dass die Bedeutung der Religionen mehr und mehr aus der Gesellschaft verschwinden und sich mit der Zeit ganz verflüchtigen würde (Marty & Appleby, 1996). Bekannt ist auch die These Max Webers von »einer fortschreitenden Säkularisierung und Entzauberung der modernen Gesellschaft« (Buchholz, 2017, S. 21), die angesichts der »Wiederkehr der Religionen« als Fehldiagnose bezeichnet wurde. Auch wenn kaum jemand eine vollständige Auflösung der Religionen vertrat, hielten doch viele einen Rückzug ins Private für wahrscheinlicher als eine weltweite Rückkehr und eine damit verbundene machtvolle Revitalisierung bis ins öffentliche Bewusstsein hinein. Riesebrodt hält die These des Fundamentalismus als eine antimodernistische Bewegung zwar nicht für falsch, schätzt deren Erklärungspotenzial aber als gering ein. Denn aus fundamentalistischer Sicht werde die Religion bereits dann an den Rand gedrängt, wenn sie keine absolute Definitionsmacht über alle Bereiche des Lebens mehr hat und alternative Geltungsansprüche neben sich dulden muss (2001, S. 50). Das erklärt aber noch nicht die anhaltende Faszination, die der Fundamentalismus offenbar ausübt. Buchholz (2017) führt diese auf eine Enttäuschung zurück, welche die Modernisierungs- und Säkularisierungsprozesse erzeugten. Dabei hat er vor allem die Versprechungen kapitalistischer Systeme im Blick. Vom sogenannten freien Weltmarkt profitieren nur ein paar wenige Privilegierte. Der Fundamentalismus bedient in diesem Verständnis eine rückwärtsgewandte Sehnsucht nach vermeintlich »besseren Zeiten«, in denen man auf der Basis von Tradition und der Befolgung von festen Normen noch nicht auf der Verliererseite stand.

Meyer (2011) bezeichnet in seiner Beschreibung den Fundamentalismus als Reaktion auf den Prozess der Moderne mit all ihren *Unsicherheiten*: »Das [...] geschlossene System des Denkens und Handelns, das Unterschiede, Zweifel und Alternativen unterdrückt, soll nach dem Willen der Fundamentalisten an die Stelle der modernen Offenheit treten und damit Halt und Sicherheit, Orientierungsgewissheit, feste Identität und die Gewissheit der geglaubten Wahrheit aufs neue [sic] erzwingen und künftigem Wandel entziehen« (ebd., S. 29). Im Anschluss an diese Beschreibung kann der Fundamentalismus als ein Gegenprojekt der Aufklärung bezeichnet werden. Wenn Immanuel Kant die Aufklärung als »Ausgang aus der selbstverschuldeten Unmündigkeit« bezeichnete, ist der Fundamentalismus eine Flucht aus der gesellschaftlich entstandenen Mündigkeit und der unendlichen Anstrengung, ein Subjekt zu sein und zu bleiben (Ehrenberg, 1998).

Dass dieser Vorstellung einer ersehnten Rückkehr zu einer früheren »besseren« Zeit ein regressives Moment innewohnt, macht Hildebrandt (2007) deutlich. Fundamentalisten erheben den Anspruch, »zu den ursprünglichen Quellen der eigenen Tradition zurückzukehren und sie von den Verfälschungen ihrer historischen Entwicklung zu befreien, die zumeist als ein Degenerationsprozess begriffen wird« (ebd., S. 3). Er betont damit die regressive Bewegung, ein Zurück zu den Anfängen vor der Moderne, als alles noch rein und unverfälscht war. Aber diese Bewegung führt in Wirklichkeit nicht in die Vergangenheit, vielmehr beinhaltet sie eine Idealvorstellung über eine Art »Gründerzeit«, deren Gesetze und Gebote »ihres historischen Kontextes entkleidet und transhistorisch und literalistisch auf die eigene Zeit übertragen« werden. Dem Prozess der Enthistorisierung entspricht auf der anderen Seite eine Essenzialisierung der eigenen Tradition, die den Anspruch erhebt, »das wahre Wesen der eigenen Religion freigelegt zu haben« (ebd.). Entscheidend ist das Stichwort der »Enthistorisierung«, die etwas Verabsolutierendes beinhaltet, weil im Gegensatz dazu ein historisches Bewusstsein eine gewisse Relativierung und Zeitgebundenheit beinhalten würde (Buchholz, 2017). Dies lehnen die Fundamentalisten ab, weil es nicht in ihr Dogma eines literalistischen Bibelverständnisses, das für alle Ewigkeit gilt, passt. Im Gegensatz zu diesem expliziten Anspruch einer Rückkehr zu einer besseren Zeit oder zur wahren Lehre, ist der Fundamentalismus eine in bestimmten Bereichen moderne religiöse Ideologie mit dem Anspruch auf Regelung sämtlicher Lebenssphären (Hildebrandt, 2007, S. 3). Durch die Tatsache, dass der Fundamentalismus alles andere als eine altertümliche oder verstaubte Ideologie darstellt, entsteht eine gewisse Paradoxie, wie verschiedene Autor*innen herausgearbeitet haben (Marty & Appleby, 1995; Riesebrodt, 2001, 2005; Buchholz, 2017; Armstrong, 2004). Fundamentalismus ist keineswegs eine antimodernistische Bewegung, keine Rückkehr ins Mittelalter, sondern eine eigenartige Mischung von Tradition und Moderne, »von selektiver Akzeptanz und Zurückweisung moderner Institutionen und Ideologien sowie von erfundener Vergangenheit und imaginierter Zukunft« (Riesebrodt, 2005, S. 19). In diesem Sinne ist er nicht bloß die rückwärtsgewandte Antipode der Moderne, als die er oft bezeichnet wird, sondern als potenzieller Zufluchtsort sozialer Kompensation ein konstitutives Element einer durchaus dialektischen Beziehung zwischen Tradition und Moderne. »Demnach hat auch Max Webers Theorie einer fortschreitenden Gesellschaft keineswegs ausgedient, wie man zuweilen lesen kann, sondern Aufklärung, Säkularisierung, Rationalisierung und ›Wiederkehr der Religion‹ gehören einem einzigen komplexen Prozess an, dessen Ausgang noch nicht entschieden ist« (Buchholz, 2017, S. 26).

Dies zeigt sich unter anderem am Anspruch »zurück zu den Anfängen«, der mit modernsten Propagandamitteln geschehen soll. Fundamentalisten nutzen die Massenmedien geschickt, um neue Anhänger*innen zu gewinnen. In den USA entstand mit der Figur des TV-Evangelisten sozusagen ein neuer Berufsstand (Kap. 2). Einerseits wird also der Prozess der Moderne und der Säkularisierung bekämpft, andererseits werden deren vielfältige Möglichkeiten für eigene Zwecke genutzt (Almond et al., 1995). Auch hier zeigt sich ein zentraler Unterschied zu traditionalistischen Bewegungen.

Buchholz (2017) kommt zu dem Schluss, dass die Skepsis des Fundamentalismus gegenüber der Moderne mit dem Vorherrschen eines wissenschaftlich-technischen Welt- und Menschenbilds verbunden mit ökonomischen Nützlichkeitsvorstellungen als Grundimpuls durchaus nachvollziehbar erscheine, jedoch liefere er vorwiegend regressive Antworten darauf. Dieses regressive Moment kommt im folgenden Abschnitt noch auf einer anderen Ebene zum Ausdruck, und zwar dort, wo es um das Verhältnis der Geschlechter zueinander geht.

1.5.2 Autoritär-patriarchale Strukturen

Fundamentalisten vertreten eine ausgesprochen traditionelle Sicht der Geschlechterdifferenz und überhöhen diese in heilsgeschichtlicher Art und Weise. Geschichte wird als Degenerationsprozess verstanden, als Abfall von der göttlichen Ordnung. Das Heil liegt in der Rückkehr zu dieser von Gott gegebenen Ordnung.

Frauenbild

Die Familie erscheint in dieser Vorstellung als eine heilige Institution, bei welcher der Mann als Oberhaupt für Schutz und Versorgung der Familie zu sorgen hat. Die Frau soll dem Mann untertan sein und ist für den heimischen Bereich zuständig. Erst durch diese strikte patriarchale Ordnung besteht Hoffnung, die gegenwärtige Krise meistern zu können. Die Konsequenz daraus ist die Ablehnung sämtlicher Bestrebungen um Gleichberechtigung als dekadent. Auch nicht binäre Vorstellungen von Geschlechtlichkeit stehen außerhalb dieser Ordnung. Im Vordergrund steht die Beschäftigung mit Fragen der Geschlechterbeziehungen und der Sexualmoral, insbesondere mit dem weiblichen Körper. Dieser soll so verhüllt werden, dass er keine männlichen Begierden erregt. Der »weibliche Körper, die Erhaltung seiner ›Reinheit‹ wie auch seine satanische Verführungs- und Zerstörungskraft sind deshalb von überragender Bedeutung für Theologie und Praxis des Fundamentalismus« (Riesebrodt, 2001, S. 117). Zur Veranschaulichung mag der folgende Passus aus der Schrift eines New Yorker Fundamentalisten-Predigers aus den 1920er Jahren dienen:

»Die übelste und bedrohlichste Figur unseres modernen Lebens ist die Zigaretten rauchende, Cocktails trinkende, Schoßhündchen fütternde halbnackte, geschminkte Frau, die die Theater frequentiert, in den Kabaretts kichert, in unseren Wohnzimmern Glücksspiele betreibt oder in unseren Hotels herumlungert, mit ihrem

Kleid vorne als ein ›C‹ und hinten als ein ›V‹ ausgeschnitten! Sie stellt eine lebendige Einladung zur Wolllust dar und eine wandelnde Reklame dafür, dass viele unserer modernen Frauen ihre moralischen Standards herabgesetzt haben« (Riesebrodt, 2001, S. 122f.).

Das Gegenbild zu dieser sexuell verführerischen Frau ist die fromme Hausfrau und Mutter, Stütze ihres Mannes und Erzieherin der Kinder. Diese gottgewollte, patriarchalisch organisierte Familienordnung definiert im fundamentalistischen Denken die »soziale Grundeinheit«. Individuelle Interessen und Neigungen haben sich dieser Norm unterzuordnen. Aus diesem Ansatz heraus ergibt sich die rigide fundamentalistische Sexualmoral.

Enthaltsamkeit – Kein Sex vor der Ehe

Viele Fundamentalisten heiraten früh und gründen bald Familien. Der Hauptgrund dafür dürfte das Prinzip »Kein Sex vor der Ehe« sein. In bilderreicher Sprache wird in fundamentalistischen Gruppierungen vor Sex gewarnt, wenn er vor der Ehe stattfindet. In ihrem materialreichen Buch über den Fundamentalismus in Deutschland lassen Lambrecht und Baars (2013) einen fundamentalistischen Prediger zu Wort kommen. Er spricht »von einer Kiste voller Süßigkeiten, die man geschenkt bekommen solle. Wenn man vorher schon ein Bonbon probieren dürfe und dann noch eins, kenne man ja schon alle. Bis zum Tag der Geschenkübergabe seien schon alle ›durchprobiert‹« (Lambrecht & Baars, 2013, S. 68). Und so verhält es sich für den Prediger offenbar auch mit dem Sex vor der Ehe – ohne Enthaltsamkeit keine Überraschung mehr am Hochzeitstag. Auch der Gründer der Bekenntnisinitiative »Wahre Liebe wartet«, Michael Müller, bedient sich beinahe der identischen Metapher, um für eine Wartezeit bis zur Ehe zu werben: »Oder kennt ihr jemanden, der im Supermarkt eine Packung Pralinen auswählt, die seitlich schon aufgerissen ist und an der ein anderer mal genascht hat?« (Lambrecht & Baars, 2013, S. 70). Die Initiative »Wahre Liebe wartet« wurde 1994 gegründet. Jugendliche und junge Erwachsene konnten eine Postkarte anfordern, auf der sie sich durch ihre Unterschrift zur Enthaltsamkeit verpflichten. Dabei sparen die Propagandatexte der Initiative, die zum Verzicht auf voreheliche sexuelle Handlungen aufrufen, nicht mit Warnhinweisen: »Sex vor der Ehe führt zu verschiedenen und unheilbaren Krankheiten wie die Pest des 20. Jahrhunderts – Aids. Außerdem führe Sex vor der Ehe, für den die Ungläubigen keine Verantwortung trügen, zu unerwünschten Kindern, alleinstehenden Müttern und Waisenkindern« (ebd., S. 69). Dies ist vor allem deshalb der Fall, weil in der Logik der Fundamentalisten auch ein Schwangerschaftsabbruch keine Option darstellt, denn dieser stellt eine mindestens so große Sünde dar. Es zeigt sich, wie diese beiden Moralvorstellungen aufs Engste miteinander verbunden sind, respektive sich gegenseitig bedingen.

Abtreibung

Fundamentalisten gehen davon aus, dass das menschliche Leben vom Zeitpunkt der Verschmelzung von Ei und Samenzelle an als Gottes Geschöpf der menschlichen Willkür entzogen sei. Daher obliege es nicht der freien Entscheidung der Frau, über das Weiterleben eines ungeborenen Kindes zu entscheiden. Abtreibung ist für sie ein Verstoß gegen das göttliche Gebot »Du sollst nicht töten«. Beratungen hinsichtlich der Frage, ob eine Frau, die sich in einem Gewissenskonflikt befindet, ein Kind bekommen oder abtreiben will, finden nicht ergebnisoffen statt.

> »Eine der ›Beraterinnen‹ erzählt, dass sie versuche, bei den Schwangeren Muttergefühle zu wecken. In einem Fall habe sie sich sogar von einer Nachbarin ein vier Monate altes Baby ausgeliehen und es einer Schwangeren vor der Klinik in den Arm gedrückt. Dann habe sie zu der Frau gesagt, sie müsse es behalten oder fallen lassen« (Lambrecht & Baars, 2013, S. 82f.).

Daneben malen fundamentalistische Abtreibungsgegner*innen die Folgen einer Abtreibung in düsteren Farben aus, indem sie eine neue Krankheit erfinden, die formal als klinische Diagnose daherkommt, aber als solche gar nicht existiert. Das von ihnen so bezeichnete »Post Abortion Syndrome« (PAS) könne als Folge von Abtreibungserlebnissen auftreten. Als mögliche Folgeerscheinungen kämen »Verwachsungen im Unterleib, Unfruchtbarkeit, Frigidität, Drogenmissbrauch und ein Absterben des Gefühlslebens« in Betracht (ebd., S. 81). Christliche Fundamentalisten bezeichnen Kliniken, in denen Abtreibungen vorgenommen werden, unter anderem als »Kinderschlachthof«. Eine Internetseite wird als »babycaust.de« bezeichnet, mit sprachlichem Anklang an den Holocaust. Auf dieser Webseite werden derart brutale Fotos und Videos zur Abschreckung veröffentlicht, dass sie Kindern und Jugendlichen nicht zugänglich gemacht werden durften.

Fundamentalistische Abtreibungsgegner in den USA schrecken auch vor Mord nicht zurück. Bereits in den 1960er Jahren demonstrierten in den USA Abtreibungsgegner gegen eine Liberalisierung des Abtreibungsrechts. In den folgenden Jahrzehnten, insbesondere in den 1990er Jahren, griffen militante Abtreibungsgegner auch zu gewaltsamen Mitteln. Sie verübten Bombenanschläge auf Abtreibungskliniken und scheuten sich nicht, Ärztinnen und Ärzte, die Abtreibungen vornahmen, zu ermorden (Juergensmeyer, 2004; Beier, 2006).

Bei der Betrachtung dieser moralischen Regeln und Handlungsanweisungen fällt auf, dass Widersprüche bezüglich bestimmter Werte, wie beispielsweise des menschlichen Lebens unversöhnt nebeneinander bestehen: So ist der Schutz des ungeborenen Lebens absolut heilig. Für den Schutz des bereits bestehenden Lebens, beispielsweise eines Strafgefangenen, würden Fundamentalisten allerdings kaum auf die Straße gehen. Deren Leben scheint weniger wertvoll zu sein, politische Vorstöße für die Todesstrafe werden grundsätzlich befürwortet, ebenso kriegerische Offensiven gegen als feindlich bezeichnete Länder. Auch hier zeigt sich die fundamentalistische Selektivität, die Almond et al. (1995) betonen.

Homosexualität

Sexualität zwischen Menschen des gleichen Geschlechts ist aus fundamentalistischer Sicht nicht vorgesehen. Homosexualität gilt als Sünde, als heilbare Krankheit, wie die Geschichte von Christoph veranschaulicht.

> »Christoph war damals Anfang 20. Er hatte sich in einen anderen Mann verliebt und versucht, sich seiner damaligen Verlobten zu erklären. Die reagierte geschockt und outete ihn gegen seinen Willen in der Gemeinde. Die Ältesten hätten mit der ›Bibel in der Hand‹ argumentiert, erzählt Christoph heute. Sie hätten versucht, ihm zu erklären, dass Homosexualität unbiblisch sei, dass man so nicht richtig leben könne. Für Christoph begann eine schwierige Phase voller Zweifel und Unsicherheit. Er fühlte sich nicht mehr akzeptiert [...]. Er wurde aufgefordert, seine Homosexualität nicht zu leben. Christoph musste damals alle seine Ämter in der Gemeinde niederlegen. Gemeindemitglieder hätten ihm dann zu einem christlichen Seminar geraten, das ›sexuelle Heilung‹ versprach. Man erklärte ihm, dass Gott heilen und deshalb auch aus Homosexualität Heterosexualität machen könne. Christoph war zu diesem Zeitpunkt sehr verunsichert. Er wünschte sich, anders zu empfinden. So nahm er an dem kostenpflichtigen Kurs teil. Die Gemeinde und seine Familie hätten ständig dafür gebetet, dass seine ›Persönlichkeitsstörung besiegt‹ werde. Doch schließlich merkte er, dass das alles für ihn keine Lösung war. Nach einer Zeit des Grübelns, Zweifelns und vor allem des Leidens trat er aus der Gemeinde aus und wechselte sogar den Wohnort. Christoph suchte sich professionelle Hilfe. Schließlich verliebte er sich wieder. Zum Zeitpunkt des Interviews lebte er bereits vier Jahre glücklich mit seinem Partner zusammen« (Lambrecht & Baars, 2013, S. 60).

Für Fundamentalisten ist klar, dass durch homosexuelle Praktiken die göttliche Ordnung entweiht wird, dass dämonische Mächte am Werk sind und es keinen Platz für diese Form von Sexualität gibt. Aus fundamentalistischer Sicht ist Homosexualität eine Störung, wogegen sogenannte »Therapien«, die eine Veränderung der sexuellen Orientierung bewirken würden, zur Anwendung kommen. Diese werden als »Konversions«- bzw. »Reparations«-Therapien bezeichnet. Mittlerweile sind diese sogenannten »Konversionstherapien« in vielen Staaten verboten.

1.5.3 Literalismus: Das Dogma von der Irrtumsfreiheit der »Heiligen Schrift«

Das zentrale Element des protestantischen Fundamentalismus ist die Auffassung, dass die Bibel, die »Heilige Schrift« die einzige Quelle der Wahrheit ist, und zwar nicht nur in Bezug auf theologisch-religiöse Inhalte, sondern auch in allen anderen historischen und wissenschaftlichen Belangen. Larsen bezeichnet dies als »holistische[n], Exklusivitätsanspruch« (2005, S. 71), der weder Kritik noch Interpretation dulde. Diese Auffassung geht davon aus, dass die Bibel Wort für Wort von Gott diktiert wurde und nicht ein über Jahrhunderte entstandener Korpus verschiedener Quellen und Entwicklungen ist. Die Vorstellung von der göttlichen Autorität wird deshalb auch als Lehre von der »Verbalinspiration« bezeichnet. Fundamentalisten bezeichnen daher die Bibel als das »Wort Gottes«, in jedem Detail unfehlbar und widerspruchsfrei. Abgelehnt wird jede kritisch wissenschaftliche Hermeneutik des Textes. Mit der Ablehnung der Tatsache, dass jede Lektüre religiöser Texte eine hermeneutische Situation darstellt, weisen die Fundamentalisten die Auslegungsbedürftigkeit überlieferter religiöser Schriften zurück. Wenn man einen Fundamentalisten fragen würde: Wie legt ihr die biblischen Texte aus? So würde er darauf antworten: »Das Wort Gottes muss man nicht auslegen, man soll ihm gehorchen und danach handeln.«

»Die unbedingten Gehorsam fordernde Autorität [...] ist zuerst und zuletzt die Vergöttlichung des Befehls [...]. Der Imperativ ist im Fundamentalismus keine Zutat« (Buchholz, 2017, S. 160), sondern konstitutives Element. Jeder Befehl verlangt Unterwerfung und enthält eine Drohung, und zwar keine geringere als die endgültige Verdammnis, die in der Chiffre »Hölle« seit gut 2000 Jahren gleichsam furchtbar wie fruchtbar als Drohkulisse eingesetzt wurde und wird.

Als Kontrast zu diesem typisch protestantischen Zug des religiösen Fundamentalismus ist ein interreligiöser Blick auf die jüdische Tradition der Schriftauslegung interessant. So macht Ingber (2005, S. 92f.) darauf aufmerksam, dass im Judentum mehrere Interpretationen eines biblischen Verses selbstverständlich sind und die Vorstellung eines nicht interpretierbaren wortwörtlichen Verständnisses undenkbar wäre. Dass deshalb dem Judentum jeglicher Fundamentalismus fremd ist, trifft nicht zu, er zeigt sich lediglich auf einer anderen Ebene: weniger in einem rigiden Schriftverständnis als vielmehr und vorwiegend in einem umstrittenen Verständnis von Landnahme, wie dies beispielsweise die radikale Siedlerbewegung Gush Emunim praktiziert (Ingber, 2005; Marty & Appleby, 1995).

Der dezidierte Schriftbezug des protestantischen Fundamentalismus ist auch intrareligiös betrachtet nicht zufällig: Das Bestreben der Reformation, die Deutungshoheit der römisch-katholischen Kurie zu entziehen und den einfachen Leuten wieder zurückzugeben, sowie ein Heilsverständnis, das nicht von Ablasszahlungen abhängen soll, sondern von der in der Schrift verkündeten Gnade Gottes, wurde unter Martin Luthers Diktum »sola scriptura« (in etwa: »allein durch die Schrift« selig werden) zur Überschrift der Reformation. Jedoch gerieten auch die reformatorischen Kirchenoberen bald in die Rolle von Autoritäten, die dem Kirchenvolk klar machten, wie die heiligen Schriften korrekt zu verstehen seien. Das war etwas später in der Kirchengeschichte und auf einem anderen Kontinent anders. Der »antiautoritäre« Impuls der nordamerikanischen Siedler entzog sich der Hierarchie der anglikanischen Kirche und akzeptierte keine fremde Interpretationsinstanz. Vielmehr gingen sie davon aus, dass jedermann die biblischen Texte verstehen könnte, mit allen Konsequenzen, die eine solche vermeintlich autoritätsbefreite Haltung hervorbringt:

> »In den weit verstreuten ländlichen Gemeinden wurde das eigene unreglementierte Lesen der heiligen [sic] Schrift zur Keimzelle einer basisgemeindlichen Selbstständigkeit, der Familienvater zum zentralen Vorleser der Schrift. Und so fand eine viel größere libidinöse Besetzung der Schrift als in Europa statt – mit allen Skurilitäten, die das mit sich brachte, wenn eine unbedarfte Landbevölkerung glaubte, unmittelbar zu verstehen, was mit den Texten, die jüdische Gelehrte zweitausend Jahre zuvor aufgezeichnet hatten, gemeint sei« (Türcke, 2003, S. 16).

Protestantische Fundamentalisten sind davon überzeugt, dass die biblischen Aussagen *faktisch* wahr sind (Barr, 1977; Marsden, 2006). Ihre Interpretation von den als Narrative verfassten biblischen Texten zielt darauf ab, dass sich diese als materielle und physische Tatsachen genauso abgespielt haben. Fundamentalisten gehen dabei von einer Domino-Theorie aus: Wenn ein Punkt in der Bibel sich als unsicher erweisen sollte, dann würden bald andere Punkte angezweifelt, und es gäbe keine Basis mehr für den Glauben. Dieses Argument beruht jedoch gerade nicht auf dem Glauben, sondern vielmehr auf dessen Abwesenheit. Es wird eine rationale Verknüpfung suggeriert, welche die Autorität der Bibel in einer vernunftbasierten Art und Weise beweisen will (Barr, 1977, S. 64f.) und diese als objektiven Tatsachenbericht versteht. Auf prägnante Art und Weise wird diese Haltung mit einem Buchtitel aus dem Jahre 1955 zum Ausdruck gebracht: »Und die Bibel hat doch recht« (Keller, 1955). Darin geht es unter anderem um Fragen der Archäologie, beispielsweise: Was wurde eigentlich aus der Arche Noah, von der im Alten Testament berichtet wird? Von einem so großen Schiff müssten doch noch irgendwo Überreste herumliegen. Und tatsächlich: Auf dem Berg Ararat in der heutigen Türkei gibt es einen schiffsförmigen Felsen von der Größe eines Ozeandampfers, der trotz wissenschaftlicher Gegenbeweise für die Gläubigen als Arche Noah gilt (Bojanowski, 2010).

Eine der wichtigsten Konsequenzen dieses literalistischen Bibelverständnisses kommt im Zusammenhang mit einer Auffassung zum Ausdruck, die als »Kreationismus« bezeichnet wird.

Kreationismus

Kreationist*innen glauben, dass die Welt in sechs Tagen erschaffen wurde und dass die Erde etwa 6000 Jahre alt sei. Auf diese Zahl kommen sie, indem sie sämtliche in der Bibel genannten Generationenabfolgen mit einem geschätzten Lebensalter addieren. In den Brennpunkt der Öffentlichkeit kommt der Kreationismus vor allem dann, wenn seine Vertreter*innen versuchen, ihn im offiziellen Schulunterricht als Wissenschaft zu etablieren und ihn im Lehrplan unterzubringen. Damit würde die fundamentalistisch-kreationistische Propaganda ganz offiziell mit dem Segen der Behörden an Schulen einfließen.

Die Evolutionstheorie stellt schon seit Beginn der fundamentalistischen Bewegung eines der großen Feindbilder dar (Kap. 2). Insbesondere die Erkenntnis, dass der Mensch vom Affen abstamme, stößt unter christlichen Fundamentalisten auf erbitterten Widerstand. Neben dem auf Konfrontationskurs zur wissenschaftlich etablierten Evolutionstheorie angesiedelten Kreationismus hat sich eine scheinbar gemäßigtere Richtung entwickelt, die Lehre vom sogenannten »Intelligent Design«. »Der Grundgedanke des ›Intelligent Design‹ (ID) ist, dass Lebewesen (eventuell auch die unbelebte Welt) Eigenschaften hätten, die auf das Wirken eines intelligenten, willensbegabten Urhebers (Designer, Schöpfer) hinweisen und andere Möglichkeiten ihrer Herkunft (Zufall, natürliche Vorgänge) ausschließen« (Lambrecht & Baars, 2009, S. 92). Durch eine Label-Änderung in einen angelsächsischen Namen ändert sich allerdings nichts an den Fakten. Der »intelligente Designer« ist eine Umschreibung für den biblischen Gott. Der Trick, seinen Namen zu vermeiden, ist lediglich eine etwas bemühte Strategie der Kreationisten, sich einen unverdächtig wissenschaftlichen Anstrich zu geben.

Diese Beispiele verdeutlichen, dass es sich beim literalistischen Bibelverständnis um ein *Verkennen* der Textgattung handelt. Biblische Texte sind keine Tatsachenberichte, sondern vorwiegend mythologische Erzählungen. Für Fundamentalisten gibt es diese Textgattung aber gar nicht: Entweder ist etwas (faktisch) wahr oder nicht wahr, so etwas wie eine mythologische Wahrheit existiert nicht. Fundamentalisten verhalten sich so, wie in Freuds Anekdote, wonach eines seiner Kinder nach dem Vorlesen eines Märchens fragte, ob das denn alles wahr sei, was der Papa grad vorgelesen hat. Freud schildert die anschließende Enttäuschung des Kindes, als dies verneint wurde und dass danach das Interesse an Märchen vernehmbar nachließ (1927c). Barr (1977) sieht hier das größte Problem: Wenn die biblischen Aussagen nur als Tatsachenberichte Gültigkeit beanspruchten, zerstöre dies die Bibel in ihrem Wert als religiöses Buch, das ja eben Glaube und nicht Wissen hervorrufen wolle. Es handelt sich in einer etwas anderen Formulierung um eine Verwechslung von Mythos und Logos (Armstrong, 2004).

1.5.4 Dualismus

Der einflussreiche TV-Evangelist Jerry Falwell beschrieb den Moment seiner Bekehrung mit folgenden Worten:

> »Es war alles so neu und aufregend für mich! Auf einmal wurde das ganze Leben eine Art Schlachtfeld. Gott und Satan führten Krieg um meine Seele [...]. Bei meiner Bekehrung wechselte ich die Seiten. Als ich am Altar kniete, um Gott um Vergebung für meine Sünden zu bitten, desertierte ich vom Feind und schrieb mich ein, um an Gottes Seite zu kämpfen. Meine Brüder und Schwestern ... waren meine christlichen Kriegskameraden, die mit in den Krieg zogen. Christus war unser Chefkommandant. Die Bibel war meine Führung, meine Kriegsstrategie [...]« (zit. nach Schneeberger, 2010, S. 54).

Das Zitat vermittelt anschaulich den *Zusammenhang von individuellem und globalem Dualismus.* Der individuell-biografische Dualismus zeigt sich am Phänomen der sogenannten »Bekehrung« oder »Wiedergeburt« auf eindrückliche

Art und Weise. Fundamentalisten bezeichnen sich selbst als »bibeltreue« oder »bekennende« Christen, im Gegensatz zu sogenannten »Namenschristen«, die sich selbst zwar auch als Christen bezeichnen, es nach der Vorstellung der Fundamentalisten aber mitnichten sind. Wahre Christen sind demnach ausschließlich Gläubige, die sich ganz bewusst für diesen Glauben entschieden haben. Diese Entscheidung bezeichnen sie als »Bekehrung« oder »Wiedergeburt«. Damit wollen sie zum Ausdruck bringen, dass ein komplett neues Leben angefangen habe, in dessen Mittelpunkt eine »intensive persönliche Beziehung zu Gott« steht, wie dies von ihnen selbst verstanden wird. In vielen fundamentalistischen Biografien gibt es einen solchen Wendepunkt, der das Leben in zwei Hälften teilt. Nach der Bekehrung ist nichts mehr, wie es vorher war. Vor der Bekehrung war man vom Teufel besessen, danach von Gott bewohnt. Das Selbst ist also immer unter der Gewalt fremder Instanzen, die in einem absolut antagonistischen Verhältnis zueinander stehen (Davis, 2006). Strozier (1994) hat in seinen Fallgeschichten gezeigt, dass alle Fundamentalisten, die er getroffen hat, ihr persönliches Narrativ als ein gebrochenes bezeichnen. Vor ihrer Bekehrung und Wiedergeburt sei ihr Leben unerfüllt, unglücklich und voller persönlicher Traumata gewesen. Durch ihren Glauben, die »persönliche Beziehung zum Herrn« seien sie geheilt worden.

Die dualistische Weltsicht teilt die Welt und ihre Bewohner*innen kompromisslos in zwei Hälften: entweder nur gut oder nur böse, nur schwarz oder weiß, nur Gott oder Satan. Für Falwell ist klar, dass die Welt ein Kriegsschauplatz ist, in dem sich ein Kampf zwischen Gott und Satan abspielt, und jeder Mensch muss sich entscheiden, auf welcher Seite er steht, respektive »kämpfen« will. Einen neutralen, friedlichen Bereich gibt es nicht. Mehr noch: »Die Welt«, wie sie von Fundamentalisten verstanden wird, unterscheidet sich erheblich von dem, was im Allgemeinen darunter verstanden wird. Die fundamentalistisch (ab-)qualifizierte Welt ist ein böser und verlorener weil durch und durch sündiger, feindseliger Ort, der unter der Herrschaft des Satans steht und den es zu bekämpfen gilt (Titel dieses Buchs).

Das bevorzugte Buch der Fundamentalisten ist das letzte Buch der Bibel: die Offenbarung des Johannes, die Apokalypse. Hier kommt die dualistische Weltsicht am deutlichsten zum Ausdruck. Oder anders gesagt: Apokalyptik ist das Prinzip Dualismus angewandt auf eine ersehnte Zukunft. Auch wenn in der jetzigen pluralistischen Welt Gut und Böse noch vermischt sind, wird die Zeit kommen, wo Gott selbst dafür sorgen wird, dass das Gute und das Böse voneinander getrennt werden und diese »unsichtbare Grenze« zwischen beiden Bereichen enthüllt wird. Apokalypse heißt wörtlich übersetzt »die Enthüllung«.

Apokalypse

Das apokalyptische Weltbild geht von einer vollständigen Umwälzung der bestehenden Weltordnung aus. Diese wird durch das »Reich Gottes« abgelöst. Zahlreiche der wiederkehrenden Topoi in fundamentalistischen Kreisen stammen aus dem Buch der Offenbarung. Die folgende kurze Zusammenfassung soll einen Einblick in die Atmosphäre dieses düsteren Werkes vermitteln.

In der Einleitung stellt sich der Autor als Johannes von Patmos vor. Er schreibt an verschiedene Gemeinden in Kleinasien und begründet seine Autorität dadurch, dass er hinter sich die große Stimme hörte, die von sich behaupte, das Alpha und das Omega, der Anfang und das Ende zu sein. Der Grundton in den ersten drei Kapiteln lässt sich am ehesten als eine wütende Schimpftirade bezeichnen. Die Gemeinden sollen auf den Weg Gottes zurückkehren und ihre Blasphemie und Unzucht sein lassen, andernfalls werden ihre durch Hurerei gezeugten Kinder getötet, und zwar von Jesus selbst. Ohne Zweifel tritt hier eine andere Jesus-Figur zutage, als diejenige, die man von der Bergpredigt her im Ohr hat.

In den folgenden Kapiteln tauchen verschiedene weitere Motive auf, die das Nahen des Endes schildern. So werden sieben Siegel geöffnet, wobei mit jedem der geöffneten Siegel eine Eskalation von Gewalt verbunden ist. Dieses Prinzip der Gewalteskalation wird fortgeführt durch eine Serie von sieben erschallenden Trompeten, worauf »Schalen des Zorns« ausgegossen werden oder auch »Flüsse in Blutströme« verwandeln können.

Das Buch findet seinen Kulminationspunkt in den Kapiteln 19 bis 22. Der Himmel öffnet sich, die himmlischen Heerscharen versammeln sich zur »Hochzeit des Lammes« und ein Reiter mit flammenden Augen und einem mächtigen Schwert, das aus seinem Mund kommt, peinigt und tötet die Völker. Darauf wird der Teufel für 1000 Jahre eingesperrt. In diesen 1000 Jahren dürfen die Jesus-Gläubigen mit ihm zusammen regieren. Diese Zeit wird als »Millennium« bezeichnet. Nach exakt 1000 Jahren wird der Teufel wieder frei gelassen. Dieser streift nun durch die Welt, täuscht die Völker und vereinigt sie zu einer letzten Schlacht von Harmagedon. Der wütende Gott schickt zerstörerisches Feuer auf die Erde hinunter und wirft den Teufel samt denjenigen, die von ihm getäuscht wurden, in den Feuersee, wo sie auf immer und ewig gequält werden.

Am Ende stehen Hoffnung und Erlösung. Auf einem großen weißen Thron erscheint Gott und er öffnet das Buch des Lebens. Alle, die nicht in diesem Buch stehen, egal ob sie lebend oder tot sind, werden ebenfalls in den Feuersee geworfen. Dies ist dann der zweite Tod. Darauf sieht Johannes einen neuen Himmel und eine neue Erde, und eine heilige Stadt, das »himmlische Jerusalem«. Und eine Stimme vom Himmel ertönt und sagt, dass Gott die Tränen wegwischt bei denen, die gelitten haben und dass es hinfort keinen Tod, keine Sorgen, kein Weinen und keinen Schmerz mehr geben wird.

Auch wenn vieles rätselhaft und vom Ablauf her etwas unverständlich bleibt, wird doch eines klar: Gläubige müssen alles daran setzen, dereinst im »Buch des Lebens« zu stehen und nicht auf immer und ewig im Feuersee zu brennen.

Der strenge Dualismus dieser apokalyptischen Grundhaltung kommt anschaulich im 1970 erschienenen Buch von Hal Lindsey mit dem Titel »Alter Planet Erde wohin?« zum Ausdruck. Es wurde nach Angaben der Herausgeber in über 18 Millionen Exemplaren verkauft. Lindseys Buch ist ein Standardwerk, das der fundamentalistischen Leserschaft die Weltgeschehnisse mithilfe der biblischen Apokalyptik erklärt. So werden die damaligen politischen Ereignisse, hauptsächlich der Kalte Krieg zwischen den USA und der Sowjetunion, als notwendiger Konflikt gedeutet, der zwingend so abzulaufen habe, damit der apokalyptische Fahrplan erfüllt werde. Das Geschäft mit dieser Art von Medien ist vor allem dann von Erfolg gekrönt, wenn es gelingt, Bibelzitate über die Zukunft so mit aktuellen Berichten von Gewalt zu verknüpfen, dass sich die Leserschaft angesprochen und betroffen fühlt. Wichtig scheint der Gedanke, dass Angst und Ohnmacht, dem Lauf der Dinge ausgeliefert zu sein, aufgegriffen werden und eine Deutungskategorie zur Verfügung gestellt wird, die alles Geschehen einem göttlichen Plan unterwirft. Alles Kontingente und Unkontrollierbare wird dadurch in die Gewissheit verwandelt, dass der Allmächtige die Zügel fest in der Hand hält und nichts dem Zufall überlässt. Dies ist ein starkes, verführerisches Angebot (vgl. dazu die ähnliche Deutung für Verschwörungsnarrative in Kap. 3).

Apokalyptik – Politik – Gewalt

> »Diesem radikalen metaphysisch begründeten Dualismus wird alles untergeordnet. Ihm entspricht die Entmenschlichung des Feindes, wodurch auch die Unterscheidung zwischen Kombattanten und Nicht-Kombattanten aufgehoben wird. In einem kosmischen Krieg kann es keine Zivilisten geben [...]. Der diese Radikalisierung stützende Wahrheits- und Unfehlbarkeitsanspruch schließt konsequenterweise die Möglichkeiten von friedlichen Lösungen und Kompromissen weitgehend aus. Der Kampf gegen das ›Böse‹ duldet keinerlei Zugeständnisse« (Hildebrandt, 2007, S. 4).

Bemühungen um Frieden und Versöhnung werden von Fundamentalisten eher bekämpft als befürwortet. Einige fundamentalistische Vertreter sehen in der

UNO, diesem Zusammenschluss von Delegierten verschiedener Völker mit dem Ziel, sich um friedliche Konfliktlösungen zu bemühen, gar den apokalyptischen Hauptfeind Gottes, den »Antichrist« am Werk. Das friedliche Zusammenleben der verschiedenen Völker, Religionen und Kulturen ist im fundamentalistischen Universum nicht vorgesehen. Ebenso gelten auf der Basis dieser Vorstellung jegliche Bemühungen, die auf ökologische Verbesserungen abzielen, als verfehlt. Mehr noch: Der Klimawandel wird von Fundamentalisten nicht als Bedrohung gesehen, sondern als willkommenes Zeichen, dass die Welt dem Untergang geweiht und das »neue Reich Gottes« nicht mehr fern ist (Davis, 2006, S. 290; Hochgeschwender, 2018, S. 191).

Zu welchen weltpolitischen Konsequenzen diese Vorstellung führen kann, zeigt folgendes Beispiel: In einem Interview mit der New York Times im August 1982, mitten im Kalten Krieg, ließ der damalige US-amerikanische Verteidigungsminister, Caspar Weinberger, verlauten:

> »I have read the Book of Revelations and, yes, I believe the world is going to end – by an act of God, I hope – but every day, I think that time is running out. ... I think of World War II and how long it took to prepare for it, to convince people that rearmament for war is needed. I fear, we will not be ready. ... but I have faith«
> (zit. nach Segal, 1997, S. 149).

Wenn der Glaube, dass das ersehnte Ende der Welt durch einen »Akt Gottes« zustande kommt, die Geduld der Gläubigen in hohem Maße strapaziert, ist die Aussicht, dem Ganzen durch eine Beschleunigung der Apokalypse etwas nachzuhelfen, verführerisch. Erst recht gilt das für eine so machtvolle Position, in der sich der US-amerikanische Verteidigungsminister mit dem ganzen Arsenal von atomaren Waffen, befindet. Beland bezeichnet diese bedrohliche Haltung als eine Form »aktiver Apokalypse« (2009, S. 884) und Strozier macht auf die Realisierbarkeit dieser Form der aktiven Apokalypse durch die atomare Aufrüstung aufmerksam, die ihrerseits wiederum paranoid-apokalyptisches Denken fördert (2010).

Diese »aktive Apokalypse« führt unweigerlich zu der Frage, ob der protestantische Fundamentalismus *gewalttätig* ist. Es gibt einen christlich-militanten Extremismus, vor allem in den USA, der nicht davor zurückschreckt, Ärzt*innen, die Abtreibungen vornehmen, zu ermorden. Einer dieser fundamentalistischen Attentäter, der Pfarrer Michael Bray, wird mit den Worten zitiert: »Was auch immer ich getan habe [...], es hat sich gelohnt« (Juergensmeyer, 2000, S. 45). Er sah die amerikanische Gesellschaft in einem Zustand äußerster Verderbtheit und den damals regierenden Präsidenten Bill Clinton betrachtete er als »Neo-Heiden« und verglich ihn mit Hitler. Dieser Nazi-Vergleich ist grundlegend, damit er sein Handeln als ethisch legitimiert, ja absolut notwendig angesichts einer als zutiefst bedrohlich erlebten Situation verstehen konnte. Trotz dieser vereinzelten Gewaltakte sind von christlichen Fundamentalisten verübte Attentate und Terrorangriffe eher die Ausnahme. Hochgeschwender meint dazu: »Es gab gewalttätige Fundamentalisten, aber keinen gewalttätigen Fundamentalismus« (2018, S. 199). Möglicherweise ist in den apokalyptischen Schilderungen auch etwas eingebaut, das den christlichen Fundamentalisten einigermaßen harmlos macht, was offene, manifeste Gewalt betrifft: Nicht die Gläubigen selber verstehen sich als Urheber und Vollstrecker der Bestrafung der Ungläubigen. Die Fundamentalisten geben ihren Akteurstatus ab an Gott, der im Jüngsten Gericht das Urteil spricht und vollstreckt. Strozier meint, dass gerade dank dieser Externalisierung und Projektion der christliche, stark apokalyptisch geprägte Fundamentalismus weniger gewalttätig ist als der islamische Dschihad (2010, S. 152ff.).

Das Gewaltpotenzial des christlichen Fundamentalismus spielt sich grundsätzlich nicht auf der großen politischen Weltbühne ab. Die Gewalt zeigt sich vielmehr im Privaten, in der Familie. Frauen dürfen nicht mitbestimmen, es herrscht ein patriarchales Selbstverständnis vor, und was Kindererziehung betrifft, haben Fundamentalisten ebenfalls ihre eigenen Vorstellungen. In einer Untersuchung evangelikaler Erziehungsratgeber der Schweizer Fachstelle »infoSekta«[2] wird deutlich, dass die körperliche Züchtigung von einigen solchen Ratgebern auch im dritten Jahrtausend als bewährte Methode empfohlen wird. Die folgenden Ausschnitte stammen aus verschiedenen von der Fachstelle untersuchten Erziehungsratgebern: »Wenn Sie sich auf ein Kind setzen müssen, um es zu versohlen, dann zögern Sie nicht. Und halten Sie es solange in dieser Stellung, bis es aufgegeben hat« (Fachstelle infoSekta, 2013, S. 24). »Verspürt das Kind keinen Schmerz, ist das Instrument wahrscheinlich zu leicht oder zu weich. Bleiben Verletzungen zurück, war der Gegenstand zu hart oder er wurde unsachgemäß verwendet« (ebd.). Schon beim vier Monate alten Kind lässt sich das elterliche »Nein« mit »kleinen Klapsen auf die nackten Beine mit einem 30 cm langen, 0,5 cm dicken Zweig kombinieren« (ebd). Der Vorgang selbst folgt einem klar festgelegten Ablauf:

---

2   »infoSekta« ist eine politisch und konfessionell unabhängige Fach- und Beratungsstelle für Fragen zu sektenhaften Gemeinschaften, Netzwerken und Verschwörungsglaube. Sie bietet Informationen und Beratungen zu sektenhaften und umstrittenen Gemeinschaften, vereinnahmenden Prozessen und verwandten Phänomenen an.

»[...] Aufsuchen eines abgeschiedenen Ortes, Information des Kindes über Gründe und Ausmaß der Züchtigung, Schläge in angemessener Intensität, in den Arm nehmen des Kindes und Versicherung, dass die ganze Bestrafung aus Liebe geschehen musste [...]. Wenn du dein Kind diszipliniert hast, nimm es auf deinen Schoss und umarme es. Sag ihm, wie sehr du es liebst und wie sehr es dich schmerzt, dass du es disziplinieren musstest, und wie sehr du hoffst, dass es nicht wieder nötig sein wird« (ebd., S. 25).

Neben der physisch zugefügten Bestrafung zeigt sich gerade in dieser letzten Formulierung die psychische Dimension der Gewalt, die das Kind mit einer inkonsistenten Botschaft konfrontiert:

»**Gewalt aus Liebe.** [Herv. im Original] Dabei ist das ganze Ritual darauf angelegt, dass das Kind die inhärente Paradoxie nicht erkennen kann und darf. Bei der Verschleierung der Doppelbotschaft kommt der Berufung auf eine höhere Autorität eine zentrale Rolle zu – die Züchtigungsmaschinerie gehorcht einem letzten Prinzip, dem sich alle Beteiligten, auch die Täter fügen müssen. Damit wird das Opfer letztlich sogar zum Täter gemacht: Ich liebe dich so sehr. Und du zwingst mich durch dein Verhalten, dir weh zu tun« (ebd.).

Typisch für das dogmatisch-machtorientierte Erziehungsverständnis ist die Sicht der Welt durch den Filter eines rigiden Entweder-Oder. »Es gibt nur die Alternative zwischen der ›Autorität der Eltern und der Autorität des Kindes‹ [...], ›körperlicher Züchtigung und Anarchie‹ [...] oder ›Erlösung und ewiger Verdammnis‹ [...]« (ebd., S. 22). Dieses gnadenlose dualistische Prinzip soll Kindern offenbar bereits sehr früh eingetrichtert, wenn nicht gar eingeprügelt werden.

Missionieren

Zentrale Konsequenz und Handlungsanweisung aus dem dualistischen Denken ist das strikte Befolgen des sogenannten »Missionsbefehls«. Die Bekehrung der Ungläubigen, worunter in einer bemerkenswerten Selbstverständlichkeit auch Andersgläubige subsumiert werden, zählt zu den wichtigsten Zielen der christlichen Kirche überhaupt. Die verheerende Wirkungsgeschichte dieses Befehls im Rahmen der christlichen Kreuzzüge sei hier nur am Rande erwähnt.

Bei Fundamentalisten erhält dieser Missionsbefehl eine spezifisch kriegerische Note, geht es im dualistisch-manichäischen Kontext ja um nichts weniger als um den Kampf gegen das Böse, um die Rettung von Seelen vor der Hölle. Ein

Missionar der »Biblischen Glaubens Gemeinde« aus Stuttgart verkündigt deren Botschaft in offensiven Worten:

> »›Wir können uns nicht als spirituelle Weicheier zurückziehen. Wir können uns nicht zurückziehen als harmlose Männer und Frauen.‹ Stattdessen sollten seine [Gottes] Anhänger die ›geistliche Waffenrüstung‹ anlegen. ›Alle feurigen Pfeile des Bösen sollen an deinem Langschild des Glaubens abprallen und nichts soll dir schaden.‹ ... ›Alle Moslems, alle Buddhisten, alle Hindus, alle Christen, die warten alle auf Jesus, denn er ist der Messias! ... Die ganzen Juden warten auf den Messias, habt ihr das gewusst?‹« (Lambrecht & Baars, 2009, S. 121).

Fundamentalisten glauben nicht nur zu wissen, dass die Juden den Messias erwarten, sie glauben auch zu wissen, wer er sein wird, nämlich »ihr« eigener christlicher Gott. Und für sie ist es auch klar, dass sich Juden im selben Topf der Anders- und damit Ungläubigen befinden und der Bekehrung zum rechten Glauben bedürfen, sonst werden auch sie am Ende vernichtet.

Welche tödlichen Folgen diese sogenannte »Errettung« haben kann, zeigt folgendes Beispiel, des Predigers Reinhard Bonnke, der im islamischen Nigeria missionierte:

> »Muslime fühlten sich von dem geplanten Auftritt provoziert. Medien berichteten von Hunderten Toten. Nach einer Agenturmeldung wies Bonnke jede Mitschuld von sich. Sein Missionswerk sei ahnungslos in das Kreuzfeuer eines lokalen Religionsdisputs geraten, soll Bonnke nach seiner Rückkehr nach Frankfurt am Main gesagt haben. Einige Städte im Norden Nigerias verhängten nach den Unruhen ein Aufenthaltsverbot gegen den deutschen Prediger. Als er 1999 wieder in dem Land missionierte, kam es erneut zu Toten. Nach nigerianischen Medienberichten wurden 16 Menschen bei einer Veranstaltung Bonnkes zu Tode getrampelt. Aufgebrachte Muslime zerstörten nach Medienberichten mehrere Kirchen und prügelten einen Pastor zu Tode« (ebd., S. 142).

Die kriegerische Rhetorik zeigt sich erneut, wenn auf Bonnkes Internetseite von »Mobilmachung«, »der Armee Gottes« und einem »ausgedehnten Glaubenskrieg« die Rede ist (ebd., S. 143). In einem »Evangelisten-Brief« vergleicht Bonnke eine Predigt mit der »Geschosshülse einer Panzerpatrone«, die mit »Sprengstoff« gefüllt sein müsse. Und in einer Publikation mit dem Titel »Weltkrieg« schreibt Bonnke: »Nenne es, wie du willst, totalen Krieg oder göttliches Erbarmen ... Der Teufel hat seine Heerscharen aufgeboten. Ran an den Feind!«

(ebd.). Dass es in diesem »Weltkrieg« zu Kollateralschäden auf beiden Seiten kommt, erstaunt nicht.

Nach der Skizzierung dessen, was den Fundamentalismus ausmacht, wie er beschrieben werden kann und wogegen er abzugrenzen ist, stellt sich die Frage nach seiner Entstehung. Dabei interessiert insbesondere, welche sozialen, kulturellen, ökonomischen und geistesgeschichtlichen Rahmenbedingungen bei seinem Entstehungsprozess förderlich waren.

2 Geschichte des protestantischen Fundamentalismus

Ein mit dem Fundamentalismus einhergehendes Kennzeichen ist dessen Tendenz zur Ahistorizität und damit der Versuch, etwas geschichtlich Gewachsenes als zeitlose, ewig gültige Wahrheit darzustellen. Dieses Kapitel ist somit auch ein Beitrag gegen diese Haltung, historisch entstandene Phänomene zu verabsolutieren.

Die Entwicklung des Fundamentalismus beginnt in den USA und erstreckt sich über zwei Perioden: den frühen Fundamentalismus um die Jahrhundertwende des 19./20. Jahrhunderts und die zweite Periode des Fundamentalismus von den 1970er Jahren bis heute.

2.1 Früher Fundamentalismus um die Jahrhundertwende des 19. und 20. Jahrhunderts

Der frühe Fundamentalismus entstand im sogenannten »gilded age«, einer Blütezeit der Wirtschaft in den USA in den 1870er Jahren bis zum Ende des 19. Jahrhunderts. Es war eine Zeit wirtschaftlichen Aufschwungs und technologischen Fortschritts, aber auch eine Zeit, die mit großer Armut und Korruption verbunden war. Der Unterschied zwischen den sozialen Schichten wurde im Zuge der Industrialisierung und der Einwanderung immer größer. Kulturell gesehen rivalisierten rationalistisch-säkulare und religiöse Wahrheitsansprüche miteinander. Die Verlierer der oben genannten Epoche wurden von einer sogenannten *Erweckungsbewegung* zusammengeschweißt (Schäfer, 2008, S. 104f.). In der Religionsgeschichte werden vier solcher Bewegungen genannt. Dabei geht es, wie es der Name bereits andeutet, um eine Reaktion auf das so wahrgenommene Erlahmen des Enthusiasmus der früheren Erweckung. Knapp formuliert besteht der Impuls der Erweckung darin, dass aus dem fernen Gott »ein zutiefst verinnerlichter, ganz persönlicher, naher Gott« wird (Hochgeschwender, 2018, S. 72). Daraus folgt in einer Art »erwecktem Imperativ«, dass ein wahrhaft christliches Leben erst durch die persönliche Bekehrung zum Glauben ermöglicht werde. Die fundamentalistische Bewegung wird der dritten Erweckungsbewegung zugerechnet (ca. 1880–1910).

Die alte Ordnung des amerikanischen Protestantismus um 1870 basierte auf der Wechselbeziehung zwischen Glauben, Wissenschaft, der Bibel, der Moral und der Zivilisation. Diese über viele Jahre bestehende und scheinbar so feste Einheit begann nun zu bröckeln. Von Kontinentaleuropa her drohte die »Gefahr« des Skeptizismus und des Rationalismus. Dagegen wurden entsprechende Gegenpositionen formuliert.

2.1.1 Schriftliche Fixierung als Anfang des Fundamentalismus

Der organisatorische Anfang des protestantischen Fundamentalismus wird meist mit der Fixierung zweier schriftlicher Dokumente in Verbindung gebracht. Zum einen mit den »5 Points of Fundamentalism«, zum anderen mit dem 12-bändigen Werk »The Fundamentals – A Testimony to the Truth« (Marsden, 2006, S. 118).

Die fünf Punkte des Fundamentalismus stammen aus der Generalsynode der Presbyterianer von 1910. Diese definierte fünf zentrale Glaubenssätze als verbindlich für die eigenen Anhänger*innen. Sie richteten sich gegen den zeitgenössischen liberalen Protestantismus, waren allerdings nicht besonders revolutionär. Vielmehr wiederholten sie vorwiegend Passagen des mehrere Jahrhunderte alten Apostolischen Glaubensbekenntnisses:

➢ die Irrtumslosigkeit der Schrift
➢ die jungfräuliche Geburt Christi
➢ seine stellvertretende Sühneleistung
➢ seine leibliche Auferstehung
➢ die Authentizität der Wunder

Vor allem zwei Punkte waren kontrovers: zum einen die Historizität der biblischen Wundererzählungen, das heißt die Position, dass diese Wunder tatsächlich genauso stattfanden. Und zum zweiten die Überzeugung von der absoluten Irrtumslosigkeit des biblischen Textes. Beide Aspekte waren neu (Hochgeschwender, 2018, S. 145).

Noch bedeutsamer für die Konstituierung der fundamentalistischen Bewegung war die Publikation von zwölf Pamphleten mit dem Titel: »The Fundamentals: A Testimony to the Truth«. Dieses zweite, viel umfangreichere

Dokument, war eine Kooperation der theologischen Gelehrten des Princeton Theological Seminary mit potenten Financiers in Gestalt von zwei kalifornischen Öl-Tycoons. Sie gaben die Schriftenreihe zwischen 1910 und 1915 heraus und finanzierten die Verteilung von insgesamt drei Millionen Exemplaren an jeden Pastor, Missionar, Theologieprofessor, Theologiestudenten, CVJM-Sekretär, Sonntagsschullehrer und Herausgeber religiöser Schriften in der gesamten englischsprachigen Welt. Inhaltlich ging es vor allem um die Frage nach der Autorität Gottes in der Schrift im Verhältnis zur Autorität moderner Wissenschaft, insbesondere der »historisch-kritischen« Methode. Dabei waren die »Fundamentals« erstaunlich moderat und nicht als aggressive Kampfschrift formuliert. Der angriffslustige Ton und der militante Stil entstanden erst nach dem Ersten Weltkrieg (Harris, 1998, S. 24).

Aus den »Fundamentals« entwickelte sich der Begriff der »Fundamentalists«, zugleich Selbstbezeichnung wie auch pejorative Fremdcharakterisierung (Hochgeschwender, 2018, S. 146). Die Theologen des Theologischen Seminars in Princeton entwickelten das Dogma weiter, dass die biblischen Schriften in jedem Detail irrtumsfrei seien. Ihre Auslegung orientiert sich damit am Grundsatz der Verbalinspiration, also der Vorstellung, dass jedes einzelne Wort in der Bibel von Gott direkt eingegeben wurde, Gott selbst also der Autor der biblischen Texte sei. Sie stützen sich bei ihrem Bibelverständnis auf den sogenannten *Common-Sense-Realismus*, der schon seit Anfang des 19. Jahrhunderts die »Hausphilosophie« von Princeton und vielen anderen US-amerikanischen Hochschulen war. Der Common-Sense-Realismus stammt ursprünglich aus Schottland, ihr Hauptvertreter war Thomas Reid (1710–1796). Diese philosophische Richtung passte zu den Idealen der amerikanischen Kultur, denn sie war vor allem demokratisch und anti-elitär. Sie lehrte, dass der menschliche Geist so konstruiert war, dass er die wirkliche Welt, so wie sie ist, direkt erkennen könne. Andere Philosophen, wie beispielsweise John Locke, betrachteten den Weg, wie wir zu Erkenntnissen kommen, als eine deutlich kompliziertere Angelegenheit: Sie postulierten »Ideen«, die zwischen uns und der wirklichen Welt angesiedelt seien. Diese Ideen seien unmittelbare Objekte unserer Gedanken, sodass wir die Phänomene der äußeren Welt nie direkt, sondern immer nur vermittelt durch unsere Gedanken erfassten (Marsden, 2006, S. 14f.). Die »Common-Sense«-Philosophie schuf somit eine stabile Basis, um die Wahrheiten der Bibel und des christlichen Glaubens durch Vernunft und Wissenschaft abzusichern. Zusammen mit der protestantischen Doktrin, dass die Schrift für jedermann problemlos verständlich sei, wuchs so eine solide Grundlage dafür, dass jede normale Person die biblischen Lehren ohne entsprechende Ausbildung verstehen konnte (ebd., S. 16).

Der Fundamentalismus begann also »als Rivalität zweier intellektueller Deutungseliten« (Hochgeschwender, 2018, S. 147). Die Gegner waren im Lager des liberalen Protestantismus zu verorten. Neben vielen anderen Abgrenzungen zu dieser vorherrschenden Bewegung ging es in erster Linie um das »richtige« Bibelverständnis. Die liberale Theologie vertrat eine deutlich kritischere Sicht auf die biblischen Schriften. Sie war in Kontinentaleuropa zu der Zeit schon weit fortgeschritten und wird als »*historisch-kritische Methode*« bezeichnet. Ihr revolutionärer Ansatz bestand darin, die erstmals allgemein akzeptierten Regeln der Geschichtswissenschaft auf dem Gebiet der Bibelwissenschaft zur Anwendung zu bringen. Diese progressiven kontinentaleuropäischen Entwicklungen aus Deutschland und zum Teil auch aus Frankreich galten als die Hauptfrontlinie des Kampfes um das richtige Bibelverständnis.

Neben diesem *literalistischen* Dogma der Irrtumsfreiheit der Bibel kam ein weiterer Impuls dazu, der dem bisher vorwiegend akademischen Streit eine deutlich volkstümlichere Note verlieh. Es handelt sich um den sogenannten *Millenarismus,* respektive *Prämillenarismus.*

2.1.2 Apocalypse now! – Exkurs zum Prämillenarismus

> »Der Weltuntergang steht bevor. Das Ende ist nahe. Die ›Zeichen der Zeit‹ sind nicht zu übersehen. Kriege, Katastrophen, Korruption und Unmoral sind allgegenwärtig. Die letzte Stunde der Menschheitsgeschichte ist angebrochen. Aber als Evangelikaler hat man nichts zu befürchten, denn man wird den gewaltsamen Höhepunkt nicht mehr selber erleben. Wenn dieser kommt, ist man schon in Sicherheit, in den Wolken aufgenommen. Leider werden die anderen zurückgelassen. Man hat alles getan, sie zu warnen, aber sie wollten nicht hören.«

So beschreibt der Religionssoziologe Phillip Gorsky (2020, S. 100) die apokalyptische Grundhaltung des »dispensationalistischen, prätributionalistischen Prämillenarismus«, abgekürzt DPP – nicht nur, was das Wort betrifft ein Ungetüm, sondern auch in Bezug auf den Inhalt eine der aggressivsten Vorstellungen der biblischen Mythologie.

Ausgehend von Interpretationen der apokalyptischen Bücher, vor allem der Offenbarung des Johannes, wird die Vorstellung eines »Tausendjährigen Reiches« zum programmatischen Dreh- und Angelpunkt, die Zeit zu konzipieren. Die grundlegende Vorstellung ist, dass auf dem apokalyptischen Zeitstrahl an einem bestimmten Punkt das sogenannte »Tausendjährige Reich«, das Millennium beginnt, welches im Zusammenhang mit der Vorstellung der Wiederkunft Christi steht. Die entscheidende Frage ist nun, ob diese übernatürliche Wiederkunft Christi *nach* dem Millennium oder davor stattfinden wird. Die entsprechenden biblischen Passagen scheinen diesbezüglich einen gewissen Spielraum offen zu lassen. »Danach« impliziert, dass das Millennium sich noch im Bereich der geschichtlichen, der natürlichen Zeit befindet, was bedeutet, dass die Menschheit die Möglichkeit hat, es zumindest mit errichten zu können. Diese Konzeption wird deshalb als Postmillenarimus bezeichnet. »Vorher« bedeutet, dass Menschen nichts zu dessen Errichtung beitragen können, sondern dass diese durch Christus selbst erfolgt. Es liegt auf der Hand, dass der Postmillenarismus eher für Menschen mit großen Handlungsspielräumen interessant ist, während der Prämillenarismus eher Menschen mit geringen Perspektiven anspricht (Schäfer, 2008, S. 141). Daneben sieht das millenaristische Denken auch noch einen Gegenspieler vor, der die unrechte Herrschaft symbolisiert. Diese Figur, die als »Antichrist« bezeichnet wird, herrscht in der Periode der sogenannten »Großen Trübsal« (»tribulation«), einer Periode, die in der millenaristischen Vorstellung den Unterschied zwischen Gut und Böse klar ersichtlich offenbart.

Fundamentalisten können dem Typus des »*prätribulationistischen Prämillenarismus*« zugerechnet werden. Entsprechend dieser Vorstellung führt die Geschichte unweigerlich ins Verderben, die Herrschaft des Antichristen und damit die Zeit der großen Trübsal stehen unmittelbar bevor. Flucht ist die einzige Option, welche in diesem Zusammenhang die sogenannte »Entrückung« der wahren Gläubigen in den Himmel bedeutet – einem unsichtbaren Fahrstuhl gleich – und zwar *vor* der großen Trübsal (deshalb *prä*tribulationistisch). Dort sitzen sie mit Christus beim Festmahl, während die Zurückgebliebenen vom Antichristen gepeinigt werden.

Diese Position erhielt Aufschwung durch den *Dispensationalimus* des englischen Theologen John Nelson Darby (1800–1882). Darby unterteilte die Weltgeschichte in sieben Zeitalter, auch »Dispensationen« genannt. Das damals gegenwärtige Zeitalter ist gemäß dieser Vorstellung das sechste, das »Kirchenzeitalter«. Das siebte wird durch eine »*geheime Entrückung*« eingeleitet, bei der, wie oben vermerkt, alle wahren Gläubigen ob tot oder lebendig in den Himmel erhoben werden. Dann beginnen sieben schreckliche Jahre mit Krieg und Katastrophen und einem finalen Kampf zwischen den guten und bösen Mächten, aber nicht mit offenem Ende. Das Gute wird siegen in Gestalt einer triumphalen Wiederkunft Christi auf die Erde. Bis dahin werden einige, darunter auch einige Juden, die »Wahrheit« ergreifen und Christen werden. Damit wird das Tausendjährige Reich mit dem Jüngsten Gericht als Kulminationspunkt eingeleitet (Gorsky, 2020, S. 101). Inhaltlich werden die Bilder der prämillenaristischen Apokalypse verwendet, deswegen auch die große Nähe und gegenseitige Verstärkung all dieser Strömungen, die zur prägendsten Strömung des frühen Fundamentalismus wurden: zum *dispensationalistischen prätribulationistischen Prämillenarismus.*

Als Bibel der Wahl entstand maßgeschneidert auf die literalistischen und prämillenaristisch-dispensationalistischen Bedürfnisse ihrer Anhänger 1909 die sogenannte »Scofield Studienbibel«. Diese zeichnet sich dadurch aus, dass sie jeweils am Seitenrand über eine Kommentarspalte verfügt, die durch ein komplexes System von Randkommentaren und Querverweisen weltpolitische Ereignisse mit hypothetischen Daten biblischer Ereignisse verknüpft. Dieses Verweis- und Verknüpfungssystem hat eine doppelte Funktion: Es zeigt auf, wie Passagen aus dem Alten Testament Ereignisse im Neuen Testament vorherzusagen scheinen. Das heißt, es entsteht damit eine vermeintlich historische Beweisführung, dass die Bibel »recht hat«. Zum zweiten suggeriert sie den Leser*innen, dass Passagen des Neuen Testaments mit den aktuellen Ereignissen übereinstimmen. Damit wird eine biblisch fundierte Deutung der Gegenwart ermöglicht. Aber es wird auch vorstellbar, dass in der Bibel zukünftige Ereignisse vorhergesagt werden. Diese Verbindung von biblischen Aussagen mit realen Ereignissen schien jedenfalls sehr attraktiv zu sein, von der Scofield Bibel wurden in wenigen Jahren mehr als zwei Millionen Exemplare verkauft (Gorski, 2020, S. 102; Marsden, 2006, S. 119).

2.1.3 Die Bedeutung des Ersten Weltkriegs für die Entstehung des Fundamentalismus

Die Zeit nach dem Ersten Weltkrieg war in Amerika durch eine überwältigende Krisenatmosphäre geprägt. 1919 war charakterisiert durch eine ganze Serie von realen oder eingebildeten Schrecken: Bolschewismus, Orientierungslosigkeit, Kriegslust und akute Paranoia. Es schien, als bräuchten die Menschen einen Feind. Während die Nachkriegszustände für die meisten Amerikaner eine vorübergehende Störung waren, war es für Fundamentalisten der Beginn eines Kreuzzugs. Sie begannen sich genau zu dem Zeitpunkt zu organisieren (1919/1920), und sie institutionalisierten und konservierten wichtige Aspekte der damaligen Gefühle, Einstellungen und Haltungen (Marsden, 2006, S. 148ff.). Die Prämillenaristen spielten eine zentrale Rolle bei der Organisation der jungen fundamentalistischen Bewegung. Obwohl der Erste Weltkrieg sie nicht politischer gemacht hatte, durchlebten sie doch einen entscheidenden Wandel in ihrer Sicht auf die Nation. Sie verbanden die apokalyptischen Texte ganz konkret mit den politischen Vorkommnissen. So wurde die »Macht aus dem Norden«, ein Topos aus der Apokalypse, mit Russland identifiziert und ihr eine entscheidende Rolle bei den Endzeitgeschehnissen zugewiesen. Die »bolschewistische Revolution« 1917 wurde als klarer Beleg für diese Sicht gedeutet. Auf dem Boden eines bereits bestehenden Vorurteils gegenüber allem Sozialistischen entwickelte sich so eine metaphysisch fundierte antikommunistische Partisanenschaft. Ohne den Ersten Weltkrieg wäre der Fundamentalismus wohl nicht zu einer so wichtigen Größe geworden. Die daraus resultierenden kulturellen Grundsatzdebatten eröffneten der jungen Bewegung eine ganz neue Dimension und massenhaften Zulauf. Das Paradox der prämillenaristisch geprägten fundamentalistischen Bewegung bestand darin, dass diese eigentlich völlig apolitische Richtung, die keine Hoffnung für kulturelle Entwicklungen sah, sich nun plötzlich für das Überleben der christlich-amerikanischen Zivilisation stark machte. Erst diese Verknüpfung von Religion und nationaler Überlebensfrage machte den jungen Fundamentalismus so attraktiv (Marsden, 2006, S. 143ff.).

2.1.4 Der »Affen-Prozess« von Dayton, 1925 – Kreationismus versus Darwinismus

Eine weitere Geistesströmung, die das protestantische Bollwerk infrage stellte, war der *Darwinismus*. Während es in einer ersten Phase noch Ansätze und Bemühungen für eine Versöhnung zwischen einer wissenschaftlich-darwinistischen Sicht und der Religion gab, wurde diese Spannung für Evangelikale immer mehr zu einem Dilemma, und viele entschieden sich für ein Entweder-Oder. Während sich im Norden des Landes ein Kampf der Denominationen um Rechtgläubigkeit und Abspaltung versus Integration entwickelte, lag der Fokus im Süden des Landes vor allem auf dem Kreuzzug gegen die Evolutionslehre von Charles Darwin.

Der sogenannte »Affen-Prozess« (The Scope Trial) markierte den Höhepunkt dieses anti-evolutionären Kreuzzugs (Marsden, 2006, S. 184ff.; Hochgeschwender, 2018, S. 156ff.). Die Verhandlung drehte sich um den Lehrer John Scopes, der in Dayton, Tennessee, die Evolution Darwins lehrte. Der Staat Tennessee klagte Scope deswegen an und 1925 kam es zu einem Gerichtsprozess, den Tennessee zwar gewann, der sich aber als Pyrrhus-Sieg entpuppte. Der Anwalt

Scopes machte seinen Kontrahenten, den Staatsanwalt, zunehmend lächerlich, und die fundamentalistische Position wurde in der öffentlichen Meinung diskreditiert. Diese bizarre Episode ging mit größtem Aufruhr um die Welt. Sie hatte auf die Wahrnehmung der fundamentalistischen Bewegung eine viel größere Wirkung als alle theologischen Argumente zusammen. Das zentrale Thema war der Zusammenprall zweier Welten: der ländlichen und der urbanen. Auf der einen Seite der öffentlichen Wahrnehmung wurden die Kleinstädter skizziert, die Hinterwäldler, halbgebildete Bauerntrampel, versponnene religiöse Hausierer, der Süden und die Personifizierung all dessen in der Person des Staatsanwalts William Jennings Bryan. Auf der anderen Seite standen die Stadt, die New Yorker Clique, Chicagoer Rechtsanwälte, Intellektuelle, smarte zynische Agnostiker in der Gestalt des Rechtsanwalts Clarence Darrow. Diese Szenerie rief eine vertraute Erfahrung von Millionen Amerikanern hervor, die auf dem Land aufwuchsen und in die Stadt gezogen waren. Dayton wurde damit zum Symbol des Übergangs vom 19. ins 20. Jahrhundert. Alles, was Bryan im Verlauf dieses Prozesses von sich gab, wurde von der Presse genüsslich als ignorant ausgeschlachtet, und er selbst wurde mitsamt der ganzen fundamentalistischen Bewegung als Dummkopf dargestellt. Allerdings machte er ihnen diese Aufgabe durch sein Auftreten auch nicht besonders schwer. Das Ergebnis war ein Debakel für die fundamentalistische Bewegung (Marsden, 2006, S. 185). Nach 1925 wurde der Disput zwischen der liberalen und der fundamentalistischen Position immer mehr als eine Art Kulturkampf zwischen Nord und Süd, Stadt und Land, kulturell höher und kulturell weniger entwickelten Bürger*innen gesehen. Fundamentalisten galten nun als rückständig und ignorant.

Hochgeschwender (2018) setzt dieser Rezeption eine etwas andere Sichtweise entgegen. Er relativiert einiges, insbesondere dass der Prozess eine klare Niederlage für die Fundamentalisten darstelle. Auch die Dichotomie von intelligenten aufgeklärten Liberalen versus den etwas dümmlich dargestellten fundamentalistischen Landeiern, die endlich ihre verdiente Abfuhr kassiert hätten, stellt er infrage (S. 156ff.). Nichtsdestotrotz stimmt er der Einschätzung zu, dass die fundamentalistische Bewegung danach an Boden verlor. Er sieht dies allerdings eher im Zusammenhang mit der Krise der liberalen Theologie und ihrem humanistisch-optimistischen Menschenbild, welches nach dem Ersten Weltkrieg zerstört war (S. 164). Dadurch hatte der Fundamentalismus seinen Lieblingsgegner verloren, und ein Fundamentalismus ohne Feindbild ist gemäß der Struktur seiner Ideologie kaum überlebensfähig. Gerade als man sich in dieser neuen Grundstimmung einzurichten schien, brauste eine neue vierte Erweckungswelle über das Land: die neofundamentalistische Welle.

2.2 Die zweite Periode des Fundamentalismus (1970er Jahre bis heute)

Nach der Niederlage von 1925 und einer längeren Latenzzeit erwachte die fundamentalistische Bewegung zu neuer Stärke. Der Aufschwung in den 1970er Jahren entstand als Reaktion auf die 1960er Jahre, die geprägt waren von emanzipatorischem Aufbruch: Bürgerrechtsbewegung, Homosexuellenbewegung Frauenbewegung, Friedensbewegung und andere. Diese Stichworte weisen darauf hin, dass die 1968er-Bewegung als Trauma für die doch mehrheitlich viktorianisch gesinnten Evangelikalen nachwirkte (Hochgeschwender, 2018, S. 176). Die neufundamentalistische Welle war in erster Linie eine gesellschaftlich-kulturelle Bewegung und viel weniger als früher eine theologisch-religiöse. Die feindliche Front verortete man nicht mehr in der liberalen Theologie. Der Kampf war nun gekennzeichnet durch einen Antikatholizismus und Antikommunismus (ebd., S. 182). Hauptprotagonist dieser Ära wurde der Evangelist Billy Graham, der für den Neofundamentalismus sowohl ein Vorbild als auch eine Figur, gegenüber der man sich abzugrenzen hatte, darstellte. Zudem entstanden in dieser Zeit große Medienunternehmen, die Millionen von Menschen erreichten. Zentrale Protagonisten wurden Jerry Fallwell und Pat Robertson und mit ihnen quasi eine neue Berufsgattung: der Tele-Evangelist. Mit diesen beiden Figuren verfügte die fundamentalistische Bewegung plötzlich über die erforderliche Infrastruktur, um Ideen weiter zu verbreiten und entsprechende Propaganda zu betreiben. Fast ebenso wichtig war die neu entstandene Möglichkeit, ein breit abgestütztes Fundraising zu betreiben.

Der Einfluss der Pfingstbewegung wurde besonders prägend in dieser zweiten Periode. Ihre Beiträge sind die Vorstellung eines kosmischen Kampfes zwischen dem Heiligen Geist und Dämonen sowie das sogenannte »Wohlstandsevangelium«, eine Verknüpfung von christlichem Glauben und materiellem Wohlstand, was die Annahme nährte, durch den rechten Glauben reich werden zu können. Gleichzeitig wurde damit Armut zu einem selbst verschuldeten Zustand. Diese Theorie plausibilisiert Strategien, die von neoliberalen Technokraten vertreten werden wie der individuelle Aufstieg in Konkurrenzverhältnissen und der Abbau sozialer staatlicher Verantwortung. Die Pfingstbewegung mobilisierte die Kader aus Finanz und Wirtschaft. Diese Interessengemeinschaft zwischen so genannten »Neocons« (politisch Konservative) und »Theocons« (fundamentalistische Christen) hält bis heute an. Mit der »Moral Majority« von Jerry Fallwell begann eine stabile Zusammenarbeit gegen den politischen Liberalismus (Schäfer, 2008, S. 112; Davis, 2006, S. 289).

Außenpolitisch rückt Israel ins Zentrum der Aufmerksamkeit. Es entsteht ein einflussreicher Kreis christlicher Zionisten. Die Grundannahme, die bis zu Darby ins 19. Jahrhundert zurückreicht, ist bis heute in der fundamentalistischen Bewegung weit verbreitet: Am Ende der Zeiten würden die Juden nach Israel zurückkehren. Dort würden die alten biblischen Grenzen reetabliert, der Tempel wiederaufgebaut und schließlich die muslimischen heiligen Stätten zerstört werden. Es käme zur endzeitlichen Schlacht zwischen Christus und dem Antichrist bei Harmagedon. Die Juden würden sich bekehren, und zwar wohlgemerkt zum Christentum. Tun sie es nicht, würden sie mitsamt den anderen Ungläubigen vernichtet (Schäfer, 2008, S. 146).

Das entscheidende Jahr wird 1948, die Gründung des Staates Israel. Prämillenaristische Spekulationen werden wieder wach. Der Sechs-Tage-Krieg bildet vor diesem Deutungshintergrund einen Meilenstein, indem er den Weg zu den biblischen Grenzen bereitet – und damit einen Beleg bildet für die Wahrheit des festgelegten apokalyptischen Rahmenprogramms. Es versteht sich von selbst, dass ein palästinensischer Anspruch auf Land oder eine Zweistaatenlösung aus dieser Sicht heraus nicht infrage kommen, weil dies die Ausdehnung Israels auf biblische Grenzen behindern und den endzeitlichen Ablauf stören oder, noch schlimmer, sich als unzutreffend erweisen würde. Somit wird deutlich, dass die zur Schau getragene Sympathie der christlichen Fundamentalisten für Israel im Kern eine zutiefst antisemitische Dynamik beinhaltet: Die Juden, die man unterstützt, sollen nicht Juden bleiben, sondern Christen werden, andernfalls, so der endzeitliche Fahrplan, werden sie vernichtet (Hochgeschwender, 2018, S. 197). Diese Diskrepanz in der Haltung der fundamentalistischen Christen gegenüber Israel und den Juden kommt im Dokumentarfilm der israelitischen Filmemacherin Maya Zinshtein *'til kingdom come* (2020) zum Ausdruck. Der Film handelt von einer christlichen Gemeinde im Bundesstaat Kentucky, die trotz wirtschaftlich schwierigen Zeiten über eine Partnerorganisation viel Geld nach Israel sendet. Ziel dieser Spenden ist nicht zuletzt die Stärkung der völkerrechtswidrigen Siedlungspolitik, wonach pälastinensische Gebiete von Israel besetzt werden, um letztlich das ganze Gebiet Israels in seinen alten biblischen Grenzen wiederherzustellen, damit die göttlich-apokalyptischen Pläne schneller erfüllt würden. In einer Szene fragt die Filmemacherin den Pastor der Gemeinde, was seiner Meinung nach mit ihr und all den anderen Jüd*innen am Ende der Tage geschehe, falls sie Jesus nach dessen Rückkehr nicht akzeptierten. Der Pastor antwortet mit einem gewissen Bedauern, dass sie dann sieben Jahre Trübsal erdulden müssten, und für immer und ewig in der Hölle geröstet würden. Das sei nicht seine Idee, und er wünschte, es sei weniger brutal, aber so stehe es nun einmal in der Bibel, da könne man nichts machen. Dort sage Jesus klar und deutlich: »Ich bin der Weg, die Wahrheit und das Leben. Keiner kommt zum Vater denn durch mich.« Die Szene entfaltet eine verstörende Wirkung, nicht bloß wegen des Inhalts, sondern weil das Bedauern des Pastors nicht ganz echt wirkt, sondern von einem Grinsen begleitet wird, das nicht so ohne Weiteres zu deuten ist. Am ehesten kommen dabei Schadenfreude und ein gewisses Triumphgefühl zum Ausdruck, welche sich auf die subjektive Gewissheit, auf der richtigen Seite zu stehen, stützen dürften. In einem Kommentar zu dieser Diskrepanz zwischen endzeitlichen Vernichtungsvorstellungen der Juden bei gleichzeitiger großzügiger finanzieller und ideologischer Unterstützung derselben Bevölkerungsgruppe wird im selben Film auf die Ironie, die in dieser »strategischen Partnerschaft Gottes« liege, aufmerksam gemacht: Die größten Unterstützer Israels außerhalb des eigenen Landes seien im Kern Antisemiten.

In den 1990er Jahren gelangte die Zweckehe zwischen Republikanern und Fundamentalisten zur Symbiose (Schäfer, 2008, S. 116), auf die sich George W. Bush im Zusammenhang mit dem Krieg gegen den Irak (2003) und der von ihm konstruierten »Achse des Bösen« moralisch stützen konnte. Eins wurde in dieser Zeit deutlich: Fundamentalisten waren anders als im frühen 20. Jahrhundert keine Randgruppe mehr, sondern waren durch ihre politischen Verbindungen eine prägende innen- und außenpolitische Kraft geworden und waren im politischen Mainstream der USA angekommen. Nicht zuletzt dank ihrem apokalyptisch-dualistischen Weltbild war es nach dem Zusammenbruch der Sowjetunion möglich, quasi nahtlos ein neues Feindbild zu kreieren: den Islam. Das Attentat am 11. September 2001 passte nahtlos in dieses neue Schema und wurde apokalyptisch aufgeladen: Die USA befanden sich in einem Kampf der Kulturen gegen den Islam. Das mittelfristige Ziel in diesem endzeitlich interpretierten Kampf des Guten (USA) gegen das Böse (Islam) bestand darin, die USA aus dem »irdischen« Völkerrechtssystem herauszunehmen und Präventivkriege zum probaten Mittel der Außenpolitik zu etablieren (Schäfer, 2008, S. 119).

Verglichen mit den Anfängen des Fundamentalismus und der starken Betonung der Verbalinspiration, haben sich die Protagonisten verändert und sind mit der Zeit gegangen: »An die Stelle objektivistischer Wahrheitsverwalter sind Showmaster getreten, die die Interessen ihrer Klientel ansprechen und subjektive Behauptungen aufstellen« (Schäfer, 2008, S. 132), für die sie objektive Geltung verlangen – ohne Begründung. Die Mehrheit der Fundamentalisten greift heute anders auf die biblischen Schriften zu. Sie behalten die Vorstellung der göttlichen Inspiriertheit bei, interpretieren die Einzelheiten aber mit der nötigen und gerade nützlichen Offenheit. Wahr ist, was nützt. Die entscheidende Strategie des aktuellen Fundamentalismus (in den USA) besteht darin, die öffentliche Wahrnehmung zu strukturieren. Nach Schäfer sei es für heutige Fundamentalisten entscheidend, die meist unbewussten, kognitiven Dispositionen zu strukturieren, die dafür verantwortlich sind, wie Bürgerinnen und Bürger gesellschaftliche Zusammenhänge wahrnehmen, beurteilen und dann aufgrund vermeintlich eigener Entscheidung handeln (Schäfer, 2008, S. 151). Die direkte Aufforderung »Unterstütze die Siedlungen Israels!« ist in diesem Zusammenhang weit weniger wirksam. Wenn der entsprechende Adressat aber »das Bild einer beginnenden endzeitlichen Erneuerung Israels vor Augen hat, wenn er meint, davon hinge sein eigenes Heil ab, wenn er meint, dass Dämonen Gottes Pläne mit dieser Welt durchkreuzen wollen, wird er Nachrichten über Siedlungen mit ›eigenen Augen‹ verfolgen« (Schäfer, 2008, S. 151). Es geht in dieser zweiten Periode um nichts weniger als um eine kulturelle Transformation. Dabei bedienen sich die Fundamentalisten und die konservativen Politiker gegenseitig ihrer Ressourcen, um diese Transformation zu lancieren (Marsden, 2006, S. 247; Brockschmidt, 2021).

Dass die fundamentalistische Bewegung nach ihren Anfängen und der Niederlage im Affenprozess um 1925 beinahe in der Bedeutungslosigkeit verschwand und dann eine solche Renaissance zu einer politisch relevanten Macht erlebte, war alles andere als selbstverständlich. Maßgebend dafür war ein rasanter sozioökonomischer Aufstieg vieler Anhänger des Fundamentalismus. Dieser Schicht gelang es, sich von der gesellschaftlichen Peripherie weg zu bewegen und einflussreiche Positionen in Wirtschaft, Politik und Gesellschaft einzunehmen. Die zweite wichtige Voraussetzung für die Erfolgsgeschichte der Fundamentalisten war die zunehmende Bereitschaft politischer Entscheidungsträger, vor allem aus dem republikanischen Lager, die Wählergruppe der Fundamentalisten für eigene Ziele zu »entdecken« und sich ihrer zu bedienen. So entstand eine recht heterogene Gruppierung aus rechtskonservativen Christen, die neben protestantischen Fundamentalisten auch Mormonen und konservative Katholiken umfasste, eine zahlenmäßig recht eindrucksvolle Basis, um Wahlen und Abstimmungen zu gewinnen.[3]

2.3 Donald Trump und die Evangelikalen

Donald Trump, US-Präsident von 2017 bis 2021, wurde von über 80 Prozent der weißen Evangelikalen gewählt. Noch nie in der neueren Geschichte der USA

---

3 Vgl. dazu auch die Ausführungen Brockschmidts zum »Council for National Policy« (2021, S. 142ff.).

erhielt ein Präsidentschaftskandidat mehr Stimmenanteile aus diesem Wähler-segment. Das ist auf den ersten Blick erstaunlich, weil Trump sich nicht als besonders religiöser Mensch und schon gar nicht als Evangelikaler positionierte, anders als beispielsweise George W. Bush dies tat. Wie kommt es also, dass so viele weiße Evangelikale einen Mann gewählt haben, der weder von seinem Glaubens-bekenntnis noch von seiner moralischen Lebensführung her ihre Ideale vertritt?

Der US-amerikanische Religionssoziologe Philip Gorski (2020) beschreibt vier verbreitete Erklärungsmodelle zur Beantwortung dieser Frage:

Es handelte sich erstens um ein reines Zweckbündnis im Sinne eines Tausch-geschäfts: Trump versprach, konservativ gesinnte Richter zu ernennen, die in ihren Entscheiden evangelikale Moralvorstellungen wie beispielsweise ein Ab-treibungsverbot, ein Verbot gleichgeschlechtlicher Ehe und ähnliche Entscheide umsetzen würden. Führende Evangelikale würden ihre Anhänger im Gegenzug überzeugen, für Trump zu stimmen. Dieser Ansatz greift aber zu kurz, weil es bei den republikanischen Vorwahlen Kandidaten gab, die genau dies ebenso verhei-ßen konnten und erst noch dezidierte Evangelikale gewesen wären (ebd., S. 157).

Eine zweite Erklärung geht davon aus, dass weiße Evangelikale nicht unbe-dingt für Trump waren, dafür aber sehr dezidiert gegen Hillary Clinton, weil sie deren Auffassung nach eine überzeugte Feministin sei, die ihre Karriere über den konservativen familiären Wertekanon »Heim und Herd« gestellt habe.

Der dritte Ansatz geht davon aus, dass die Evangelikalen schlecht informiert gewesen seien und sehr bereitwillig glaubten, was ihre TV-Prediger ihnen weis-machten, nämlich dass Trump einer der ihren war. Aber waren die Evangelikalen wirklich so naiv?

Die vierte Antwort lautet: wichtiger als die Religion war die Tatsache, dass es *weiße* Evangelikale waren, die ihn gewählt haben. Die Hautfarbe sei das ent-scheidende Kriterium und damit Rassismus die Erklärung. Gegen diesen Ansatz sprechen allerdings Umfragen, deren Ergebnisse darauf schließen lassen, dass Evangelikale wenig mit rassistischen Vorurteilen behaftet seien.

Gorski schlägt nun einen eigenen Erklärungsansatz vor, bei dem Rassismus zwar eine Rolle spielt, aber eine komplexere als die vorhin skizzierte. In neueren soziologischen Arbeiten taucht der Begriff des »weißen christlichen Nationa-lismus« (WCN) als Stichwort auf. Dieser geht davon aus, dass »Amerika von weißen Christen und für sie aufgebaut wurde und dass man, wenn man kein weißer Christ ist, auch kein ›waschechter‹ Amerikaner sei« (ebd., S. 160). Dies musste Barack Obama, US-Präsident von 2009 bis 2017, auf peinvolle Art erleben. Trump fabrizierte aus diesem Misstrauen der weißen christlichen Evan-gelikalen eine regelrechte Verschwörungstheorie: Obama sei gar nicht in den

USA geboren, sondern in Kenia, und er sei eigentlich ein Muslim, heimlich. Ganz abgesehen davon, dass sämtliche Gegenbeweise dieses diffuse Unbehagen in Teilen der Bevölkerung nicht entkräften konnten, zeigt sich, wie wenig stichhaltig und faktenbasiert populistische Propaganda funktioniert: Ein dunkelhäutiger Mensch kann nur in Afrika geboren sein, und zwar als Muslim. Unbedeutend ist dabei die Tatsache, dass Kenia eine mehrheitlich christliche Bevölkerung beheimatet (ca. 80%), während die Muslime eine Minderheit darstellen (ca. 10%).

Das Narrativ lautet folgendermaßen: Amerika wurde als eine christliche Nation von christlichen Pilgervätern gegründet. Deshalb liege der Segen Gottes auf diesem Land, und er hat es reich und mächtig gemacht. Seit geraumer Zeit jedoch hat sich das Land von seinem christlichen Erbe entfernt und damit auch von den Gesetzen Gottes, was sich am Verlust politischer und wirtschaftlicher Macht deutlich erkennen lässt. Das kann nichts anderes heißen, als dass Gott seine schützende Hand nicht mehr über der Nation walten lässt. Amerika ist vom Weg abgekommen und nun müssen die gläubigen Christen das Heft wieder in die Hand nehmen, um das Blatt zu wenden, »to make America great again«. Sie müssen das Ruder herumreißen und die Schicht der gottlosen Liberalen, Säkularisten und Humanisten, welche die Oberhand haben, bekämpfen (Gorski, 2020, S. 161f.). Dieser Slogan trifft historisch betrachtet einen Nerv der sich am Rande der Gesellschaft wähnenden Fundamentalisten zu Beginn des 20. Jahrhunderts. Das »again« weist darauf hin, dass es eine Vergangenheit gab, als die Welt mit einem »großen Amerika« vermeintlich noch in Ordnung war, und nun soll Amerika wieder so groß, bedeutend, ja einzigartig werden wie damals. Dieses uralte amerikanische Gründer-Narrativ wurde schon zu Beginn in einem apokalyptischen Geschichtskontext verstanden: Amerika ist das auserwählte Volk, das »neue Israel«, das Gelobte Land, das göttliche Bollwerk gegen alle Feinde: damals die Ureinwohner, später die katholischen Einwanderer, dann die Kommunisten – und schließlich unter Trump die Mexikaner, vor denen man sich mit einer Mauer abschotten muss?

Diese Geschichte beinhaltet nationalistische und christliche Elemente und als Inkarnation der gottlosen Oberschicht grüßt Hillary Clinton. Das Bestechende an der These Gorskis ist, dass er darauf hinweist, dass Trump selber »aufgrund seiner Bibel(un)kenntnisse gar nicht in der Lage« (ebd., S. 167) gewesen wäre, diesen biblisch-apokalyptischen Kontext aktiv zu nutzen, um evangelikale Wählerstimmen zu gewinnen. Vielmehr sei im Trumpismus der »weiße christliche Nationalismus« um drei entscheidende Aspekte angereichert worden:

1. *Viktimisierung.* Weil die Zahl der weißen Evangelikalen immer mehr abnimmt, verstehen sie sich als Opfer des Säkularismus, des Humanismus und

Liberalismus, also genauso wie in den Gründerjahren des Fundamentalismus Anfang des 20. Jahrhunderts. Darin dürfte auch einer der Gründe für diesen Verfolgungskomplex liegen: es gibt in der Geschichte des frühen Fundamentalismus einige verlorene Kulturkämpfe, allen voran der Affenprozess um 1925, die sich offenbar als traumatisch genug in das Selbstverständnis der Evangelikalen als Nachfolger der frühen Fundamentalisten eingebrannt haben. Anders ist kaum zu verstehen, dass Evangelikale und andere christliche Konservative allen Ernstes glauben, sie seien die am meisten verfolgte Gruppe in den USA, noch vor den Afroamerikaner*innen und den Muslim*innen. Wenn Christen nun vor Gericht gebracht werden können, weil sie sich weigern, eine Hochzeitstorte für ein gleichgeschlechtliches Paar zu backen oder eine Heiratsurkunde für ein schwules Paar zu unterschreiben, dann sind Konzentrationslager für Gläubige und öffentliche Bibelverbrennungen demnächst auf der Tagesordnung. Deshalb brauchen die amerikanischen Christen jetzt einen Beschützer, und zwar einen rücksichtslosen Beschützer (Gorski, 2020, S. 168).

2. *Messianismus.* Trump eignet sich wie eingangs erwähnt eigentlich nicht als religiös gefärbte Führungspersönlichkeit. Und doch »fanden« die weißen Evangelikalen ein biblisches Vorbild, mit dem sie ihn in Verbindung bringen konnten: König Kyros, den persischen König, der die Israeliten aus der babylonischen Gefangenschaft befreite, ihnen ermöglichte, nach Jerusalem zurückzukehren und ihren Tempel wieder zu errichten. Genau wie Trump, sei Kyros ein heidnischer Mann gewesen, den Gott als sein Werkzeug benutzte, um sein Volk zu beschützen und die Heilsgeschichte weiterzuschreiben.

3. *Anti-Elitismus.* Weiße christliche Nationalisten setzen auf Trump, weil sie hoffen, dass er sie aus einer angeblichen von kulturellen Eliten dominierten babylonischen Gefangenschaft befreien würde. Ausgesprochen bemerkenswert in diesem Zusammenhang ist das Verschwörungsnarrativ, das unter dem Namen »QAnon« bekannt wurde und ebenfalls von einer kulturellen Oberschicht ausgeht, mit Hillary Clinton als deren Speerspitze des Bösen und Donald Trump als Retter des guten Amerika (Kap. 3).

3   Der sozioökonomische Kontext

Die Hauptthese, welche gesellschaftlichen Rahmenbedingungen die Entstehung des Fundamentalismus im frühen 20. Jahrhundert in den USA hätten begünstigen können, geht davon aus, dass dieser eine Gegenbewegung zur Moderne darstelle, im Zuge derer die religiösen Werte und Traditionen an den Rand gedrängt worden seien. Während die Entstehung des Fundamentalismus Anfang des 20. Jahrhunderts in den USA mit spezifischen Befürchtungen verbunden war, die soziale und wirtschaftliche Abstiegsszenarien ebenso beinhalteten wie eine drohende kulturelle und religiöse Erosion, gelten für die Renaissance der fundamentalistischen Bewegung ab den 1970er/80er Jahren andere Rahmenbedingungen. Es handelt sich um den Zeitpunkt, als fundamentalistische Strömungen nicht nur in den USA einen Aufschwung erlebten, sondern erstmals auf den Islam ausgeweitet und somit zu einem globalen Phänomen wurden. Diese veränderten Rahmenbedingungen werden nicht mehr der Moderne zugeordnet, vielmehr wird diese Phase von einigen Autoren als Zeitenwende respektive Paradigmenwechsel im Kontext der *Postmoderne* verstanden. Auf verschiedenen Ebenen lässt sich nun das postmoderne Paradigma als Boden für das Erstarken des Fundamentalismus diskutieren:

Als zentrale »Symptome« der Postmoderne, die er als »kulturelle Logik des Spätkapitalismus« bezeichnet, nennt Jameson (1991) neben anderen eine Schwächung des historischen Denkens und einen eklatanten Verlust der Tiefendimension. Es herrscht eine Dominanz des Zweidimensionalen, Dekorativen, der Spiegelung und der glänzenden Oberflächen. Mit Rekurs auf Lacan zeige sich dieses Merkmal unter anderem an einem »schizophrenen« Zusammenbruch der Beziehung zwischen Signifikant und Signifikat, was sich in einer Fixierung auf das pure Materielle der Signifikanten, ohne dass diese für eine Wahrheit dahinter stünden, niederschlage. Damit wird mithilfe der Lacan'schen Terminologie etwas Vergleichbares angesprochen, was in dieser Arbeit als »symbolische Gleichsetzung« noch zu erläutern sein wird (Kap. 6).

Sarasin (2021) identifiziert in seinem gleichnamigen Buch das Jahr »1977« als Wendepunkt in der Geschichte, den er als eine Art Einleitung in den Prozess der

Postmoderne versteht. Den in unserem Zusammenhang entscheidenden Punkt charakterisiert er als »epistemologischen Individualismus«. Darunter versteht er »das Auseinanderbrechen von Sinnwelten, die Pluralisierung der Referenzrahmen und das ganz und gar Übereinander- und Ineinanderblenden von Welt und ›Bewusstsein‹« (S. 425). Dieses »anything goes« ermögliche vor dem Hintergrund der Erosion eines allgemein verbindlichen Referenzrahmens eine Pluralisierung von Wahrheiten, aber nicht als mögliche verschiedene Perspektiven. »Die *post*-moderne Erfahrung basiert auf der je eigenen individuellen ›*Gewissheit*‹, dass der Regentanz der Hopi *wirklich* funktioniert, dass im Innern des eigenen Bewusstseins sich *wirklich* der Kosmos spiegle« und – so ließe sich im Kontext des protestantischen Fundamentalismus weiter erwähnen – dass die Erde *wirklich* in sechs Tagen erschaffen worden ist. Wenn diese subjektiven Glaubensinhalte zu Gewissheiten werden, dann fehlt die gemeinsame Basis für kritisches, auch selbstreflexives Denken nach geteilten methodischen Regeln und Grundüberzeugungen. Oder anders formuliert: Wenn Mythisches desymbolisiert wird, kann die Darwin'sche Evolutionstheorie scheinbar völlig zu Recht aus kreationistischer Sicht kritisiert werden, weil beide Positionen auf der gleichen Ebene angesiedelt sind. Dann können Lehrpersonen im Schulunterricht ganz selbstverständlich ihren Schüler*innen neben der evolutionstheoretischen Sicht eine genauso valide kreationistische Optik im Sinne »alternativer Fakten« näherbringen.

In ihrer Abhandlung über »Halbwahrheiten« schreibt Nicola Gess (2021), über deren »suggestive Wirkkraft [...] aus der Suspendierung jeder Unterscheidung« (S. 23). Im eben dargestellten Zusammenhang wäre diese (fehlende) Unterscheidung zwischen Wissenschaft und Mythos zu verorten. Und sie führt fort, dass für Adorno der Relativismus, das »anything goes«, letztlich den Weg in den Totalitarismus führe oder doch mindestens sehr hilflos gegenüber seinen Positionen mache. Gerade dieser letzte Gedanke Adornos zeichnet eine bestimmte Richtung vor, die für das Wiedererstarken fundamentalistischer Strömungen förderlich sein könnte. Als möglicher sozialer Faktor wird von verschiedenen Autor*innen das Potenzial *autoritärer Entwicklungen im Kontext einer neoliberal geprägten Ökonomie* ins Spiel gebracht.

3.1 Autoritarismus

Die »autoritäre Persönlichkeit«, wie sie von Adorno (2017) im Anschluss an den Nationalsozialismus in den 1940er Jahren konzeptualisiert wurde, zeichnet sich durch autoritäre Unterwerfungsbereitschaft, autoritäre Aggression, Betonung der

Konventionen, Anti-Introzeption und Projektivität aus. Ein zentraler Punkt des wegweisenden Werks war die Beobachtung, dass die Instanz der Kontrolle nichts Äußeres mehr war, sondern Teil der Persönlichkeit wurde. Damit zeigt sich ihre paradoxe Wirkung, »erst sie erreicht beim Subjekt die Bejahung der eigenen Unterwerfung« (Decker, 2018, S. 35). Die bejahte Abhängigkeit wurde so zum Kennzeichen der Neuzeit.

Eine Arbeitsgruppe um Decker und Brähler (2018) hat die Fragen nach Herrschaft und Autorität von Adorno et al. (2017) zur »autoritären Persönlichkeit« kontinuierlich weiterentwickelt, empirisch untersucht und in die gegenwärtige gesellschaftliche Situation übertragen. Für die Frage nach den gesellschaftlich relevanten Bedingungen des Fundamentalismus ist die Ausweitung des Ansatzes entscheidend: Die Autoren ersetzen die »autoritäre Persönlichkeit« durch den Begriff des »*Autoritarismus*«, der als Konzept zur Analyse gesellschaftlicher Entwicklungen nicht nur für politisch rechtsextreme Bewegungen von Bedeutung ist, sondern in einem umfassenderen Sinne. Beim autoritären Charakter gehe es nicht darum, »mit welcher Ideologie das Individuum sein aggressives Bedürfnis befriedigt, oder besser: rationalisiert« (Decker, 2018, S. 51). Im Zentrum des Interesses steht vielmehr die dahinter liegende »Autoritätssehnsucht«, die durch verschiedene nicht nur rechtsextreme Ideologien befriedigt werden kann. Bemerkenswert ist in diesem Zusammenhang die Beobachtung der Autoren, dass die AfD als Partei sehr unterschiedlichen politischen Strömungen eine geistige Heimat bietet: national-völkischen, antiliberalen, christlich-fundamentalen, extrem rechten (Decker, 2018, S. 27). Diese Weiterentwicklungen erlauben nun, die Arbeiten zum Autoritarismus als grundlegenden Faktor für den Aufschwung verschiedener autoritär geprägter Bewegungen, wie etwa derjenigen des Fundamentalismus oder aktuell der Zunahme von Verschwörungsideologien, zu verstehen.

Autoritarismus, wie ihn die Autoren verstehen, hat eine individuelle und eine gesellschaftliche Seite; die individuelle wird als »autoritäres Syndrom« und nicht mehr als »autoritäre Persönlichkeit« bezeichnet. Der Begriff »Syndrom« erlaubt es, eine Verbindung zwischen verschiedenen Phänomenen, »Symptomen« des Autoritären herzustellen. So beschreibt Decker das Hauptmerkmal des »autoritären Syndroms« als eine »Affinität zu rigiden Ideologien, die es gestatten, sich gleichzeitig einer Autorität zu unterwerfen, an ihrer Macht teilzuhaben und die Abwertung anderer im Namen der Ordnung zu fordern« (ebd., S. 51). Es zeichnet sich zusammengefasst durch zwei Merkmale aus: durch eine Sehnsucht nach Autorität und durch autoritäre Aggression.

Die gesellschaftliche Seite bezeichnen die Autoren als »autoritäre Dynamik« (ebd., S. 50). Hauptmerkmal einer »autoritären Dynamik« ist die Unterwerfung des Einzelnen unter die Herrschaft eines allgemeinen Prinzips. Die möglichen gesellschaftlichen Konsequenzen dieser Dynamik bringen Decker et al. mit folgender Formel zum Ausdruck: »Stellen Menschen mit einem autoritären Syndrom die Mehrheit der Gesellschaft, ist die Demokratie in ihrem Bestand bedroht« (ebd., S. 52). Entsprechend ist der Gegenbegriff zum Autoritarismus die Demokratie, die allerdings brüchig geworden ist. Der englische Soziologe Colin Crouch hat diese Einschätzung im Begriff der »Postdemokratie« verdichtet.

3.2 Postdemokratie

»Postdemokratie« bezeichnet im Verständnis Crouchs (2008) ein Gemeinwesen, in dem die demokratischen Institutionen formal weiterhin intakt sind, die Politik sich jedoch zunehmend in eine Richtung entwickelt. Dabei handelt es sich nicht um einen abgeschlossenen Zustand, sondern um eine »allmähliche Erschöpfung demokratischer Potenziale« (Buchholz, 2017, S. 128). Zeitlich setzt der von Crouch beschriebene postdemokratische Prozess in den späten 1970er Jahren ein. Unter der Regierung Ronald Reagans veränderten sich die USA von Grund auf: Es entstand ein Konzept von Demokratie, das gekennzeichnet war durch die begrenzte Macht der Regierung inmitten einer unbegrenzten kapitalistischen Ökonomie. Postdemokratie bedeutet also im Sinne Crouchs in erster Linie, einem entfesselten Kapitalismus ausgeliefert zu sein. Der postdemokratische Staat beschützt seine Bürger nicht mehr davor, er ist vielmehr selber auf der Seite der Gewinner und Profiteure im Verteilkampf oder strebt danach, es zu sein (Merz & Seeßlen, 2012, S. 64). So beschleunigt der postdemokratische Staat die Ausbreitung sozialer Ungerechtigkeit, anstatt sie zu bekämpfen.

Kennzeichen für den postdemokratischen Prozess sieht Crouch vor allem in folgenden »Symptomen«:

> »Der Wohlfahrtsstaat wird bis auf ein Minimum abgebaut, es geht nur noch um Hilfe für die Armen und nicht länger darum, staatsbürgerliche Teilhaberechte für alle sicherzustellen; die Gewerkschaften sind marginalisiert; das alte Modell des Nachtwächterstaates, in dem dieser nur mehr die Rolle des Polizisten und Kerkermeisters einnimmt, kommt zu neuen Ehren; das Wohlstandsgefälle zwischen Arm und Reich wächst; das Steuersystem ist nicht länger auf Umverteilung ausgerichtet; Politiker kümmern sich vor allem um die Belange einer Handvoll Wirtschaftsführer, deren spezielle Interessen dann höflich in die Sprache der Leitlinien der öffentlichen

Politik übersetzt werden; und die Armen verlieren zunehmend jegliches Interesse an allem, was um sie herum geschieht und gehen nicht einmal mehr zur Wahl, wodurch sie freiwillig wieder jene Position einnehmen, die sie in prädemokratischen Zeiten gezwungenermaßen innehatten. Wenn Wahlen stattfinden, dann werden diese von professionellen PR-Experten so stark kontrolliert, daß sie zu einem reinen Spektakel verkommen, bei dem man nur über eine Reihe von Problemen diskutiert, die von Experten zuvor ausgewählt wurden. Die Mehrheit der Bürger spielt dabei eine passive bis apathische Rolle. Sie reagieren nur auf die Signale, die man ihnen vorgibt. Wahlen werden zu einer politischen Inszenierung degradiert, die die Interessen der Wirtschaft vertreten« (Crouch, 2008, S. 34f.).

Wahlen sind die zentrale Möglichkeit für fundamentalistische Kräfte, politischen Einfluss auszuüben. Die Wahl Donald Trumps zum Präsidenten wurde nicht zuletzt durch die Stimmen der evangelikal-fundamentalistischen Wählerschaft ermöglicht. Er wusste um die Wichtigkeit dieser Gruppe und setzte einiges daran, diese zu bewirtschaften, beispielsweise, indem er die TV-Predigerin des sogenannten Wohlstandsevangeliums Paula White als »spirituelle Beraterin« ins Weiße Haus holte, um damit gezielt die christlich-evangelikalen Wähler*innen auf seine Seite zu bringen (Brockschmidt, 2021, S. 173ff.). Auch in Brasilien gehen Wahlanalysten von mehreren Millionen Evangelikalen aus, die den Wahlerfolg des rechts gerichteten Präsidenten Bolsonaro von 2018 ermöglicht hatten.

In diesem Zusammenhang ist auch die wachsende Personalisierung der Politik und der Wahlen zu sehen (Adorno, 2018, zur Strategie der Personalisierung und Stereotypisierung). Werbung für die angeblichen charismatischen Qualitäten eines Parteiführers sowie Foto- und Filmmaterial, das sie oder ihn in bestimmten Posen zeigt, treten zunehmend an die Stelle von Debatten über Probleme und Interessenkonflikte.

Auch im medialen Sektor zeigen sich die postdemokratischen Anzeichen: Der Massenjournalismus orientiert sich gemäß Crouch am Werbetext.

> » Werbung ist keine Form des rationalen Dialogs. Sie baut keine Argumentation auf, die sich auf Beweise stützen könnte, sondern bringt ihr Produkt mit speziellen visuellen Vorstellungen in Verbindung. Auf Werbung kann man nicht antworten. Ihr Ziel ist es nicht, jemanden in eine Diskussion zu verwickeln, sondern ihn zum Kauf zu überreden« (Crouch, 2008, S. 37f.).

In der Postdemokratie wird Politik in Unterhaltung verwandelt. »Die Methoden [...] sind bekannt: Personalisierung statt Debatte, Vereinfachungen in einem

Grade, der die Grenze von Komplexitätsreduzierung zur Verblödung überschreiten muss, [...] mantrahafte Wiederholung von Schlagworten« (Merz & Seeßlen, 2012, S. 662). Argumente werden zu Meinungen und damit in subjektive Äußerungen verwandelt. So wird der politische, wirtschaftliche, gesellschaftliche und kulturelle Diskurs der Diskussion entzogen.

Flankierend zum Abbau der Sozialleistungen bauten Staaten ihre Sicherheits- und Geheimhaltungspolitik stark aus. Dieser Prozess erreichte seinen Höhepunkt in der Folgezeit nach dem 11. September 2001. Seit den Anschlägen auf die Twin Towers in New York bauten Regierungen ihre Politik der Geheimhaltung mehr und mehr aus. Parallel dazu verschafften sie sich neue juristische Grundlagen, um ihre Bürger*innen auszuspionieren, was unabdingbar eine paranoide Grundhaltung fördert. »Geheimdienst und Terroristen erblicken einander als negative Spiegelungen, so wie sich Postdemokratie und Fundamentalismus als negative Spiegelungen anblicken« (Merz & Seeßlen, 2012, S. 48). So wie also Geheimdienste Terroristen »mitproduzieren«, produzieren Fundamentalisten postdemokratische Prozesse und damit auch andere Fundamentalisten, was in letzter Konsequenz in den weiter oben beschriebenen »Kampf der Fundamentalismen« mündet.

»Tatsächlich gilt: Je mehr sich der Staat aus der Fürsorge für das Leben der normalen Menschen zurückzieht und zulässt, dass diese in politische Apathie versinken, desto leichter können Wirtschaftsverbände ihn – mehr oder minder unbemerkt – zu einem Selbstbedienungsladen machen« (Crouch, 2008, S. 29). Eine der wichtigsten Konsequenzen dieser Entwicklungen ist das dem öffentlichen Sektor heute weitgehend abhanden gekommene Selbstverständnis,

> »[...] irgend etwas ohne die Anleitung des privaten Sektors zufriedenstellend erledigen zu können. [...] Wenn immer mehr staatliche Aufgaben an private Firmen übergehen, verliert der Staat allmählich die Fähigkeit, Funktionen zu erfüllen, die er einst sehr gut bewältigte. Mittelfristig hat er keinen Zugang mehr zu denjenigen Kenntnissen, die notwendig sind, um gewisse Vorgänge zu verstehen. Er sieht sich daher genötigt, weitere Tätigkeiten an Privatunternehmen zu übertragen und die Dienste von Beratungsfirmen in Anspruch zu nehmen, die ihm sagen, wie er seine eigenen Aufgaben zu erledigen hat. Die Regierung wird zu einer Art institutionellem Idioten, gewiefte Marktakteure sehen jeden ihrer linkischen Schritte voraus, wodurch sie von Anfang an unwirksam sind. Damit ist man schnell bei der wichtigsten Empfehlung der zeitgenössischen ökonomischen Orthodoxie an die Politik: Der Staat sollte am besten überhaupt nichts tun, außer die Freiheit der Märkte zu garantieren« (Crouch, 2008, S. 57).

Wie eingangs erwähnt stellt die Entwicklung der Ungleichheit – Reiche werden immer reicher, Arme immer ärmer – zu Beginn des 21. Jahrhunderts das gravierendste Problem für die Demokratie dar. Offensichtlich ist es ein Ziel der Wirtschaftseliten, Bestrebungen um ökonomischen Ausgleich zu bekämpfen. Hier, in diesem Ungleichgewicht zwischen den Interessen der Unternehmen und denjenigen der anderer Gesellschaftssegmente, liegt gemäß Crouch die wichtigste Ursache für den Niedergang der Demokratie.

Was »Postdemokratie« im Konkreten heißen kann, wird in den folgenden Umfragewerten im Rahmen der Studien zum »autoritären Syndrom« (Decker & Brähler, 2018) deutlich: 94% der Befragten (bei einer Umfrage in Deutschland) erachten in Jahre 2018 die Demokratie als ideale Staatsform. Allerdings finden 70%, die Demokratie werde in der Politik zu wenig umgesetzt und 60% finden es daher nutzlos, sich zu engagieren. Betrachtet man diese Umfrageergebnisse genauer, stößt man noch auf ein weiteres eher unbehagliches Detail: Unzufrieden sind viele Bürger auch »wegen der Grundrechte – die *anderen* gewährt werden!« (ebd., S. 117). Etwa die Hälfte aller Befragten wollen die Grundrechte bestimmter Gruppen einschränken, was das Prinzip der Grundrechte, die eben für alle gelten, ad absurdum führt. Aber eben das ist mit »Postdemokratie« gemeint. Die Grundrechte sollen für mich gelten, aber nicht im gleichen Maße für Ausländer und Arbeitslose (ebd., S. 118). Hier zeigt sich der eklatante Widerspruch zwischen dem Ideal der Demokratie und der Konkurrenzrealität der Marktwirtschaft (ebd., S. 119). Als Befund dieser Studie formulieren die Autor*innen, dass bei mehr als 40% aller Befragten ein autoritäres Syndrom identifiziert werden kann, 30% sind ausdrücklich demokratisch orientiert, weitere 30% unentschieden.

3.3 Sekundärer Autoritarismus: Die Rolle des Kapitalismus als Prothesensicherheit

Im Unterschied zu den 1930er bzw. 1940er Jahren ist die Größe, in deren Namen andere abgewertet werden, zu Beginn des 21. Jahrhunderts nicht mehr in erster Linie ein personelles Objekt, ein Führer, sondern eher ein abstraktes Prinzip in Gestalt des Kapitalismus. Die Identifikation vieler mit einem abstrakten Objekt, der Ökonomie, statt mit einem personellen Führer bezeichnen Decker und Brähler (2018) als *sekundären Autoritarismus*. Dabei nehmen sie einen Gedanken Freuds (1921) auf, der zwischen primären Massen, die einen Führer haben, und sekundären Massen, die durch ein abstraktes Ideal aneinander gebunden sind, unterscheidet. Die Ökonomie in ihrer neoliberalen Ausprägung als abstraktes

Ideal verheißt eine Sicherheit, die aber in Tat und Wahrheit eine »Prothesensicherheit« ist. Decker hat diesen Sachverhalt auch als »narzisstische Plombe« bezeichnet. Diese Wortwahl ist bemerkenswert, verweist sie doch auf die Arbeiten Morgenthalers, der mit der Metapher der »Plombe« das Phänomen der Perversion erklärt.

> »Was also sind Perversionen? – Perversionen sind – metapsychologisch gesprochen – in allerster Linie Funktion. Diese Funktion lässt sich am besten als Plombe, Pfropf, als ein heterogenes Gebilde beschreiben, das die Lücke schliesst, die eine fehlgegangene narzisstische Entwicklung geschaffen hat. Dank dieser Plombe wird die Homöostase im narzisstischen Bereich ermöglicht und aufrechterhalten« (Morgenthaler, 2004, S. 29).

Der neoliberale Kapitalismus als »perverser« Lückenfüller mit der Funktion narzisstischer Kompensation ist ein starkes Bild. Diese mehr soziokulturelle als individual verstandene Plombe könne Status, Sicherheit und Selbstwert vermitteln, wenn diese brüchig werden. Weil aber diese Sicherheit und die narzisstische Kompensation nur zum Schein existierten, ist auch die Rede vom »halbierten Autoritarismus«. Denn immer dann, wenn deutlich werde, dass die Versprechen der Ökonomie wie Macht, Partizipation, Größenfantasie etc. nicht einzulösen seien, sondern vielmehr Unsicherheit produzierten, tauche die ursprüngliche Fantasie einer personellen Autorität in Gestalt eines Führers wieder auf. Es zeige sich dann, dass die Prothesensicherheit respektive die Plombe nur die zweite Wahl ist und eine Hilfskonstruktion darstellt, die den Mangel immer auch erinnert. Der regressive Wunsch nach Autorität ist nicht nur ein Ausdruck des Bedürfnisses nach Sicherheit und eine vermeintliche Stütze für den angeschlagenen Selbstwert, wenn man sich ihren Regeln unterwirft. Vielmehr lebt darin auch der Wunsch mit, autoritäre Aggression mit dem Segen der Institutionen ausleben zu können (Wolf, 2019, S. 42). Diese Möglichkeit ist unter der »Diktatur des Kapitalismus« gegeben: Innerhalb der Rahmenbedingungen von Profitinteresse und Konkurrenzdenken verändert sich das Vokabular hin zu Kriegsmetaphern, die verdeutlichen, dass Rohstoffe und Menschen in erster Linie Ausbeutungsobjekte sind (Buchholz, 2017).

Es ist diese Konkurrenzorientierung verstanden als egoistisches Streben nach Vorteilen auf Kosten und zu Lasten anderer, welche die psychische Zentrierung der kapitalistisch sozialisierten Individuen ausmacht und den Zusammenhang zwischen Kapitalismus und Autoritarismus nochmals verdeutlicht (Krauss, 2001, S. 4). Nach Krauss ergeben sich drei Folgen aus dieser Sozialisation:

1. Eine Degeneration zwischenmenschlicher Beziehungen und tradierter Gemeinschaftsformen.
2. Die Steigerung des gesellschaftlichen Aggressionspotenzials und Tendenz zur kompletten Abstinenz des Ethischen.
3. Eine wachsende Bereitschaft, sozialdarwinistische, rassistische und chauvinistische Deutungsmuster zu übernehmen.

Die Erfahrung, dass sich soziale Rücksichtslosigkeit buchstäblich auszahlt, lässt das »Recht des Stärkeren« vorteilhaft, plausibel und natürlich erscheinen. Mit dieser Anforderung hoher Leistungsbereitschaft und Konkurrenzdrucks werde die kapitalismusspezifische »instrumentelle Vernunft« auf effiziente Art und Weise in die mentale Sphäre der Individuen übertragen und formt dort die entsprechenden psychischen Dispositionen und Werthaltungen wie Härte zu sich selbst, fremdbestimmte Disziplin, die Verachtung von Schwachen, Kranken und Behinderten, und ganz generell eine technokratische Mentalität. Damit, so Krauss weiter, werde unterschwellig der Boden bereitet für eine »zumindest passive Duldung antihumaner Ausgrenzungsdiskurse gegenüber vorgeblichen ›Leistungsverweigerern‹, ›dysfunktionalen Elementen‹, ›Volksschädlingen‹, ›unnützen Essern u. s. w.‹« (2001, S. 5).

Aber nicht nur die Ersetzung eines personalen Führers durch ein abstraktes Ideal, die Wirtschaft, ist ein Kennzeichen neuerer Entwicklung. Erst die scheinbar freiwillige Bereitschaft zur Unterwerfung unter dieses Prinzip bereitet totalitärer Propaganda sowohl politischer als auch religiöser Ausprägung einen fruchtbaren Nährboden. Crouch verdeutlicht am Beispiel der Wahlabstinenz, dass die Bürger »freiwillig wieder jene Position einnehmen, die sie in prädemokratischen Zeiten gezwungenermaßen innehatten« (Crouch, 2008, S. 34). Mit anderen Worten: »Das große Projekt dieses Jahrhunderts scheint es zu sein, Herrschaft zu subjektivieren und zu emotionalisieren, das heißt, eine wachsende Mehrheit der Menschen dazu zu bewegen, sich freiwillig und gegenwärtig dem zu unterwerfen, was vordem durch Gewalt und Hierarchie erzeugt wurde« (Merz & Seeßlen, 2012, S. 585).

3.4 Libertärer Autoritarismus

Eine kompetitiv geprägte Weltanschauung kann mit narzisstischen Überlegenheitsfantasien und autoritären Denkschemata einhergehen. Dies ist der Ausgangspunkt der Überlegungen von Amlinger und Nachtwey (2022), die mit ihrem Konzept des *libertären Autoritarismus* eine der neuesten Entwicklungen in der Autoritarismus-Forschung initiiert haben, welche sich unter anderem mit den mentalen Folgen der Covid-19-Pandemie und insbesondere mit den vor diesem Hintergrund entstandenen Verschwörungsideologien auseinandersetzt. Das Autor*innen-Duo versteht diese spezifische Ausprägung des Autoritarismus als spätkapitalistische Erscheinung, als »eine Metamorphose des autoritären Charakters« (S. 15), wie er von Adorno et al. (2017) beschrieben wurde. Anders als jene Charaktere, die den Beschreibungen aus den 1950er Jahren zugrunde liegen, identifizierten sich die »libertären Autoritären [...] nicht mit einer Führerfigur, sondern mit sich, ihrer Autonomie« (S. 16). Sie verteidigten ihre Freiheit auf bemerkenswert apodiktische oder eben autoritäre Art und Weise. Es handelt sich somit um eine Form des Autoritarismus, bei dem keine personalisierte Führerfigur benötigt wird und damit in der Terminologie Deckers um eine Form des »sekundären Autoritarismus« (siehe oben).

Seit den »Studien zum autoritären Charakter« aus den 1940er Jahren von Adorno (2017) hat sich die Gesellschaft verändert. Der grundlegende Ansatz jener Arbeiten ist jedoch auch heute noch relevant: Kapitalistischen Gesellschaften ist eine autoritäre Tendenz zueigen. Darin entwickeln manche Menschen antidemokratische Charakterzüge, die sich zu einem allgemeinen Syndrom verdichten, das von Adorno als »potentiell faschistischer Charakter« (Amlinger & Nachtwey, 2022, S. 184) bezeichnet wurde. Des Weiteren arbeitete die Gruppe um Adorno sechs Sub-Syndrome oder Subtypen heraus, von denen damals der »Autoritäre« und der »Konventionelle« am häufigsten vorkamen. Während der Pandemie nun tauchten zwei andere Subtypen auf, die vormals eher peripher in Erscheinung traten: der »Rowdy« oder »Rebell« und der »Spinner«. Beide erscheinen rückblickend betrachtet als Vorläufertypen des libertären Autoritarismus.

Der Rebell zeichnet sich durch eine konstante Opposition gegen eine hemmende Umwelt aus. »Diese Menschen trotzten *jeder* Autoritätsfigur, auch wenn diese den eigenen Interessen förderlich war. Um die Ohnmacht angesichts einer übermächtigen Instanz zu überwinden, setzten sie sich selbst an die Stelle der Autorität« (Amlinger & Nachtwey, 2022, S. 185). Als charakteristisch betrachtete Adorno eine »destruktive Enthemmung im eigenen Handeln, einen Hang zum Exzess oder eine Bereitschaft zu Gewalttaten. [...] Die Bindung zu Normen schien jede Bedeutung zu verlieren« (ebd.). Hintergrund dieser Grundhaltung sind gemäß Adorno unzureichend ausgebildete regulierende Ich- und Überich-Instanzen. Diese führen zu entfesselten Triebenergien, die zwischen Lust und Aggression hin und her oszillierten. Marcuse ergänzte später, dass diese Art triebgesteuerter Feindschaft auch aus der Internalisierung des Normensystems entstehen kann, etwa durch Identifikation mit dem Ich-Ideal des kapitalistischen

Konkurrenzsystems, das keine hemmende Instanz mehr duldet. In den Studien von Amlinger und Nachtwey (2022) traten die Subtypen des Rebellen teils als harmlose Verweigerer von Radio- und TV-Gebühren auf, teils aber auch als Personen mit Kontakten zur bewaffneten Reichsbürgerszene und NPD-Mitgliedern.

Der zweite Subtyp wurde damals als »Spinner« bezeichnet. Heute würde man ihn gemäß Amlinger und Nachtwey (2022) einen »Verschwörungstheoretiker« nennen. »Obwohl sie sich in einem Zustand totaler Abhängigkeit gegenüber der selbst erschaffenen Imagination befanden, fühlten sie sich paradoxerweise frei« (S. 187f.). Gefühlte erlittene Kränkungen, etwa durch staatliche Interventionen oder gefühlte Beeinträchtigung durch kulturelle Minderheiten »führten zur Ausbildung eines binären Wahrnehmungsmodus, der nur noch Gut und Böse kannte und den Aggressionen so ein Objekt gab« (ebd.). Die Gestalt des Spinners zeichnet sich in den Arbeiten der Gruppe um Adorno durch Projektion und Misstrauen aus. Seine fragile Integrität wird durch äußere Feindbilder rassistischer und antisemitischer Art korsettgleich zusammengehalten. Adorno fiel bei dieser Personengruppe eine Sehnsucht nach Rache für erlittene Versagung auf. Dieses Rachebedürfnis aufgrund erlittener respektive gewählter Versagung zeigt sich ebenso bei Personen, sie sich stark mit apokalyptischen Vorstellungen identifizieren. »Im zürnenden Blick gegen Schwache und Minderheiten konstituierte sich der ›Spinner‹ als mächtige Instanz« (ebd., S. 188). In den Studien von Amlinger und Nachtwey zeigte sich dieser Subtyp des »Spinners« oder eben des Verschwörungstheoretikers in Gestalt von Querdenker*innen und regressiven Rebell*innen. Dabei begegneten ihnen auch Berichte von »Erweckungserlebnissen, die nichts mit Religion zu tun hatten, aber eine Konversion des Blicks bewirkten: Man sieht nun alles anders, durchschaut die Zusammenhänge, weiß, dass sich hinter allem ein großer Plan verbirgt« (ebd., S. 188f.). Diese Personengruppe reagiert auf Frustrationen, indem sie das Realitätsprinzip suspendieren und eine »an Wahn grenzende Scheinwelt aufbauen« so Adorno (zit. nach ebd., S. 187). »Ihr Ich gleicht Spannungen aus, indem es die Realität entsprechend dem eigenen Begehren modelliert« (ebd., S. 191). Der Bezug zur Realität ging verloren, weil diese nicht länger zumutbar erschien.

Schon in diesen wenigen Sätzen fallen zahlreiche Parallelen zwischen Verschwörungsideologien und einer fundamentalistischen Mentalität auf. Im folgenden Abschnitt werden diese auf den ersten Blick erstaunlichen Zusammenhänge weiter herausgearbeitet, ausgehend von der Tatsache, dass beides im Kern ausgesprochen autoritär geprägte Bewegungen sind, die letztlich ähnlich auf antidemokratische gesellschaftliche Dynamiken reagieren und Individuen ihr jeweiliges Programm als eine Form psychosozialer Bewältigung zur Verfügung stellen.

3.4.1 Verschwörungsideologien

Der »Appetit auf Verschwörungserzählungen« hat gemäß Barkun (2013) ab den 1970er Jahren deutlich zugenommen und, so darf man wohl ergänzen, in der Coronapandemie eine neue Blüte erreicht. Die gemeinsame Basis der verschiedenen Verschwörungsnarrative ist der Glaube, dass mächtige, verborgene, böse Kräfte die menschlichen Geschicke kontrollieren. Das Resultat ist eine Sicht auf die Welt, die durch eine scharfe Trennlinie zwischen den Bereichen Gut und Böse charakterisiert ist, ein Charakteristikum, das die Verschwörungsideologie mit der fundamentalistisch-manichäischen Weltsicht teilt (Barkun, 2013, S. 3; Hofstadter, 2008). Diese Sichtweise impliziert, dass dem Universum ein bestimmtes Design[4] zugrunde liegt und das Weltgeschehen nicht das Ergebnis auch zufälliger Ereignisse ist. Diese Essenz des Verschwörungsglaubens konkretisiert sich nach Barkun (2013, S. 3f.) in drei Grundsätzen:

1. Nichts geschieht durch Zufall.
2. Nichts ist, wie es scheint.
3. Alles ist miteinander verbunden.

Werden diese drei Prinzipien angewandt, entsteht eine verschwörungsideologisch geprägte Weltsicht, aus der heraus eine »Mythologie des Bösen« geboren wird (Dyrendal, 2016, S. 199). Diese Perspektive, die eine paranoid geprägte Färbung aufweist, hat eine größere Affinität zum Bösen als zum Guten (Hofstadter, 2008, S. 4), was sich in den folgenden Beispielen zeigt.

QAnon

Im Dezember 2016 stürmte ein bewaffneter Mann eine Pizzeria in Washington. Er war der Überzeugung, dass sich im Keller der Pizzeria das Zentrum eines pädophilen Netzwerks befinde, und Kinder dort gefangen gehalten würden. Bei der Leiterin dieser verbrecherischen Organisation sollte es sich laut seiner Überzeugung um niemand Geringeren als die damalige Präsidentschaftskandidatin Hillary Clinton handeln. Der bewaffnete vermeintliche Retter fand jedoch keine gefangenen Kinder und auch keine Präsidentschaftskandidatin vor. Trotzdem entwickelte sich aus diesem Gerücht eine Verschwörungserzählung, die als »Pizzagate« den Kern einer Online-Community bildete, die unter der Bezeichnung

---

4   Vgl. in diesem Zusammenhang auch die kreationistische Bezeichnung »Intelligent Design«, Kap. 1.

»QAnon« bekannt wurde. Q steht dabei für einen anonymen Autor verschiedener Posts auf Online-Plattformen. Das Zentrum der sich daraus entwickelnden Ideologie bildet die Vorstellung, dass eine satanische Elite, allesamt Mitglieder des sogenannten »Deep State«, einen Pädophilenring betreibe, der nur vom US-Präsidenten Donald Trump gestoppt werden könne (Amadeu Antonio Stiftung, 2020). Der Begriff »Deep State« bezeichnet eine Situation, in der politische und/oder militärische Gruppierungen gegen den etablierten Staat agieren. Für die QAnon-Verschwörungsgläubigen kämpft Trump für das Gute, der »Deep State« für das Böse. Damit steht nichts weniger als der ultimative Kampf Gut gegen Böse auf dem Spiel. Die QAnon-Verschwörungserzählung greift also apokalyptische Szenarien auf und ist dadurch ausgesprochen anschlussfähig an christlich-fundamentalistische Vorstellungskategorien.

Es gibt auch eine spezifisch deutsche Variante des »Pizzagate«. Im Oktober 2020 wurden auf der Museumsinsel in Berlin mehrere Anschläge auf Kunstobjekte verübt, unter anderem auch auf den berühmten Pergamonaltar. Auch wenn es keine expliziten Bekennerschreiben gab, gehen Fachleute davon aus, dass der Hintergrund dieser Anschläge eine Verschwörungserzählung ist. Der Pergamonaltar wird von einigen Anhänger*innen dieser Verschwörungserzählung als Sitz des Satans gesehen. So lässt der prominente Konspirationist Attila Hildmann in seinen Posts verlauten, dass dort nachts Kinderopfer vollzogen und der Teufel verehrt würden. Dies sei ein weiterer Beweis dafür, dass eine satanistische Elite die Welt kontrolliere (Widla, 2022). Besonders pikant an der Geschichte ist der Hinweis darauf, dass sich ganz in der Nähe des Standorts des Pergamonaltars der Wohnsitz der damaligen Bundeskanzlerin Angela Merkel befunden habe, sodass es für diese ein Leichtes gewesen sein könnte, durch Keller und unterirdische Gänge zum Ort des satanistischen Geschehens zu gelangen. Bis hin zu diesem Detail, dass eine mächtige Frau angeblich zu den Drahtzieher*innen von grausamen Verbrechen an Kindern gehört, wird die ursprünglich aus den USA stammende Geschichte nach Deutschland importiert.

Dass die Vorstellungen eines organisierten satanistischen Zirkels, der Kinder quält und missbraucht, zu einem erstaunlich verbreiteten Phänomen geworden sind, zeigt folgendes Beispiel.

Satanic Panic

In der Schweiz tauchte Ende 2021 ein Phänomen auf, das je nach Betrachtungsweise unter den Stichworten »Ritual Abuse« respektive *»Satanic Panic«* für ein beachtliches Medienecho sorgte. Massenmedien berichteten davon, dass sich gehäuft Patient*innen in Kliniken und psychiatrisch-psychotherapeutischen Praxen meldeten, bei denen im Verlauf der Therapie ein Trauma zu Tage trete, welches aufgrund eines rituell-satanistischen Missbrauchs zustande gekommen sei. Die Folge dieser Traumatisierung sei regelmäßig die Ausbildung einer dissoziativen Identitätsstörung, die von den Täter*innen gezielt herbeigeführt worden sei, um die Opfer auch weiterhin kontrollieren und manipulieren zu können. In den entsprechenden Medienberichten wurde mehrfach betont, dass es für diese Fälle von Kindesmissbrauch in einem satanistisch-rituellen Setting keinen einzigen Beweis gebe (Lewis, 2016; Brockschmidt, 2021, S. 295). Ebenfalls wurde darauf hingewiesen, dass dieses Phänomen bereits einmal in den USA in den 1980/1990er Jahren auftrat. Dort und damals wurde es unter dem Begriff »Satanic Ritual Abuse (SRA) Scare« (Lewis, 2016, S. 210) oder dann im Zuge einer weiteren Dynamik als »Satanic Panic« diskutiert. Auch dort konnten für die behaupteten Vorkommnisse keine Beweise erbracht werden.

Die Vorstellung, dass es geheime Zirkel gibt, die rituell Kinder misshandeln und umbringen, ist nicht neu. Hinter diesen Erzählungen steht ein bis ins Mittelalter zurückreichendes, ausgesprochen antisemitisches Motiv: die sogenannte »Ritualmordlegende«. Hierbei handelt es sich um eine Verschwörungserzählung aus dem Mittelalter, die behauptet, Jüd*innen würden christliche Kinder ermorden, um aus deren Blut das ungesäuerte Brot für das Pessachfest herzustellen. Dieses Narrativ trug maßgeblich zur Ermordung von Juden und Jüdinnen bei den Pestpogromen bei und wird bis heute in mannigfacher Form revitalisiert (Kössler, 2021; Amadeu Antonio Stiftung, 2020; Lewis, 2016, S. 211f.).

Nach diesen Einblicken in verschiedene verschwörungsideologische Topoi, die davon ausgehen, dass satanistische Netzwerke existieren, die im Untergrund aktiv sind, stellt sich die Frage: Wie kommt es, dass in neuerer Zeit ein solches Narrativ mit einem derart mythologisch-dualistischen Weltbild, wie es für Fundamentalisten charakteristisch ist, auf solch breite Resonanz stößt?

3.4.2 Die *Neue Weltordnung* als »ökumenisches« Verschwörungsnarrativ

Nicht nur in den Reihen christlicher Fundamentalisten gibt es Vertreter*innen, die ein apokalyptisches Weltbild vertreten. Diese von Barkun als »Improvisierte Millenaristen« (2013, S. 10) bezeichneten Gruppierungen sind stärker verschwörungsideologisch geprägt. Dadurch sind sie in ihren Glaubenssätzen freier als die christlichen Apokalyptiker, aber sozusagen auch skrupelloser in der

Zusammenstellung der einzelnen Bestandteile, was Barkun zu dem Schluss führt, Improvisationalisten seien »ideologische Allesfresser« (ebd., S. 24). So können die millenaristischen Improvisationalisten als anschauliches Beispiel verstanden werden für das, was weiter oben als postmodernes Phänomen beschrieben wurde: Inkompatible Elemente können in einer Beliebigkeit nebeneinander stehen ohne Skrupel hinsichtlich deren Widersprüchlichkeit.

Trotz der vielen diversen Stile des »improvisierten Millenarismus« gibt es eine starke gemeinsame Basis sowohl religiöser als auch säkular geprägter Verschwörungsideologien. Beide treffen sich in der Vorstellung einer *Neuen Weltordnung* (engl. »New World Order«, abgekürzt: NWO). Diese Theorie geht davon aus, dass vergangene und gegenwärtige Ereignisse als das Machwerk einer sehr mächtigen aber im Geheimen agierenden globalen Elite zu betrachten sind, mit dem Ziel, die Kontrolle über die Welt zu erlangen (Amadeu Antonio Stiftung, 2015). Diese Vorstellung beinhaltet eine ganze Reihe von Teilzielen.

>»Die Einrichtung einer globalen Einheitswährung, die Aufhebung der Privatsphäre durch totale Überwachung, die Kontrolle über alle natürlichen Ressourcen, die Abschaffung der Religionen, die Umerziehung zur Obrigkeitshörigkeit durch Umformung des Bildungswesens, die Verstaatlichung sämtlichen Grundbesitzes sowie die Etablierung eines Polizeistaates und die Aufhebung aller Freiheitsrechte bilden die Grundpfeiler« (Baldauf & Rathje, 2015, S. 47f.).

Die Vorstellung einer neuen Weltordnung bildet sozusagen eine »Superverschwörungstheorie«, die es ermöglicht, alle anderen kursierenden Verschwörungsnarrative im Lichte der NWO zu verstehen und damit die Vorgänge in der Welt entsprechend zu ordnen und zu erklären. Wer genau die Drahtzieher sind, bleibt offen. Meist ist von einer »Elite« die Rede, eine Worthülse, die beliebig gefüllt werden kann. In der Regel handelt es sich um die Vorstellung, dass es jüdische Kreise sind, die dahinterstecken. Damit wird deutlich, dass die übergeordnete Verschwörungstheorie einer NWO in ihrem Kern eine antisemitische Vorstellung ist (Barkun, 2013, S. 143; Brockschmidt, 2021, S. 287).

Die Idee einer »Neuen Weltordnung« wurde von Präsident Bush 1991 anlässlich des Golfkriegs geprägt. Von einer solchen sprach er in dem Sinne, als dass nach dem Kalten Krieg und dem Untergang der Sowjetunion das Blockdenken durch eine neue Weltordnung abgelöst würde. Wichtiger als Bushs Aussage dürfte die Tatsache gewesen sein, dass es nach 1989 durch die Auflösung der Sowjetunion und das Ende des Kalten Kriegs zu einem politischen Erdbeben kam, sodass die robuste mentale Landkarte, die nach dem Zweiten Weltkrieg ein so zuverlässiges dualistisches Freund-Feind-Schema garantierte, nicht mehr zur Verfügung stand. Ein neues Feindbild war erforderlich, um die Welt als Schlachtfeld zwischen Gut und Böse strukturieren zu können. Die Idee einer neuen Weltordnung bot sich an, um das drohende Vakuum zu füllen und wurde so zu einer gemeinsamen Basis für religiöse und säkulare Verschwörungsgläubige im Sinne einer »ökumenischen Verschwörungstheorie« (Barkun, 2013, S. 66). Damit gelingt es Barkun, eine Gemeinsamkeit herauszuarbeiten, die eigentlich für Fundamentalisten von ihrem eigenen anti-ökumenisch geprägten Selbstverständnis aus betrachtet unmöglich ist: mit den »Ungläubigen« gemeinsame Sache zu machen.

Als eine der Wurzeln für die Vorstellung von einer neuen Weltordnung identifiziert Barkun die christliche Apokalyptik mit ihrer Vorstellung eines *Antichristen* als Gegenspieler Gottes im Endkampf (Kap. 1 und 2). Die Wagheit und Offenheit dieser Figur schafft die Möglichkeit, sie mit Fantasien und Projektionen weiter aufzuladen und anzureichern, insbesondere als deutlich wurde, dass sich die Wiederkunft Christi mehr und mehr verzögerte (Barkun, 2013, S. 41). Wie anschlussfähig das Verschwörungsnarrativ der NWO mit fundamentalistischen Vorstellungen ist, zeigt sich im Buch des fundamentalistischen Evangelisten und Politikers Pat Robertson mit dem Titel »The New World Order« (1991). Robertson beschreibt darin eine geplante Weltregierung bestehend aus Bolschewisten, den Illuminati, jüdischen Bankern und anderen. Das Wichtigste aber ist, dass hinter diesen irdischen Mächten eine metaphysische Macht steht: Der Satan selbst halte die Fäden in der Hand und strebe eine Diktatur der Welt an. Die neue Weltordnung ist also diejenige des Satans, des Widersachers Gottes. Auch wenn sich andere Evangelikale und Anhänger der religiösen Rechten von diesem ausgesprochen antisemitischen Werk distanzierten, zeigt es doch die ideologische Nähe zwischen einem fundamentalistischen Manichäismus zwischen Gut und Böse und Vorstellungen einer Verschwörung, die von zahlreichen sinistren, bösen Mächten, die vom Teufel selbst kontrolliert werden, ausgeheckt werden (Brockschmidt, 2021, S. 287f.)

3.4.3 Parallelen zwischen Fundamentalismus und Verschwörungsideologien

Dass es einen Zusammenhang zwischen christlichem Fundamentalismus und Verschwörungsideologien gibt, ist alles andere als selbstverständlich. Gemäß der fundamentalistischen Weltanschauung kann eigentlich nur das wahr sein, was in der Bibel steht, alles andere ist weltlich und damit dem bösen Prinzip unterworfen. Es spricht jedoch einiges dafür, dass es zwischen christlichen Fundamentalisten und Verschwörungsgläubigen mehr *strukturelle Gemeinsamkeiten* gibt als den ersteren bewusst und in Hinsicht auf ihr Selbstbild zugänglich ist.

Der »Stil« beider Ideologien ist geprägt durch ein paranoides Denken, nicht im psychopathologischen Sinne, mehr in der Ausprägung eines kollektiven, universal ausgeprägten Dualismus: Wir gegen die anderen. Wir wissen Bescheid, die anderen lassen sich blenden. Anhänger*innen von Verschwörungsideologien und apokalyptisch-fundamentalistischer Bewegungen gehen nicht davon aus, dass in bestimmten Fällen ein verschwörerischer Plot am Werk ist. Vielmehr sind sie überzeugt davon, dass eine gigantische Verschwörung im Gange ist, welche die Geschichte als Grundmotiv durchzieht und Weltereignisse generell präfiguriert (Hofstadter, 2008, S. 29). Dieses Grundmotiv der geschichtlichen Ereignisse scheint zentral: Hinter allen Vorgängen muss es eine treibende Kraft geben, anders scheint das Leben mit seinen Kontingenzen nicht erträglich zu sein. Es muss böse Kräfte geben, und zwar in Gestalt von ganz konkreten Personen, welche die Geschichte durch ihren Willen lenken. Bei den Fundamentalisten kommt eine zusätzliche transzendente Dimension hinzu, insofern als hinter den konkreten Personen satanische Mächte stecken. Die einflussreichen Personen sind sozusagen Erfüllungsgehilfen des Antichristen, um das apokalyptische Programm auszuführen.

Dass alles, was geschieht, sich im unbeeinflussbaren Strom der Geschichte entwickelt, ist nicht vorstellbar (Hofstadter, 2008, S. 32). In einer merkwürdigen Art und Weise hat diese Sicht etwas gleichsam Erschreckendes und Beruhigendes. Erschreckend, weil sie der Macht des Bösen so viel Einfluss zutraut, beruhigend, weil sie eine Welt verspricht, in der alles bedeutsam und nichts zufällig ist und weil sie dem Bösen eine definierbare Größe gibt, gegen die zu kämpfen dem Leben einen Sinn verleiht (Barkun, 2013, S. 4).

An einem ähnlichen Punkt setzt die Analyse von Krug (2022) an, der im Nachgang der Pandemie herausgearbeitet hat, was die individualpsychologisch geprägte Triebfeder der Verschwörungsinflation sein könnte. Krug bezeichnet die Verschwörungsgläubigen konsequenterweise als »die Gekränkten«. Kränkung versteht er als Einbruch »des Realen in die libidinös besetzte Phantasiewelt« (S. 65). Die Realität setzt dem Individuum Grenzen, was die rücksichtslose Befriedigung seiner Triebe betrifft und fordert von ihm eine gewisse Kompromissbereitschaft und die Akzeptanz von Ersatzbefriedigungen bzw. die Fähigkeit zur Sublimierung. Dagegen setzen sich Verschwörungsgläubige zur Wehr und fordern die Freiheit von allem, insbesondere vom realitätsstiftenden Objektbezug der Außenwelt. Und hier gelingt Krug nun der meines Erachtens entscheidende Analyseschritt: »Denn konsequenterweise läuft die Überschätzung eigener Macht darauf hinaus, die Außenwelt ebenfalls zu subjektivieren, sie also von ähnlichen Kräften beherrscht zu sehen, mit denen man ihr gegenübertreten möchte: als Kosmos, der von den Wünschen und Vorstellungen bestimmter Einzelner beherrscht, ja geradezu verhext wird« (ebd., 2022, S. 69). Krug siedelt diese Weltsicht in der frühkindlichen Phase des primären Narzissmus an. Allerdings geht dieses Wiederaufleben frühkindlicher Größenfantasien auch mit Gefühlen paranoider Furcht einher, was auf den ersten Blick paradox anmutet, bei genauerem Hinsehen aber doch konsequent erscheint.

»Wenn ich im Zentrum der Welt stehe, dann nimmt wiederum alles Unangenehme und Bedrohliche ebenfalls den Zug des persönlich gegen mich Gerichteten an: Die Welt der Objekte erscheint mir als feindlich gesinntes Subjekt. Derart schwankt der Narzisst zwischen der Furcht vor der Übermacht einer gegen ihn verschworenen Welt auf der einen Seite und einem ausgeprägten Gefühl eigener Grandiosität, also des Enthobenseins von allen Ängsten und Rücksichten, die den gewöhnlichen Menschen beengen, auf der anderen Seite. Gilt dies für alles, was die Autonomie dieses Grössen-Ich objektiv schmälert, so umso mehr, wenn es auf einen Organismus wie ein Virus zurückzuführen ist, das als geistlose und unscheinbare Instanz dennoch entscheidende Macht über Leben und Tod beansprucht – das darf einfach nicht sein, es wäre allzu banal, wenn nicht wenigstens irgendjemandes böser Wille und böse Absicht dahintersteckten« (Krug, 2022, S. 70).

Wird diese narzisstische Position ausgedehnt auf eine grundlegende Mentalität, lässt sich nun im Kontext des Pandemiegeschehens daraus folgern, dass eine verabsolutierte Skepsis wissenschaftlich fundierte Hypothesen auf der gleichen Ebene ansiedelt wie wissenschaftlich unbegründete. Onkologie und Misteltherapie unterscheiden sich dann in ihrem Wahrheitsgehalt nicht mehr. Damit ließe sich diese Haltung als eine solche kennzeichnen, die mit Tatsachen so umgeht wie mit Meinungen – und umgekehrt (vgl. dazu oben die Beschreibungen zur Postmoderne bei Sarasin, 2021, S. 425f.). Die allgemein geteilte Unterscheidung von Tatsachen und Fiktionen schmilzt in der konspirativen Welt dahin (Gess, 2021).

Wenn weiter oben der US-amerikanische Evangelist und Politiker Pat Robertson als Beispiel einer Figur, welche Fundamentalismus und Verschwörungsideologie in ein und derselben Person vereint, vorgestellt wurde, könnte der Eindruck entstehen, das sei eben nur im »fernen Amerika« möglich. Das folgende Beispiel illustriert, dass dieser Eindruck täuscht. Es existieren auch im deutschsprachigen Raum operierende Figuren, in deren Person sich die fundamentalistische und die Verschwörungsideologie verdichtet. Eine davon ist Ivo Sasek, Gründer und Anführer der in der Ostschweiz aktiven fundamentalistischen Gruppierung mit dem Namen »Organische Christus-Generation (OCG)«. Seine Theologie zeichnet sich durch eine betonte Radikalität aus: Zentrales Anliegen ist die völlige Hingabe an Gott und seinen Willen, was in der Terminologie Saseks als »Ganzopfer« bezeichnet wird. Damit grenzt sich Sasek dezidiert von allen evangelikalen Gemeinschaften ab, die ihm offenbar zu wenig radikal in ihrer Theologie und Frömmigkeit sind (Knepper, 2011).

In einer Dokumentation des Schweizer Fernsehens (SRF, April 2022) kamen zwei der mittlerweile aus der Organisation ihres Vaters ausgetretenen Söhne zu Wort. Beide seien, als sie Zweifel an den vom Vater propagierten Vorstellungen äußerten, von der ganzen neunköpfigen Familie im Rahmen eines exorzistischen Rituals heftig verprügelt worden, um den Satan auszutreiben, was beide als äußerst traumatisierend bezeichneten.

Viele evangelikale Anhänger sind im Laufe der Zeit aus seiner Organisation ausgetreten, weil er sich mehr und mehr esoterischen und vor allem verschwörungsideologischen Bereichen widmete, was für ihn selbst offenbar keinen Widerspruch darstellt. In der Öffentlichkeit bekannt wurde Sasek mit seinen Unterorganisationen, insbesondere durch die 2008 begründete Anti-Zensur-Koalition (AZK) und die Online-Medien-Plattform »kla.tv« (ehemals »Klagemauer.tv«), die sich mittlerweile zu einer der bekanntesten Plattformen für Verschwörungsnarrative im deutschen Sprachraum entwickelt haben.

3.5 Fundamentalismus als autoritäre Antwort

Die verschiedenen Ansätze, die eine antidemokratische und autoritäre Entwicklung beschreiben, verdeutlichen, dass viele Autor*innen eine gesellschaftliche Bedrohung darin sehen, dass sich das marktwirtschaftliche Prinzip als abstraktes Ideal, dem man sich zu unterwerfen hat, verselbstständigt hat. Es gibt kaum mehr demokratische Kontrollinstanzen, die dieses Prinzip relativieren könnten oder wollten. Durch diese Dynamik macht sich innerhalb der postdemokratischen Moderne etwas *archaisch Prämodernes* breit. Sind die Regeln des Marktes einmal internalisiert, verlieren sie das Merkmal der Fremdbestimmung und werden ich-synton. Die ökonomischen Imperative bilden nicht mehr nur den Kontext des Einzelnen, sondern den Text, der sein Fühlen und Denken bestimmt. Der Einzelne verwendet all seine Kreativität für die Überlebensstrategie innerhalb des vorgegebenen ökonomischen Rahmens und damit für die optimierte Selbstvermarktung (Buchholz, 2017).

Diese scheinbar freiwillige Mittäterschaft bei der eigenen Unterdrückung hat etwas Regressives. Regression bedeutet in diesem Zusammenhang auch ein tendenziell wehmütiges Zurückblicken auf die vermeintlich guten alten Zeiten. Ein zentraler Befund der Untersuchungen von Decker und Brähler (2018) ist, dass eben nicht ausschließlich wirtschaftliche Verlierer zu den 40% mit einem autoritären Syndrom gehören. Vielmehr ist der »Verlust der Sicherheit und der Respektabilität ihrer Schicht« (ebd., S. 152) ein maßgebendes Merkmal dieser Gruppe. Dies gehe einher mit einer »Sehnsucht nach sicheren Zeiten, in denen scheinbare traditionelle Werte und Normen Orientierung gaben«, was die Autoren als »kulturellen Backlash« bezeichnen (ebd., S. 153). Diese Sehnsucht nach den alten prämodernen Zeiten als konstruiertes Ideal ist ein zentrales Merkmal des Fundamentalismus. Daran kann totalitäre Propaganda anknüpfen. Oder in den Worten von Decker und Brähler (2018): »Das Ausbleiben der Gratifikation für die eigene Unterwerfung setzt die autoritäre Aggression gegen jene frei, die anders oder abweichend scheinen oder nicht die Spuren der Unterwerfung tragen. [...] Wer diesen Menschen autoritäre Angebote macht, verführt sie nicht, sondern befriedigt ein Bedürfnis« (ebd., S. 154).

Ausgehend von dieser Ausgangslage, skizziert Buchholz (2017) nun verschiedene mögliche religiöse Reaktionsmodi angesichts regredierender Individualität und postdemokratischer Gesellschaft, unter anderem auch die fundamentalistische Version, die er folgendermaßen beschreibt:

> »Soziale Unzufriedenheit wird religiös symbolisiert unter Rekurs auf eine konstruierte Tradition, die normative Bedeutung erhält. Die (Wieder-) Herstellung dieser Tradition ist Motor und Ziel eines Widerstands gegen Formen der Zwangsmodernisierung und politischen Ohnmacht. Der Sehnsucht nach den ›guten Anfängen‹ entspringt [...] ein in vormoderne Epochen projiziertes autoritär-patriarchales Regime, das Demokratie, Partizipation und Menschenwürde nur sehr bedingt zulässt« (S. 149f.).

Angewandt auf den protestantischen Fundamentalismus US-amerikanischer Ausprägung würde dieser zu einer Art Rückzugsgebiet der weißen angelsächsischen Protestanten, weil diese die Definitionsmacht des »American Way of Life« durch nichtprotestantische Einwanderer und linke Intellektuelle bedroht sähen. »Ein vorkritisches Bibelverständnis, die Idee einer religiös-politischen Weltmission Amerikas, die Ablehnung einer säkularen Gesellschaft, uneingeschränktes Vertrauen in den freien Markt und ein traditionelles Familien- und Gender-verständnis kennzeichnen dieses Verständnis christlicher Religion« (Buchholz, 2017, S. 151f.).

Buchholz vertritt offensichtlich die Haltung von Religion als einer eigenständigen Größe, die einerseits die Möglichkeit hätte, sich selbstständig und selbstbewusst in der Gesellschaft zu positionieren und andererseits vorwiegend auf gesellschaftliche Entwicklungen re-agiert. Aber stimmt das wirklich? Ist es nicht eher so, dass Religion ein Teil der Gesellschaft ist und als solche ebenfalls von postdemokratischen Gesetzmäßigkeiten durchdrungen ist? Ja mehr noch, in der fundamentalistischen Variante eben auch Koproduzentin der Postdemokratie ist und gerade keine Gegenkultur mehr darstellt, sondern als gesellschaftlicher Faktor die passende Ideologie bereitstellt, die postdemokratische Entwicklungen geradewegs fördert?

Die Vermutung, dass der religiöse Fundamentalismus protestantischer Ausprägung mittlerweile, zumindest in den USA, eine weit aktivere Rolle spielt, als dass er sich an den Rand der Gesellschaft drängen lässt, wurde bereits am Beispiel der Präsidentschaft Donald Trumps, der postdemokratischen Figur par excellence, illustriert. Wie rückwärtsgewandte Politik im Dienste der Gewinnung von Wählerstimmen aussieht, zeigt sich an dem für Fundamentalisten sehr bedeutsamen Thema »Abtreibung«. Im Juni 2022 wurde in den USA durch ein Urteil des Obersten Gerichtshofs das Rad der Geschichte um 50 Jahre zurückgedreht. Der Grundsatzentscheid im Fall »Roe v. Wade« aus dem Jahre 1973, der das Recht auf Abtreibung landesweit garantierte, wurde wieder rückgängig gemacht. Als Donald Trump 2016 für das Amt des Präsidenten kandidierte, wusste er um die Bedeutung der *Religiösen Rechten,* deren größter Teil sich aus Evangelikalen und Fundamentalisten zusammensetzt, für seine Wahl. Er versprach, gezielt Richter*innen zu ernennen, die der Bewegung *Pro Life,* welche ein radikales Abtreibungsverbot vertritt, zugerechnet werden können, was er so auch einhielt (Brockschmidt, 2021). Als 2020 die prominente Supreme-Court-Richterin Ruth Bader Ginsburg starb, ernannte der Präsident eine erzkatholische Richterin, mit deren Hilfe dann 2022 die Errungenschaft von 1973 gekippt wurde. Seitdem ist es wieder Sache der einzelnen Bundesstaaten, die Frage der Abtreibung zu regeln. Je nach Wohnort gilt also Abtreibung im Jahre 2022 in den USA als schweres Verbrechen (ebd.).

Die fundamentalistische Bewegung in den USA stellt keine Reaktion auf die Moderne, keine Gegenbewegung oder Fluchtbewegung einer marginalisierten Minderheit mehr dar, auch wenn die entsprechenden Protagonisten sich in der Rolle der Viktimisierten subjektiv genau so sehen (Kap. 2). Vielmehr ist sie ein Bestandteil und eine treibende ideologische Kraft der postmodernen Realität oder eben der Postdemokratie geworden. Sie ist in der Mitte der Gesellschaft angekommen, oder vielmehr an deren Spitze.

4 Psychoanalytische Modelle

Es gibt eine ganze Reihe psychoanalytisch fundierter Publikationen zum religiösen Fundamentalismus, wobei auffällt, dass die meisten davon erst nach 2001 entstanden sind. Es macht den Anschein, dass erst der Anschlag auf die Twin Towers in New York im Jahre 2001 bei Psychoanalytiker*innen einen Impuls geweckt hat, sich mit dem Phänomen auseinanderzusetzen. So ist in einem 2010 erschienen Sammelband von »weltweiten Bedrohungen, die von den islamistischen und anderen fundamentalistisch orientierten Terroristen und Extremisten ausgehen«, die Rede (Bohleber & Klumbies, 2010, S. 11). Gegenstand dieses Interesses ist also vorwiegend der Islam und die terroristische Aktion, weniger Aufmerksamkeit gilt der dahinterstehenden fundamentalistischen Ideologie, die ihren Ursprung in der christlichen Religion hat.

Im Folgenden werden einige Konzepte dargestellt, die versuchen, das Phänomen des religiösen Fundamentalismus aus psychoanalytischer Sicht besser zu verstehen. Es handelt sich um eine Auswahl, die sich daran orientiert, dass die Autor*innen explizit etwas zum Begriff des Fundamentalismus schreiben und nicht zu verwandten Phänomenen wie religiöser Gewalt, Fanatismus, Radikalisierung und anderen verwandten Themen. Dabei sind die verschiedenen Ansätze nicht so strikt voneinander zu trennen, wie es hier erscheinen mag. Vielmehr wird jeweils der für den entsprechenden Beitrag zentrale Faden herausgegriffen, der sich dann oft mit anderen Fäden verknüpft, sodass eher von einander ergänzenden als sich gegenseitig ausschließenden Modellen auszugehen ist.

4.1 Fundamentalismus und Narzissmus

4.1.1 Fundamentalismus und primärer Narzissmus

Eines der meistgenannten Konzepte, mithilfe dessen versucht wird, das Phänomen des religiösen Fundamentalismus aus psychoanalytischer Perspektive besser zu verstehen, ist dasjenige des *primären Narzissmus*. Unter Verweis auf Freud (1914) bezeichnet Henseler (2003) diesen als eine »archaische, vorwiegend auf Verschmelzung mit einem als ideal erlebten Objekt beruhende Beziehungsform« (S. 182). Der primäre Narzissmus bezeichnet bei Freud einen frühen Zustand, in dem das Kind sich selbst mit seiner ganzen Libido besetzt. Es handelt sich um ein hypothetisches Stadium der infantilen Libido. Henseler betrachtet diesen Zustand nicht als primär, sondern als sekundär, weil er eben eine Regression hinter die schon erreichte Selbst-Objekt-Differenzierung darstelle. Jedenfalls handle es sich um eine Beziehungsform, die auf einer »Identifizierung mit dem idealen Objekt beruht« (Henseler, 2003, S. 182). Böse, frustrierende als bedrohlich erlebte Angst und Hass erregende Selbst- und Objektrepräsentanzen werden verleugnet beziehungsweise abgespalten und nach außen projiziert. Die primärnarzisstische Beziehungsform ist damit eine Abwehrleistung gegen das drohende Chaos, gegen Wut und Hass. Sie verändert sich im Laufe der Entwicklung hin zu realitätsnäheren Beziehungsmodi. Entscheidend ist jedoch, dass dieser Modus nicht komplett verschwindet, so Henseler mit Verweis auf Freud: »Die Entwicklung des Ichs besteht in einer Entfernung vom primären Narzissmus und erzeugt ein intensives Streben, diesen wiederzugewinnen« (Freud, 1914, S. 66). Dies gelinge den Menschen, indem sie »neue Welten der Vollkommenheit« (Henseler, 2003, S. 184) entwerfen: idealisierte Personen, Ziele, Gemeinschaften ersetzen quasi das primärnarzisstische Erleben und führen es gleichsam in anderer Form weiter. Die Beziehungen zu diesen neuen Welten werden nicht mehr als Verschmelzung erlebt, sondern als Identifizierungen. Grandiosität und Allmacht könnten zwar nicht mehr genossen werden, dafür aber das Hochgefühl besonderer Bedeutsamkeit. Was jedoch bestehen bleibt, ist der Ausschluss jeglicher Ambivalenz. Dies geschehe durch Verleugnung der störenden und durch Idealisierung der erwünschten Eigenschaften, so Henseler. Diese Beziehungsform wird als sehr angenehm, ja rauschhaft und traumhaft erlebt. Sie orientiere sich vorwiegend am Erleben des Subjekts, weniger an der Realität des Objekts. Deshalb nannte Freud sie »narzisstische Objektbeziehung«, Kohut bezeichnete sie als »Selbstobjektbeziehung«. Mit anderen Worten: »Das Objekt wird vorwiegend (projektiv) idealisiert und dann identifikatorisch vereinnahmt« (Henseler, 2003, S. 185). Die narzisstische Dynamik bei dieser Art von Beziehung zeigt sich, wenn das Objekt sozusagen nicht (mehr) mitspielt, vielmehr seine eigene Realität ins Spiel bringt.

>   »Das affektive Erleben der narzisstischen Objektbeziehung ist weniger leidenschaftlich als bewundernd, verehrend, lobend, preisend, anbetend, vergötternd. Fügt sich

das Objekt den Erwartungen des Subjekts, entsteht ein Hochgefühl von gegenseitiger Bestätigung, herausgehobener Bedeutsamkeit, Selbstverständlichkeit und Einzigartigkeit wegen der anscheinenden Übereinstimmung. Das kann realistisch sein, falls das Objekt zufälligerweise den in es hineingesetzten Erwartungen einigermaßen entspricht. Vielfach bleiben solche Beziehungen aber Wunschträume, da ideale Objekte sich über kurz oder lang als doch enttäuschend entpuppen« (ebd.).

Ein nicht enttäuschendes Idol scheint Gott zu sein, seine Größe, Allmacht und Güte sind nicht durch Realerfahrung zu überprüfen. Und man könnte in Ergänzung und Weiterführung der Gedanken Henselers vermuten, dass die Einbettung in eine religiöse Gemeinschaft nicht zuletzt deshalb so bedeutsam ist, weil hier die erwähnten ersehnten Attribute Gottes als vermeintliche Realität sozial bestätigt werden. Die reinsten Formen narzisstischer Objekte sind die eigenen Ideale eines Menschen. Freud beschrieb das Ich-Ideal des Erwachsenen als »Erbe des ursprünglichen Narzissmus« (1921, S. 121). Und so verwundert es nicht, dass der Gläubige dieses Höhere mit dem idealisierten Höchsten, also Gott, verbindet. Diese Idealisierung hat allerdings ihren Preis. Das nicht Idealisierbare muss abgespalten und nach außen projiziert werden.

Die Kirche hat sich mythologische Größen geschaffen, wie den Teufel, die Hölle, die Sünde, welche diese abgespaltene Welt verkörpern, so Henseler. An diesen Punkt knüpft er an, um dann fortzufahren mit der wichtigsten Konsequenz seiner These: »In der Erlösung von dieser abgespaltenen Welt liegt [...] die Macht der primärnarzisstischen Beziehung, erkenntlich auch an der Überlebenskraft der Religionen und an den erstaunlichen Dingen, die Menschen zu glauben bereit sind« (Henseler, 2003, S. 187). Dabei handelt es sich allerdings lediglich um eine Erlösung auf Zeit. Mit zunehmender Reife und Entwicklung gelingt es dem Kleinkind immer weniger, die Realität draußen zu halten. Der Umgang des Gläubigen mit der abgespaltenen Realität führt dazu, dass die eigenen Impulse von Hass, Neid, Verachtung, Grausamkeit, Begierde im religiösen Gewand als von außen kommend, als Einflüsterungen des Teufels, als Versuchungen des Satans und Heimsuchen der Dämonen verstanden werden, jedenfalls nicht als Ausdruck der eigenen Person. Das Böse bleibt aber ein Teil jedes Menschen, jeder Beziehung, jeder Gruppe. Je mehr dies abgespalten und verleugnet wird, desto mehr gewinnt dieses Böse ein schwer kontrollierbares Eigenleben und muss in der Außenwelt bekämpft werden, was im Laufe der Kirchengeschichte zu Hexenverbrennungen, Kreuzzügen und Folter geführt hat.

Nach Henseler beruht religiöses Erleben in der dargestellten Gestalt also auf zwei Irrtümern: Erstens werde Intrapsychisches mit Transzendentem verwechselt.

Der zweite Irrtum bestehe in der Annahme, das eigene destruktive Potenzial lasse sich durch Verleugnung, Projektion, also Externalisierung dauerhaft erledigen. Was die Gläubigen in ihrem religiösen Erleben als Begegnung mit der Transzendenz interpretieren, sei in Tat und Wahrheit also eine innere Realität, die aber deswegen als sehr real erlebt wird, weil die unbewusste Erinnerung bezeuge, dass es solche Begegnungen in der »grandiosen Welt der persönlichen Vorzeit«, also in der Symbiose mit dem mütterlichen Objekt, tatsächlich gegeben habe (Henseler, 2003, S. 189). Wird nun von Andersgläubigen, Skeptikern oder Ungläubigen diese feste Überzeugung und vermeintliche Wahrheit bezweifelt, löst dies Angst und Ärger aus, weil das grandiose System, auf das die Gläubigen um keinen Preis verzichten wollen, dadurch gefährdet scheint. »Angst und Ärger gerinnen zum Trotz, zur Starrheit, zur Dialogunfähigkeit des Fundamentalisten. Nun ist Glaube Wissen, Meinung Dogma, das Symbol identisch mit dem Symbolisierten« (Henseler, 2003, S. 189). Steigt die Bedrohung des eigenen Glaubenssystems, wird der Ärger zu Hass. An die Stelle des primären Narzissmus tritt nun narzisstische, das heißt ohnmächtige Wut. Diese werde nun nicht mehr auf den Teufel und die Sünde projiziert, sondern auf diejenigen Personen, welche das eigene System derart infrage stellen, sei dies explizit oder durch ihre bloße Existenz, also auf die Ungläubigen, die Ketzer, die Gottlosen. Henseler schließt seine Ausführungen mit der These, dass in jedem Glauben, der einen bestimmten Wahrheitsanspruch beinhaltet, ein fundamentalistisches Potenzial enthalten sei.

Das hypothetische Konstrukt des primären Narzissmus ist nicht unumstritten. In welchem Augenblick ein solcher Zustand gebildet wird, sei schon bei Freud uneinheitlich, so Laplanche und Pontalis (1998, S. 321). In Texten, die zwischen 1910 und 1915 entstanden sind, werde eine solche Phase zwischen dem anfänglichen Autoerotismus und der Objektliebe lokalisiert und scheint mit dem Auftreten des Ichs einherzugehen. Später im Zusammenhang mit der zweiten Topik bezeichnet Freud mit dem Primären Narzissmus einen Zustand vor der Bildung eines Ichs, dessen Urbild das intrauterine Leben sei. Der Unterschied zwischen Autoerotismus und Primärem Narzissmus wird aufgehoben. Diese zweite Auffassung ist die heute vorherrschende, der sich Henseler in seinen Ausführungen allerdings nicht anschließt. Sie bezeichnet einen streng objektlosen, zumindest aber undifferenzierten Zustand zwischen Subjekt und Außenwelt. Viele Autor*innen, unter anderem Melanie Klein, verwerfen die Idee eines primärnarzisstisch-objektlosen Zustands. Eine Objektbeziehung bestehe beim Säugling von Anfang an. Man könne höchstens von narzisstischen Zuständen sprechen im Sinne einer Rückkehr der Libido auf verinnerlichte Objekte. Aber auch aus triebtheoretischer Sicht gibt es Einspruch dagegen, im Folgenden soll der Diskussionsbeitrag von Müller-Pozzi (2008) in aller Kürze wiedergegeben werden. Die erste, verbreitetere Auffassung geht also von der Hypothese eines trieb- und objektlosen »absolut selbstgenügsamen Narzissmus« (Freud, 1914, S. 146) aus, den Freud als »absoluten primären Narzissmus« verstand. Müller-Pozzi (2008) erläutert diese erste Auffassung als eine »virtuelle Denkfigur, die den primären Narzissmus als extrauterinen Abkömmling des intrauterinen Zustands der automatischen und totalen Versorgung denkt« (S. 117). Dazu passt die Metapher des »Paradieses«, und es ist vielleicht kein Zufall, dass diese erste Auffassung im Zusammenhang mit dieser religiösen Metapher gerne zur Hand genommen wird, um ein religiöses Phänomen zu erklären. Dieser ersten Auffassung steht eine zweite gegenüber, die den primären Narzissmus als eine libidinöse Besetzung des Ichs analog zu der Entwicklung der libidinösen Besetzung des Objekts versteht (Müller-Pozzi, 2008, S. 117). Diese zweite Auffassung ist triebtheoretisch fundiert. Hier wird primärer Narzissmus verstanden als »libidinöse Besetzung des Ichs, *die zum Ich gehört und beim Ich verbleibt*« (ebd., S. 121, kursiv im Original). Im Gegensatz zur ersten Auffassung eines Urzustands ist für die Unterbringung der Libido im Ich naheliegenderweise die Entwicklung eines Ichs Vorbedingung, und dieses Ich kann nur interpersonell über die Identifikation mit dem (vom Gegenüber) gespiegelten Ich und dem Objekt entstehen. Demgegenüber geht die erste Auffassung des primären Narzissmus von einem objektlosen, intrauterinen Urzustand aus, den Müller-Pozzi nicht als unmöglich verwirft. Er geht hingegen davon aus, dass über das Erleben des Säuglings im Mutterleib keine sinnvollen Aussagen gemacht werden können und weist diese deshalb als »adultomorphe Fantasie« (ebd., S. 117, S. 127) zurück.

Der kritische Einwand gegen dieses verbreitete metapsychologische Modell des religiösen Fundamentalismus besteht also in einer doppelten Ungenauigkeit: Wenn der primäre Narzissmus in Anlehnung an ein intrauterines Paradies die vorwiegende Erklärungsfigur für den religiösen Fundamentalismus darstellt, stellt sich neben der eben demonstrierten metapsychologischen Unschärfe die Frage, ob dieser Ansatz nicht geeigneter wäre, das Phänomen des religiösen Erlebens überhaupt (und nicht nur einer Variante davon in Gestalt des Fundamentalismus) zu erfassen. So ging Freud mit dem Ausdruck des »ozeanischen Gefühls« (Freud, 1927c) vor, welches ja ebenfalls vorwiegend Erlebnisweisen wie Entgrenzung und Verschmelzung zum Ausdruck bringt. Trotz diesem Einwand ist das Modell des primären Narzissmus als Theoriebaustein von Bedeutung, insbesondere wenn es um apokalyptische Vorstellungen vom Ende der Welt geht, die auf bestimmte Art und Weise ins primärnarzisstische Paradies zurückführen (Kap. 7).

4.1.2 Fundamentalismus als fehlgeleiteter narzisstischer Heilungsversuch

In einer Weiterentwicklung des dargestellten Ansatzes verbindet Auchter (2016) den primärnarzisstischen Ansatz mit Aspekten der Fremdenfeindlichkeit und der Identitätsbildung in der Adoleszenz. Auchters These ist, dass Fremdenfeindlichkeit und Fundamentalismus eine Art zementierter Versuch der Reparatur tatsächlich erfolgter oder befürchteter narzisstischer Kränkungen darstellen und als Wiederherstellungsbemühungen prekärer Identität fungieren. Fremdenhass und Fundamentalismus dienen dabei als »Selbst-Prothese« in Anlehnung an Freuds treffenden Begriff von der »Schiefheilung« (Freud, 1921), also einen Heilungsversuch, der dazu verdammt ist, schief zu gehen, weil sich die narzisstische Wunde so nicht schließen lässt und auf immer monströsere Reparaturversuche zur Selbststabilisierung zurückgegriffen werden muss. »Die Entwertung und Verachtung des Anderen soll kompensatorisch der Schamabwehr [...] und der Selbstaufwertung dienen: indem ich den anderen ›kleinmache‹, kann ich mich ›grösser‹ fühlen« (Auchter, 2016, S. 867). Der religiöse Fundamentalismus bietet aus dem Repertoire der narzisstischen Überhöhung vor allem eine bestimmte Haltung an, die als Verabsolutierung der eigenen Position bezeichnet werden und auf die folgende Formel gebracht werden kann: »Ich habe die Wahrheit gefunden« – während die anderen in ihren Irrtümern verhaftet sind und in ihren moralischen Abgründen versinken. Der Fundamentalist versucht so, den Mühen der Ambivalenz zu entkommen, indem er mit aller Gewalt »den paradiesisch phantasierten harmonisch-friedlichen, sicheren Zustand der Präambivalenz wiederherzustellen versucht« (ebd., S. 867).

Als gesellschaftlich und kulturell begünstigende Rahmenbedingungen für das Erstarken von Fremdenfeindlichkeit und Fundamentalismus sieht Auchter die Betonung der Subjektivität am Ende des 20. und zu Beginn des 21. Jahrhunderts, die von vielen als Überforderung erlebt werde. Als Referenzen zieht Auchter unter anderem die Formel Sennetts (1998) vom »flexiblen Menschen« heran. An dieser Stelle ließe sich ergänzen und diskutieren ob die Diagnose des »erschöpften Selbst« von Alain Ehrenberg (2015) nicht noch näher läge, wobei der französische Originaltitel – »la fatigue d'être soi« – die erschöpfende Dynamik deutlich prägnanter zum Ausdruck bringt. Erst hier zeigt sich der psychische Aufwand, den es bedeutet, ein Subjekt zu sein und zu bleiben – und dass gerade darin eine Anstrengung liegt, durch deren Umgehung der Fundamentalismus mit seiner Behauptung von objektiver Wahrheit ein verführerisches Ruhekissen anzubieten scheint.

Auchter vereinigt in seinem Beitrag verschiedene Konzepte zur Erklärung des Fundamentalismus (Identität, Ambivalenz), die er alle von der Idee des primären Narzissmus ableitet. Die Angst vor dem Fremden dient dabei als vielversprechender Ansatz, zwei Ideologien, die Fremdenfeindlichkeit und den Fundamentalismus, von einer gemeinsamen Basis her zu verstehen. Damit gelingt ihm eine entwicklungspsychologisch fundierte Einsicht in die häufig zu beobachtende, unheilige Allianz zwischen rechtspopulistischer oder gar rechtsextremer Politik und religiösem Fundamentalismus. Dass er dabei (in Anlehnung an den »primären Narzissmus«?) einen »primären Fundamentalismus« als »frühkindlichen Erlebenszustand« (Auchter, 2016, S. 859) ins Spiel bringt, trägt jedoch nicht zur Klärung bei. Hier handelt es sich um eine Umkehrung der Argumentationslinie. Es wird noch zu zeigen sein, dass der religiöse Fundamentalismus frühkindliche Stadien des Erlebens ideologisch widerspiegelt, aber nicht umgekehrt.

4.2 Fundamentalismus und Spaltung

4.2.1 Idealisierung als Ergebnis von Spaltungsmanövern

Mit dem Vorgang der Idealisierung hat sich auch Rohde-Dachser (2009) beschäftigt, und zwar vorwiegend als Bewältigungsversuch der Todesangst. Im Bereich der Religionen werde oft ein göttliches Objekt installiert, das als Garant für ein Weiterleben nach dem Tod gilt. Psychoanalytisch betrachtet könnte man sagen, es handelt sich um »die Existenz eines idealisierten inneren Objekts, das stärker ist als der Tod, das ihn überlebt, das unzerstörbar ist, unsterblich, ewig« (Rohde-Dachser, 2009, S. 986). Rohde-Dachser stützt sich in ihren Überlegungen nicht auf die Vorstellung eines primären Narzissmus, sondern auf Konzepte von Klein, Kohut und Bollas, um zu zeigen, dass idealisierte unzerstörbare innere Objekte das Ergebnis von Spaltungsmanövern sind.

Bei Melanie Klein gelten die gute und die böse Brust als Bilder der guten respektive schlechten Erfahrungen mit der Mutter. Die gute Brust steht für die Mutter, die stillt und nährt, die böse Brust spiegelt die Aggression des Kindes auf die abwesende Mutter(-brust) wider. Entscheidend ist nun, dass die abwesende Mutter(-brust) nicht als abwesend erlebt wird, sondern als *anwesende verfolgende Macht, die als Inbegriff des Bösen Vernichtungsangst auslöst.* Diese Angst entspricht der Angst des Kleinkinds vor der destruktiven Kraft in seinem eigenen Innern. Die Vernichtungsangst entsteht demzufolge aus der Angst vor der endgültigen Zerstörung der guten inneren Objekte durch die eigene Aggression. »Sicherheit vor dieser Bedrohung verleiht nur die Existenz eines absolut guten inneren Objekts, das stark genug ist, sogar den Angriff des Todes zu überleben« (ebd., S. 987). Dafür steht die Vorstellung einer Mutter, die in der Stunde des Todes gegenwärtig ist und einen nicht im Stich lässt. Unsterblichkeitsfantasien entstehen so aus der Identifikation mit der idealisierten Mutter, die das Kind nach dem Tod liebevoll in sich aufnimmt.

Wie im Beitrag von Henseler schon gesehen, hat Kohut im Vergleich zu Melanie Klein noch mehr die narzisstische Qualität der kindlichen Selbst- und Objektimagines betont. Er geht von zwei Konfigurationen aus, die als Kompensation für den Verlust des kindlichen narzisstischen Urzustandes fungieren. Zum einen ist dies die archaische idealisierte Elternimago, zum anderen das archaische Größenselbst des Kindes. »In der idealisierten Elternimago projiziert es demgegenüber alle Macht und Vollkommenheit auf das Objekt, das dann entsprechend idealisiert wird. Die dazugehörige Formel lautet: Ich bin nichts, aber Du bist vollkommen und ich bin ein Teil von dir« (ebd., S. 989). Die Nähe zum idealisierten Elternteil gibt dem Kind deshalb nicht nur Geborgenheit, sondern auch ein erhebendes und erhabenes Gefühl. Diese Erfahrungen können dann auch später bei Todesgefahr wieder wachgerufen werden. Die Zugehörigkeit zur fantasierten Vollkommenheit der Eltern-Imago umfasst auch die Vorstellung der eigenen Unsterblichkeit.

Rohde-Dachser verweist nun auf Bollas, der diesen Gedanken aufgenommen hat und in seinem Konzept der Mutter als ein Objekt der Verwandlung weiterentwickelte. Die frühesten Erfahrungen mit der Mutter würden als Selbst-Objekt-Zustände erlebt. Der Säugling registriert eine Veränderung, wenn die Mutter kommt. War er vorher hungrig, allein, wütend, verwandeln sich Selbst und Umwelt, ohne zu wissen, dass die Mutter Ursache dieser Verwandlung ist. »Das Erfahren des Objekts geht dem Wissen um das Objekt voraus« (Rohde-Dachser, 2009, S. 990). Später führen diese Erfahrungen zu einer Art der Objektsuche, die im Erfolgsfall einer Verschmelzung gleichkommt, weil dieser Vorgang an die Verwandlung von einst anknüpft. Diese Situationen gelten gemäß Bollas dann als das »ungedachte Bekannte [...]. Sie versetzen das Subjekt in eine ehrfurchtsvolle Haltung; oft werden die Objekte sogar für heilig erklärt [...]. Sie sind eine existenzielle Vergegenwärtigung jener Zeit, in der die wie eine Erscheinung wirkende Anwesenheit der Mutter eine Verwandlung des Selbst und der Umwelt bewirkte« (ebd.). Auch und gerade im Augenblick des Todes suchen wir wieder nach einem derartigen Objekt.

Ebenso wie bei der von Henseler nach dem Modell des primären Narzissmus konzipierten Idealisierung wurde bisher die Kehrseite ausgespart. Genau hier liegt der Punkt, an dem der Fundamentalismus ins Spiel kommt. Die Kehrseite der Idealisierung ist die Gewalt. »Die Beziehung zu einem absolut guten inneren Objekt setzt zwangsläufig die Projektion der Aggression auf ein davon abgespaltenes absolut böses Objekt voraus« (ebd., S. 991). Dieses abgespaltene böse Objekt kann zum Verfolger werden, der vernichtet werden muss. In der depressiven Position sind die aggressiven Fantasien gegenüber dem lebenswichtigen Objekt mit der Angst verbunden, das Objekt dadurch nachhaltig zu beschädigen. Schuldgefühl und Wiedergutmachung sind entsprechende Reaktionen. Bei der paranoid-schizoiden Position hingegen erzeugt die Vernichtung eines Objekts, welches das absolut Böse verkörpert, keine Schuldgefühle. »Sie ist hier vielmehr legitim, weil das idealisierte Objekt [...] vor ihm bewahrt werden muss und – dies vor allem – weil mit der Vernichtung des Bösen die Utopie eines Paradieses in greifbare Nähe rückt« (ebd.). Ob ein solcher destruktiver Prozess tatsächlich in Gang kommt, ist nicht nur von individualpsychologischen, sondern vor allem auch von gruppendynamischen Prozessen abhängig.[5]

Wenn man nun den Ansatz von Henseler und denjenigen von Rohde-Dachser vergleicht, fällt einem die Ähnlichkeit in der Konsequenz auf. In beiden Vorstellungen geht es um die Externalisierung und Bekämpfung dessen, was der Idealisierung des als heilig Verehrten in die Quere kommt. Der Mechanismus der Idealisierung einerseits, Spaltung und Projektion andersseits hängen aufs Engste zusammen. Beim primärnarzisstischen Modell steht die Idealisierung des Selbst im Vordergrund, beim objektbeziehungstheoretischen die Erhaltung der Beziehung zum geliebten Objekt, auf das man auf Gedeih und Verderb angewiesen ist.

4.2.2 Primäre und »sekundäre« Spaltung

Britton (1993) knüpft mit seinem Ansatz an einen Text von Freud (1923) an. In dessen Arbeit »Eine Teufelsneurose im siebzehnten Jahrhundert« steht die Darstellung des Malers Christoph Haizmann im Vordergrund, der seine halluzinatorische Begegnung mit dem Teufel in einem Bild festhielt. Das Befremdende an diesem Bild war, dass der Teufel außer einem Penis in Schlangenform auch Brüste hat. Britton interpretiert diese Darstellung mithilfe des Konzepts des »kombinierten Objekts«, also der vereinigten Elternfiguren von Melanie Klein. Diese Figur tauche vor allem dann auf, wenn das Kind frustriert sei und sich vor-

---

5 Vgl. dazu die Ausführungen zum Übergang von Fundamentalismus in Fanatismus bei Conzen (2005) und Hole (2004).

stelle, dass Vater oder Mutter als das ersehnte und entbehrte Objekt permanent zur Verfügung stünden. Diese im Traum, in der Mythologie oder der psychotischen Fantasie auftauchende Gestalt sei eine so grauenerregende Erfahrung, dass sie zu einem zwanghaften Bedürfnis führe, »die Eltern und deren symbolische Repräsentanzen getrennt zu halten« (Britton, 1993, S. 102). Dies ist nun Dreh- und Angelpunkt der weiteren Argumentation.

> »Eine gestörte Entwicklung der Fähigkeit zur primären Unterscheidung zwischen eindeutig guten und eindeutig schlechten Erfahrungen als Basis für die ursprüngliche Spaltung guter und böser Objekte führt zu Kompromissbildungen hinsichtlich aller anderen Differenzierungen wie z. B. der Unterscheidung zwischen primitiven mütterlichen und väterlichen Teilobjekten. Die Folge ist eine Neigung zur Verschmelzung und Konfusion« (Britton, 1993, S. 102).

Auch Hanna Segal bezeichnet diese ursprüngliche Spaltung in der paranoid-schizoiden Position als eine (psychische) Leistung.

> »Sie erlaubt dem Ich, aus dem Chaos aufzutauchen und Ordnung in seine Erfahrungen zu bringen. Dieses Ordnen von Erfahrung, das mit dem Vorgang der Spaltung in ein gutes und ein böses Objekt einhergeht, mag anfangs noch so zügellos wuchern, es wird gleichwohl das Universum der seelischen und sinnlichen Eindrücke des Kindes gliedern und ist daher eine Voraussetzung für die spätere Integration. Aus dem Ordnen, dessen Ursprung die Differenzierung von Gut und Böse ist, wird später die Fähigkeit zu unterscheiden« (Segal, 2013, S. 58).

Insofern ist Spaltung also eine außerordentlich wichtige psychische Abwehrleistung, welche einerseits Struktur und Orientierung ermöglicht und andererseits die Grundlage für weniger primitive Abwehrmechanismen darstellt, wie etwa die Verdrängung.

Britton geht nun davon aus, dass ohne dieses zuverlässige Gefühl der primären Spaltung von Gut und Böse eine Neigung zur Verschmelzung und Konfusion entstehen könnte, was dann wiederum zu einer forcierten, willkürlichen Spaltung führe. Dabei denkt Britton insbesondere an archaische Objekte und primitive Fantasien über Kombinationen von mütterlichen und väterlichen Teilobjekten. Auf kollektiver Ebene können zum Beispiel verschiedene Religionsstile diesen Teilobjekten zugeordnet werden. Dort komme es immer wieder zu Konflikten zwischen der Tendenz einer sakramental geprägten Verehrung mit der Betonung materieller Objekte, zeremonieller Riten und heiliger Orte und der entgegengesetzten Tendenz, die dezidiert antimateriell, stark textbezogen und von einem vergeistigten Puritanismus geprägt ist. Die erstgenannte Tendenz ordnet Britton dem mütterlichen Bereich zu, diese tendiere zum katholischen Sakramentalismus (im Sinne von Idolbildung bzw. Bildverehrung). Die zweite, dem väterlichen Bereich zugehörige Tendenz, passe in extremer Ausprägung gut zum protestantischen Fundamentalismus. Beide sind sich im Fall der Absolutsetzung spinnefeind. Eine Verbindung ist nicht möglich.

Britton verortet also den protestantischen Fundamentalismus im väterlichen Bereich der Worte und Ideen. Er begründet dies damit, dass die Autorität des fundamentalistischen Glaubens auf der Unfehlbarkeit der Bibel beruhe, in der jedes Wort als »Wort Gottes« gelte. Dabei kämpfe der Fundamentalismus vor allem gegen zwei Fronten: den Modernismus einerseits und den Katholizismus andererseits. Wenn diese im kollektiven Bereich bestehende Konfliktlinie nun in eine psychologische Sprache übersetzt würde, könnte man gemäß Britton von einer »Wort-Verehrung« und einer »Ding-Verehrung« sprechen. Er rekurriert dabei auf Freuds Text *Das Unbewusste* (1915), in dem dieser die Unterscheidung von Wort- und Sachvorstellungen beschreibt.

Britton versteht also den Fundamentalismus vor allem ausgehend von dessen Textverständnis und seiner Frontstellung gegen Modernismus und Katholizismus. Seine Interpretation beinhaltet in der Konsequenz auch diese Aspekte. Die Idee einer forcierten »sekundären« Spaltung auf einem anderen Niveau als bei der primären und entwicklungspsychologisch gesehen notwendigen Spaltung und die Anwendung auf die Religion ermöglicht eine Erklärung der unter protestantischen Fundamentalisten so weit verbreiteten Ablehnung des Katholizismus und seiner sakramentalen Riten und Praktiken. Ebenso weist sie auf ein vertieftes Verständnis des für Fundamentalisten so zentralen Verständnisses von biblischen Texten hin.

4.3 Fundamentalismus und Paranoia

Im ersten Kapitel wurde die umfassende Arbeit von Marty und Appleby (1995) zum Phänomen des Fundamentalismus vorgestellt und diskutiert. Der Historiker und Psychoanalytiker Charles Strozier merkt an, dass der seiner Ansicht nach im Vordergrund stehende Zusammenhang zwischen Fundamentalismus und Gewalt dort erstaunlicherweise keine Rolle spiele. Er sieht die spezifisch fundamentalistische Gewalt vor allem im Kontext von Dualismus und Paranoia, die sich im apokalyptischen Denken verdichtet. Paranoia versteht Strozier als ein Potenzial, das in krisenhaften Situationen aktualisiert werden könne und grundsätzlich in jedem Menschen Teil der individuellen psychischen Struktur sei. Paranoiker leben gemäß Strozier in einem Universum, das bestimmt ist von Beschämung und Demütigung, Argwohn, Aggressivität und Dualismus. Humor, Kreativität und Weisheit fehlen. Ihr Geschichtsverständnis zeichne sich dadurch aus, dass dunkle Mächte, respektive der ganze Kosmos sich gegen sie verschworen hätten, um sie zu verfolgen und zu bestrafen.

> »Sie sind ohnmächtig und werden geknechtet, doch dieses akute Erleben der Opferrolle, das im Grunde ein ins Gegenteil verkehrter Grössenwahn ist – niemand hat mehr zu leiden als ich, der ich dieser Verfolgung und diesen Schikanen ausgesetzt bin –, kann in seiner pathologischsten psychotischen Ausprägung leicht ins Positive kippen: Ich stehe über meinem Peiniger, ich bin der Schöpfer, ich bin Napoleon, ich bin Jesus und so weiter« (Strozier, 2009, S. 933).

In der Welt der Paranoiker wimmle es von Verschwörungen, die als eigentliche Triebfeder der Geschichte verstanden werden und deren Urheber übergroße Gestalten oder ein Konglomerat düsterer Mächte seien. Aus psychoanalytischer Sicht handle es sich dabei um einen projektiven Vorgang, bei dem unheilvolle Kräfte, die der Betreffende in sich selbst verspüre, nach außen verlegt würden. Strozier versteht dies als eine

> »Art paranoid-projektive Rückkoppelungsschlaufe. Der grauenerregende und abstoßend böse Andere, der aus den Tiefen des eigenen Inneren entsteht, dient als ein externer Bezugspunkt, der im Paranoiker Wünsche und Phantasien wachruft, die ihn wiederum dadurch nach Erleichterung streben lassen, dass er die Imago des bösen Anderen durch weitere Projektionen intensiviert. Auf diese Weise wird das eigene Selbst im apokalyptischen Anderen [...] nach außen gekehrt« (Strozier, 2009, S. 934).

Mit anderen Worten: »Der Paranoiker durchschaut den bösen Anderen, weil er ihn selbst geschaffen hat« (ebd., S. 935). Paranoia ist der Versuch einer Restitution: Auf die Krise der psychischen Fragmentierung reagiert der Paranoiker, indem er verzweifelt das abzuwehren versucht, was er als psychisches Äquivalent des Todes erlebt. Zu diesem Zweck errichtet er aus projizierten Imagines seiner Innenwelt ein alternatives Universum imaginärer Gefahren. Diese »neue« Realität sei zwar voller Schrecken, aber sie sei zumindest vertraut. Es gibt zwar kein Entrinnen, aber wenn es gelänge, alles zu durchschauen, dann blieben weitere Qualen vielleicht – hoffentlich – erspart. Diese starr dualistische Perspektive, das Böse ist außen, um das eigene Innere gut und rein zu bewahren, »wehrt die Niedertracht durch Verschiebung nach außen ab und weist dem Selbst die Position der Tugendhaftigkeit und Rechtschaffenheit zu. Der Andere wird zur Verkörperung des Bösen und kann nicht nur, sondern *muss* ausgeschaltet werden« (ebd., S. 937). Der Paranoiker fühlt sich daher nicht nur berechtigt, sondern sogar verpflichtet, das Böse zu vernichten. Gewalt wird hier im Dienst der Angstbekämpfung eingesetzt: Ich muss gegen das Böse vorgehen und ihm zuvorkommen, ehe es mich angreift. Mit diesen Formulierungen macht Strozier dann auch deutlich, dass das Paranoide sich geradezu aufdrängt, um mit Gewalt als religiös-moralisch gerechtfertigter, ja gebotener Erlösung bekämpft zu werden (vgl. die Formulierung bei Rohde-Dachser, 2009).

Fallgeschichten

Neben den metapsychologischen Erörterungen zum Phänomen des Fundamentalismus zeichnet sich Stroziers Fundamentalismusforschung auch durch mehrjährige Feldforschung aus, die er in einem eigenen Buch veröffentlich hat (Strozier, 1994). Dieses Buch ist das Ergebnis eines auf fünf Jahre angelegten Forschungsprojekts. Strozier untersuchte mit einer Gruppe von Forschern verschiedene fundamentalistische Gruppierungen in New York City als teilnehmender Beobachter. Das Ergebnis waren 54 Interviews mit 25 Proband*innen, aus denen Strozier sechs längere Fallgeschichten konzipierte.

Er resümiert, dass alle Fundamentalisten, die er getroffen habe, ihr persönliches Narrativ als gebrochen bezeichneten. Das Selbst sei geteilt in ein Vorher und ein Nachher. Der Wendepunkt sei die Bekehrung, die zu einer persönlichen Beziehung zu Gott geführt habe. Vor ihrer Bekehrung und Wiedergeburt sei ihr Leben unerfüllt, unglücklich und voller persönlicher Traumata gewesen. Der Glaube habe sie dann geheilt. Damit kommt eine neue Erklärungsebene ins Spiel, wenn es um konkrete Personen und ihre Fallgeschichten geht und nicht um eine abstrakte kollektive Größe. In den gesammelten Narrativen dient das fundamentalistische Glaubenssystem dazu, über erlittene Traumata besser hinwegzukommen. Dies ist ganz auf der Linie Stroziers, der dem Fundamentalismus auch eine kurative Seite abgewinnen kann. So sei er bei seinen Feldstudien Menschen begegnet, »deren Leben durch die tiefgreifende Erfahrung einer Neugeburt im Glauben vor einem Scheitern bewahrt und bereichert wurde« (Strozier, 2009, S. 927). Und er führt weiter aus, dass fundamentalistische Gruppierungen »Individuen mit psychischen Problemen Halt geben, so dass ihnen Krankenhausaufenthalte und beeinträchtigende Medikamente erspart bleiben« (ebd.). Beeindruckend hierbei ist der Respekt gegenüber seinen fundamentalistischen Interviewpartner*innen und ihren Lebensgeschichten. Was bei aller Empathie meines Erachtens jedoch verwischt wird, ist das Ausmaß an Gewalt und Erbarmungslosigkeit, das den fundamentalistisch-apokalyptischen Gewaltfantasien inhärent ist.

4.4 Fundamentalismus und Identität

4.4.1 Fundamentalismus als Antwort auf Identitätsdiffusion

Verschiedene Autor*innen erachten den Fundamentalismus als willkommene Lösung eines Ringens um Identität. Die Gruppenidentität von fundamentalistischen Bewegungen mit ihren rigiden Abgrenzungen gegen andere sieht Conzen (2005) als Ausweg aus dem mühsamen Prozess, eine eigene Identität auszubilden. Er geht in seinen Ausführungen zwar vom Konzept des Fanatismus aus, versteht den Fundamentalismus jedoch als eine Art geistigen Überbau des Fanatismus. Beim Fundamentalismus werde »die Immunisierung der Identität gegen Fremdes, Andersartiges quasi institutionalisiert, in eine feste religiöse oder politische Schale gegossen« (ebd., S. 37). Die These Conzens lautet: Der drohende Identitätsverlust ist der Auslöser fanatischen Denkens. Was im Fundamentalismus unbewusst gesucht werde, sei »die Wiederbelebung eines frühkindlichen Narzissmus, die Wiederverschmelzung mit einem idealisierten omnipotenten Objekt, das Schutz, Sicherheit, Anerkennung und Unsterblichkeit verleiht« (ebd., S. 39). Conzen entwirft eine an Eriksons Entwicklungsmodell angelehnte Hypothese für die Anfälligkeit für Fundamentalismus und Fanatismus. Er bestimmt drei entwicklungsgeschichtlich relevante Aspekte im Sinne von Dispositionen:

1. *Ein erschüttertes Urvertrauen.* Grundlage eines stabilen Urvertrauens sei die verlässliche Zuwendung im ersten Lebensjahr, welche die unvermeidlichen Erfahrungen von Schmerz, Alleinsein und Angst überwiege, so Conzen. Daraus entstehe eine Art Urahnung, dass die Welt gut sei und es sich lohne, sich darauf einzulassen (ebd., S. 89). Fehle diese, nähme das Urmisstrauen, eine Mischung aus Angst und Wut, überhand und mache anfällig für alle möglichen Angebote und Versprechungen radikaler Ideologien. Diese setzten alle am Mangel dieser fehlenden Sicherheit der primären Mutterbeziehung an. »Demagogen sind gleichsam Meister der ›Schiefheilung‹ verletzten Urvertrauens‹. Das, was sie in primitiver Weise anheizen, ist die in jedem Menschen

bereitliegende Fremdenangst, deren mächtigste Wurzeln in den Erfahrungen des ersten Lebensjahres, der Begegnung mit der >bösen< bedrohlichen Mutter liegt« (ebd., S. 91). Darin, im radikalen Misstrauen gegenüber dem Andersartigen, sieht Conzen die Wurzel des fanatischen, also auch des fundamentalistischen Erlebens, eine Idee, die ebenso bei Auchter am Ursprung des Nachdenkens über Fundamentalismus steht.

2. *Die Scham.* Während die Entstehung des Urvertrauens im ersten Lebensjahr angesiedelt ist, werden die Wurzeln der Scham im Rahmen der Autonomieentwicklung im zweiten Jahr verortet. Es seien die Erfahrungen, klein zu sein, vieles noch nicht zu können und dabei allenfalls auch von übermächtigen Erwachsenen ausgelacht zu werden, die zum akuten oder chronischen Gefühl der Ohnmacht beitrügen. Conzen macht auf eine besondere Variante der chronifizierten Schamverarbeitung aufmerksam: das Ressentiment als »eine narzisstische Wunde, die sich nicht schließt und in eine Haltung chronischen Misstrauens, chronischen Revanchebedürfnisses mündet« (Conzen, 2005, S. 94). Es sei genau dieser Rachewunsch, die »Verwandlung von Ohnmacht in Allmacht«, die den psychodynamischen Kern der apokalyptischen Vorstellungen ausmache. Darüber hinaus könne in der ausgesprochen autoritären und gewalttätigen Kindererziehung vieler Fundamentalisten eine Quelle mannigfacher kindlicher Demütigung und Beschämung gesehen werden, was eine schlüssige Erklärung bietet, wie sozusagen intrafamiliär weitere Fundamentalisten »produziert« werden. Ganz explizit wird dieser Zusammenhang übrigens von Strozier im Zusammenhang seiner Fallgeschichten angesprochen. Er verweist darauf, dass Missbrauch und Gewalt in der Erziehung psychologische Bedingungen erzeugen, die das beschädigte Selbst der betroffenen Kinder für apokalyptische Glaubenssysteme empfänglich machen (Strozier, 1994, S. 164).[6]

3. *Radikalisierter Ödipuskomplex.* Hier sieht Conzen zwei gegenläufige Dynamiken am Werk. Einerseits kann ein übersteigerter Ödipuskomplex zu einer revolutionären Wut gegenüber Elternfiguren führen, die sich in radikaler Bekämpfung des Establishments äußern könne. Andererseits könne durch eine zu starke und rigide Über-Ich-Entwicklung eine gegenteilige unterwürfige Haltung gegenüber Vaterfiguren entstehen, die dazu führe, dass Werte, Normen, Gebote, das Gottgewollte in übersteigertem, fanatischem Maße bis aufs Blut verteidigt würden.

---

6 Vgl. auch Beland (2009) und den Abschnitt über evangelikale Erziehungsratgeber (Kap. 1).

Conzen geht bei seiner Konzeption davon aus, dass sich diese drei Dispositionen in den Entwicklungsumbrüchen der Adoleszenz konkretisieren und in Form von eruptiver Wut auf Idole und Feindbilder bündeln können. Damit ist Conzen einer der wenigen, der beim Nachdenken über psychische Dispositionen im Zusammenhang mit dem Fundamentalismus über die frühkindliche Genese hinausgeht und ein Modell der Zweizeitigkeit postuliert, das heißt die Phase der frühen Kindheit ebenso berücksichtigt wie diejenige der Adoleszenz (vgl. dazu auch Erdheim, 1993).

4.4.2 Fundamentalismus als maligne Regression und Verschmelzung mit der Großgruppenidentität

In der vorliegenden Arbeit wird eine individualpsychologische Perspektive verfolgt. Was dabei nicht berücksichtigt wird, ist die Gruppendynamik, die für den Entscheid, Fundamentalist zu werden und zu bleiben von hoher Relevanz ist. Im Folgenden kommt dieser vernachlässigte Teil wenigstens ansatzweise zu Wort und damit die Schnittstelle zwischen individuellen und kollektiven Faktoren, die sich in der Realität fundamentalistischer Lebenspraxis nicht voneinander trennen lassen.

Der Psychiater und Psychoanalytiker Vamik D. Volkan hat psychoanalytisches Denken nicht nur innerhalb der eigenen Praxis angewandt, sondern auch als Vermittler und Experte in zahlreichen soziopolitischen Konfliktgebieten wie Israel, Ex-Jugoslawien und der ehemaligen Sowjetunion. Dabei beschäftigte er sich intensiv mit den Prozessen der Gruppenidentität, insbesondere von Großgruppen. »Das Konzept der *Großgruppenidentität* beschreibt, wie Tausende oder Millionen von Individuen, von denen die meisten einander ein ganzes Leben lang nicht kennen lernen werden, durch ein starkes Gleichheitsgefühl aufgrund ihrer gemeinsamen Zugehörigkeit zu einer ethnischen, religiösen, nationalen oder ideologischen Gruppe miteinander verbunden sind« (Volkan, 2005, S. 7f.). Volkan unterscheidet von der Großgruppenidentität die Kernidentität, die er als Ergebnis von zwei psychischen Prozessen sieht, die üblicherweise relativ früh in der Entwicklung abgeschlossen werden: die Differenzierung und die Integration. Mit »Differenzierung« ist die Selbst-Objekt-Differenzierung gemeint, also ein Bewusstsein darüber, wo ich aufhöre und der oder das andere beginnt, mit »Integration« die Vorstellung, dass das Ich und die Objekte aus guten und bösen Anteilen bestehen. Das Ergebnis dieses zweiten Prozesses ist gemäß Volkan die Fähigkeit zur Ambivalenz, das heißt konkret, einen Menschen lieben und hassen zu können und ihn dabei als die gleiche Person erleben zu können.

In Bezug auf die spezifischen psychologischen Prozesse der Identifikation im Rahmen der Herausbildung einer Großgruppenidentität interessiert sich Volkan mehr für die Prozesse der Großgruppe als ganze als für ihre einzelnen Mitglieder, wie dies bei Freuds *Massenpsychologie* noch stärker der Fall war. Volkan entwirft das Bild einer Zeltleinwand für die Großgruppenidentität, die für die einzelnen Mitglieder zu einer »zweiten Haut« werde. Im Zusammenhang mit der vorliegenden Arbeit interessiert vor allem die Frage, inwiefern die Großgruppe mit ihrem Identitätsangebot als Entlastung psychischen Aufwands respektive psychischer Arbeit verstanden werden kann. So biete beispielsweise die Großgruppe kulturell signifikante Bilder an, die mit positiven Emotionen verknüpft sind, auf der anderen Seite aber auch »Bilder-Container«, die der Externalisierung nicht integrierter Selbst- und Objektbilder dienen. Entscheidend sind auf nationaler Ebene gewählte Ruhmestaten oder gewählte Traumata, die von Generation zu Generation weitergegeben würden und zum Mythos eines kollektiven Gebildes beitragen. Die Ruhmestaten dienen dabei der Aufwertung einer Volksgruppe, während die Traumata schwere Kränkungen darstellen, die als Grundlage für allfällige spätere Genugtuung angerufen werden können (ebd., S. 51).

Die Großgruppenidentität wird von Volkan als Phänomen im Sinne einer kulturellen Realität beschrieben, die nicht bewertet wird. Problematisch würden diese Aspekte, wenn die Großgruppe in eine regressive Dynamik gerate. Solche Prozesse zeigten sich beispielsweise dann, wenn sich Gruppenmitglieder um ihren Führer scharen, wenn es zu Spaltungen innerhalb einer Gruppe komme oder zu einer rigiden Trennung der eigenen von der benachbarten Gruppe, die schlagartig als böse und feindlich wahrgenommen werde. Anhand solcher maligner regressiver Dynamiken unterscheidet Volkan dann auch zwischen fundamentalistischen und nicht fundamentalistischen religiösen Gruppen. Kennzeichen regredierter und damit fundamentalistischer Gruppen seien demnach etwa der unbedingte Glaube an den Besitz der göttlichen Wahrheit, sei dies in Form einer Schrift und/oder der Führergestalt, die allein in der Lage ist, diese richtig zu deuten; die paradoxe Koexistenz von eigener Allmacht und kollektiver Opferidentität; die Errichtung von Barrieren zwischen der Gruppe und dem Rest der Welt; die Erwartung, dass von außen Bedrohungen und Gefahren ausgehen und die Veränderung kollektiver Moralvorstellungen bis hin zu Mord oder Massenselbstmord (ebd., S. 164).

Wie verhängnisvoll sich solche regressiven Prozesse und Identitätsauflösungen in Gruppen auswirken können, zeigt Volkan am Beispiel der fundamentalistischen Branch-Davidians-Sekte, die im Jahre 1993 durch eine wochenlange Belagerung ihrer Siedlung Mount Carmel Center in der Nähe von Waco (Texas) durch Bundesbehörden tragische Berühmtheit erlangte. Während dieser Belagerung starben Dutzende ihrer Mitglieder, darunter auch Kinder, und der Anführer David Koresh. Damals noch nicht absehbar war die verhängnisvolle Wirkungsgeschichte, welche diese Ereignisse entfalteten. Auf den Tag genau zwei Jahre später wurde ein Bombenanschlag auf ein Gebäude der Bundesregierung in Oklahoma verübt, bei dem 168 Menschen starben. Nach anfänglichen Gerüchten über islamische Fundamentalisten als Täter wurde bald klar, dass es sich um einen weniger »exotischen« Fundamentalisten handelte: Timothy McVeigh war ein Einzeltäter, der sich mit den Turner-Tagebüchern beschäftigte. Diese gelten als Standardwerk der rassistischen White-Supremacy-Bewegung in den Vereinigten Staaten, und die Behörden gingen davon aus, dass die Lektüre dieses Werks McVeigh zu seinem Attentat motivierte. Zwei Jahre zuvor hatte er in Waco als Zuschauer die Belagerung der Sekte miterlebt und war darüber offenbar so erbost, dass er sich zum Bombenattentat entschloss.

Die Bewegung der Branch-Davidians war eine Abspaltung der Sieben-Tage-Adventisten. Grund für die Abspaltung war die Überzeugung der Anhänger*innen, dass die Prophezeiungen der Bibel exakt mit aktuellen Ereignissen in Verbindung gebracht werden konnten. Dabei stützten sich die Sektenmitglieder auf die King-James-Bibel (Kap. 2) als einzig gültige Version von Gottes Wort und postulierten, dass andere Bibelübersetzungen voller Fehler und damit nicht relevant seien. Der Anführer der Gruppe war der 33-jährige David Koresh, der sich selbst diesen Namen gab. Er wird in Interviews als Person mit starkem Charisma beschrieben und von seinen Anhänger*innen gottgleich verehrt. Er betrachtete die Frauen der Gemeinschaft als seine Ehefrauen, auch wenn diese noch minderjährig waren. Was im Zusammenhang der vorliegenden Arbeit vor allem interessiert, ist die Frage, was sein Angebot für die über 100 Anhänger*innen, so attraktiv machte, dass sie offenbar bereit waren, ihm in den Tod zu folgen.

Die Mitglieder der Gruppe waren ausgeprägte Vertreter*innen einer prämillenaristischen Auffassung (Kap. 2) und damit der Überzeugung, in der Endzeit zu leben, Harmagedon würde somit hier in Waco und nicht in Israel stattfinden. Damit schuf Koresh einen Deutungshorizont, der für die weitere Entwicklung und Eskalation von Bedeutung ist.

Die Tragik bestand nach einhelliger Meinung darin, dass die involvierten Beamten wenig von der spezifischen Situation und vor allem der prämillenaristischen Interpretation der Belagerten verstanden. Die Davidianer versuchten während der Belagerung, die Beamten in Diskussionen über ihren Glauben zu verwickeln, um sie zu missionieren. Nach etwa sieben Wochen Belagerung stürmten die Beamten die Gebäude. Dabei kamen über 80 Anhänger*innen zu Tode.

Volkan versteht die Ereignisse in Waco als typischen und tragischen Anwendungsfall dessen, was er als Regression in einer Gruppe bezeichnet. Ausgangslage sind Gruppenmitglieder, die als Individuen versuchten, eigene verletzliche persönliche Identitäten zu reparieren. »Indem sie ihre bestehenden Identitäten durch die ›zweite Haut‹ der Sektenidentität ersetzen, glauben sie, den mit ihrer individuellen (oder familialen) Identität verbundenen Ängsten entfliehen zu können. Und tatsächlich verschafft ihnen dies zeitweilig Erleichterung« (Volkan, 2005, S. 146). Ebenfalls für Entlastung sorgt der Gehorsam gegenüber einer allwissenden Führungsgestalt und die Identifizierung mit Werten der Großgruppe, weil den einzelnen Anhänger*innen damit erspart bleibt, schwierige moralische Entscheidungen zu treffen (Volkan, 2005, S. 158).

Volkan geht davon aus, dass sich die Bedürfnisse der Gruppenmitglieder und diejenigen ihrer Führer gegenseitig bedingen: Während Führergestalten danach streben, für die Gruppenmitglieder elterliche Funktionen zu übernehmen, um dadurch die eigene in der Kindheit mangelhafte elterliche Fürsorge zu ersetzen oder zu reparieren, suchen die Anhänger*innen in der Führergestalt eine neue Elternfigur, in der Hoffnung durch diese ihre eigenen Kindheitstraumata zu überwinden. Tragischerweise erleben sie in fundamentalistischen Gruppierungen kaum je wirklich gute Elternfiguren, auch wenn es in den seltensten Fällen so dramatisch und tödlich endet wie in dieser fundamentalistischen Sekte der Branch-Davidians.

Volkan knüpft mit seinem Konzept der Großgruppenidentität an die Freud'sche Massenpsychologie (1921) an. Wo bei Freud allerdings noch die Rede davon war, dass der Führer an die Stelle des Ich-Ideals gesetzt werde und somit eine *Identifizierung* stattfindet, wird dieser dynamische Begriff bei Volkan zum statischeren der *Identität*. Brunner (2019) betont diese Differenz in den beiden Begriffen, weil erst durch diese Unterscheidung deutlich werde, dass »die eigene Position [...] erst über einen aktiven Prozess auch zu etwas Innerpsychischem wird – und dass aufgrund dessen auch ein distanzierender Umgang dazu möglich ist« (S. 11). Im Unterschied dieser beiden ähnlichen, aber doch verschiedenen Begriffe zeige sich, dass es einen Umgang mit den zahlreichen Identifizierungsangeboten geben könne und darin zeige sich wiederum ein Stück Selbstständigkeit und Verantwortung. Ob jemand zum Nationalisten oder zum Fundamentalisten werde, hänge gewiss mit der Großgruppe, in denen ein Individuum lebt, zusammen, aber eben nicht ausschließlich. Brunner betont, dass es sich bei solchen Identifizierungsprozessen um Prozesse der Aneignung und Verwendung handle, die nicht automatisch quasi mit der Kernidentität des heranwachsenden Individuums verwoben würden.

4.5 Fundamentalismus als verkappter Nihilismus

Einen ganz eigenen Ansatz vertritt Türcke (2014). Er zeichnet sich durch besondere Originalität und überraschende Verknüpfungen aus. Sein Verdienst besteht darin, nicht primär das offensichtlich Abstoßende und Widersprüchliche am religiösen Fundamentalismus zu kritisieren. Vielmehr versucht er zu verstehen, was an ihm attraktiv sein könnte, mit anderen – schon ziemlich theologisch getauften – Worten, worin seine »Versuchung« liegt.

Dass Wahrheit etwas Auszuhandelndes ist und nicht etwas von vornherein Gegebenes darstellt, kann seit der Aufklärung als gesellschaftlicher Konsens betrachtet werden. Aus Sicht des Fundamentalisten ist sie das nicht, sondern schlicht unnötig. »Wer sie nötig hat, dem fehlt das Beste: die sich von selbst verstehende Gewissheit, das wortlose Einverständnis. Und wer sehnte sich nicht danach?«, schlüpft Türcke selbst sozusagen in die Rolle des fundamentalistischen Verführers (2014, S. 9). Der Fundamentalist tut so, als sei er im Besitz dieses ersehnten Guts. Türcke geht nun davon aus, dass mit der Empörung gegen den Fundamentalisten auch verstohlener Neid im Zusammenhang steht. Dabei gehe es weniger um bestimmte Inhalte, die eine fundamentalistische Position ausmachen, als vielmehr um eine bestimmte Haltung, selbst dann, wenn Inhalte dezidiert demokratisch erschienen: »Wenn man sich auf ›westliche Werte‹ ebenso versteift wie der Fundamentalismus auf heilige Schriften, dann verhält man sich nicht nur wie er, man gerät auch ins Hintertreffen. Wer sich zu demokratischen Grundbegriffen wie zu Glaubenssätzen verhält, der ist schon ins Kraftfeld des Fundamentalismus getreten« (ebd., S. 10). Dies habe sich auf entlarvende Weise auch nach den Terroranschlägen in New York am 11. September 2001 gezeigt. Dort sei deutlich geworden, wie der Fundamentalismus auf seine Widersacher abgefärbt habe,

> »wie seine Militanz auch sie militanter macht, sein Insistieren auf letzten Gründen auch sie härter auf Grundwerte pochen lässt und sie schließlich vor die Frage stellt: Wer es wirklich ernst meint mit Grundwerten, kann der sich anders zu ihnen verhalten als zu einem unbedingt gültigen Fundament, also fundamentalistisch?« (ebd., S. 11).

Und er schlüpft nochmals in die Rolle des fundamentalistischen Versuchers, wenn er den Leser*innen gleichsam zuraunt:

> »Macht euch doch nichts vor; auf die Dauer haltet ihr das hektische, unsichere moderne Dasein nicht aus, wenn ihr eure Existenz nicht auf ein stabiles Fundament

gründet, das euch ein Leben lang Halt gibt. Und die demokratischen Grundbegriffe sind viel zu undefiniert und unpersönlich, um das zu leisten. Nur eine unbezweifelte, unzerredete höhere Macht ist dazu in der Lage. Entweder ihr habt ein Fundament oder ihr habt nichts« (ebd., S. 11f.).

Ausgehend vom Darwinismus und seiner Bekämpfung durch den Fundamentalismus erinnert Türcke daran, dass Freud die Darwin'sche Lehre als eine der drei großen narzisstischen Kränkungen bezeichnet hat, welche die Neuzeit dem modernen Menschen zugefügt hat. Aufgrund dieses kränkenden Potenzials, das die göttliche Abstammung des Menschen infrage stellt, ist sie eine Theorie, der eine grund- und ziellose und damit haltlose Entwicklung innewohnt. Darwins Theorie raubt den Fundamentalisten ihren letzten Grund, und damit die Basis ihres Selbstverständnisses, deshalb haben sie sich so immens dagegen gewehrt. Aber, so Türcke, ihr Sträuben habe eben auch etwas Erhellendes: »Es legt die Triebstruktur im Begründungsvorgang bloß« (ebd., S. 23). Und damit sei der Fundamentalismus »das große moderne Sich-Sträuben gegen die Selbstzerstörung der Letztbegründung« (ebd.). Und, so Türcke weiter, das sei so etwas wie ein allgemein menschliches Bedürfnis und käme damit einem Trieb gleich: die Leerstelle des letzten Grundes, die an eine tiefe Wunde rühre, die jeder moderne Mensch irgendwo verspüre. Während Nietzsche aber klar gewesen sei, dass an diesem Nihilismus kein Weg vorbeiführe, sei der Fundamentalismus der verzweifelte Versuch, ihn zu umgehen. Dieser beschließe vielmehr, da nicht mitzutun, aus der Entwicklung der Neuzeit auszusteigen und zurückzukehren zum vermeintlich ursprünglichen festen Fundament, zum Fels des Glaubens. »Hier wird ein Nihilismus praktiziert, der auch noch verneint, einer zu sein und sich in dieser Verneinung verhärtet, sich auf ein Fundament versteift, dessen Wegbrechen er aufs Deutlichste verspürt« (ebd., S. 51). Erst dort also, wo der Trieb nach Letztbegründung damit beschäftigt sei, sich wider besseres Wissen gegen die eigenen Zweifel abzuschotten, sich gleichsam zu »imprägnieren«, werde der Fundamentalismus zu dem dogmatischen Bollwerk, das ihn ausmache.

Oder nochmals etwas anders hergeleitet: Wenn ein Symbol als Symbol begehrt wird, heißt das, es wird das begehrt, wofür es steht. Das Symbol ist quasi Mittler des Begehrens, nicht sein eigentliches Objekt. Dem Symbol gilt libidinöse Energie nur indirekt, mittelbar. »Ein Symbol um seiner selbst willen begehren heißt hingegen, es vom Leiter zum Objekt zu machen. Es hört auf, Symbol zu sein und wird zu dem, wofür es bloß stehen sollte: zur Sache selbst« (ebd., S. 112). Diesen Vorgang deutet Türcke nun als einen Akt der Entsublimierung. Das Symbol werde so zum Fetisch. »Der Fundamentalismus lädt Objekte mit Heiligkeit auf, deren profaner, ja trivialer Status offensichtlich ist« (ebd., S. 144). Im protestantischen Fundamentalismus ist dies der Buchstabe der heiligen Schrift. Darin, in dieser »Vergötzung profaner Dinge, von denen jeder weiß, dass sie nicht heilig sind und die gleichwohl heilig gehalten werden« (ebd., S. 147) zeigt sich der nihilistische Kern des Fundamentalismus.

4.6　Fazit

Die vorgestellten Arbeiten decken ein breites Spektrum psychoanalytischer Interpretation des religiösen Fundamentalismus ab. Dabei gelangen verschiedene metapsychologische Modelle zur Anwendung, die viel Erhellendes zum Phänomen beitragen. Eher implizit wird dabei vorwiegend auf das dualistische Prinzip des Fundamentalismus als zentrales Merkmal Bezug genommen: Die radikale Aufteilung in Gut und Böse wird je nach eigenem Schwerpunkt mit den Konzepten des primären Narzissmus als Idealisierung und Spaltung/Projektion verstanden, oder aber objektbeziehungstheoretisch in Anlehnung an die Klein'sche Terminologie als Spaltung im Rahmen der paranoid-schizoiden Position. Andere Ansätze gehen davon aus, dass der Fundamentalismus eine willkommene Entlastung bietet für die psychische Arbeit der Identitätsbildung. Fast alle Ansätze sehen im Fundamentalismus die Integration guter und böser Anteile und damit die Fähigkeit zur Ambivalenz als gescheitert an.

Bei aller Würdigung der dargestellten Arbeiten kommt meines Erachtens allerdings ein Punkt zu kurz: Es findet keine ausreichende Auseinandersetzung damit statt, was Fundamentalismus ist und was nicht. Mit anderen Worten: Es werden Theorien entwickelt, ohne vorher präzise genug zu beschreiben, worauf sich diese Theorien beziehen, worüber man also genau Aussagen macht. Das zeigt sich zum Beispiel an der Frage, über welchen Fundamentalismus man schreibt: über den christlichen oder den islamischen oder über einen universalreligiösen? Oder geht es um viel allgemeinere Strömungen wie Fanatismus, religiös legitimierte Gewalt? Lassen sich Populismus, Terrorismus, Fanatismus, Fremdenfeindlichkeit, Antisemitismus über einen Kamm scheren und gelten die referierten Analysen für alle diese Phänomene in gleicher Art und Weise? Was will man eigentlich untersuchen, was ist das Erkenntnisinteresse, wenn man einen psychoanalytischen Beitrag zum Fundamentalismus leisten will?

5 Ein objektbeziehungs-
theoretischer Zugang
zum Fundamentalismus

» [...] das Problem der Ideologie besteht nicht in ihrer Falschheit, von der wir
überzeugt werden können, sondern in ihrer Wahrheit, die wir bereits akzeptiert
haben, ohne es zu wissen « (Voyou, zit. nach Fisher, 2020, S. 176). Es ist für einen
aufgeklärten Menschen nicht besonders schwierig, die » falschen « Grundannahmen des religiösen Fundamentalismus zu erkennen, wie es das Zitat nahelegt.
Damit ist aber noch nichts an Erkenntnis gewonnen, was den Fundamentalismus
als Ideologie so attraktiv macht. Bevor wir uns dieser Frage widmen können, gilt
es aber noch eine Grundsatzfrage zu klären.

5.1 »slippery ground« – Ideologie auf der Couch?

Die hinlänglich bekannte Kritik, dass man eine Ideologie nicht auf die Couch
legen könne, und die Psychoanalyse nur dann etwas zu sagen habe, wenn sie
es mit Patient*innen im Behandlungszimmer zu tun habe, hält sich hartnäckig.
Exemplarisch für diese Position sei hier der Aufsatz von Abella (2018) erwähnt.
Ihre Leitfrage lautet: Kann die Psychoanalyse zum Verstehen des Fundamentalismus beitragen? Und wenn ja, unter welchen Bedingungen? Im Folgenden
werden dann verschiedene Arbeiten aufgezählt, die sich um eine psychoanalytische Herangehensweise an das Phänomen des Fundamentalismus bemüht
haben, die dem Urteil Abellas jedoch nicht standhalten. Es handelt sich dabei
um nicht viel mehr als um eine Aufzählung in Stichworten, die im Anschluss
allesamt als Simplifizierungen komplexer kultureller und sozialer Phänomene
beurteilt werden. All diese Arbeiten verleugneten die Grenzen der Psychoanalyse, so Abella weiter. Auch wenn ich dieses Urteil über andere Arbeiten so
nicht teile, wirft sie eine wichtige methodische Frage auf: Die Gefahr bei jeder extraklinischen Anwendung der Psychoanalyse bestehe darin, dass jeder
Forscher bestimmte Theorien auf das » stumme Material « anwende, das sich
nicht wehren und damit nichts zur Verifizierung oder Falsifizierung beitragen

könne, anders als die Situation mit Patient*innen innerhalb des klinischen Settings. Schon Freud habe davor gewarnt: Man bewege sich auf einem »slippery ground« bei der Anwendung der Psychoanalyse auf Biografie und Literatur (zit. nach Abella, S. 647). Dem ist entgegenzuhalten, dass ein möglicher Ausweg aus diesem Dilemma mit dem »stummen Material«, das mehr als Projektionsfläche zu dienen droht, denn als Analyse-Objekt, in der eigenen Haltung zu suchen ist. Es kommt in erster Linie darauf an, wie man die eigene analytische und hermeneutische Arbeit versteht: als Aussagen mit absolutem Wahrheitsanspruch oder als diskussionswürdige Hypothesen, die einen bestimmten Aspekt beleuchten, und andere Perspektiven, gerade auch von anderen Disziplinen, nicht ausschließen.

Einen zweiten Fallstrick sieht Abella darin, dass gerade bei Terroranschlägen mit vielen Opfern die Affekte so hochgehen, dass sie zu kurzschlüssigen psychoanalytischen Deutungen verleiten (ebd., S. 648; vgl. Diskussion dieses Problems in der Einleitung). Abella beschließt ihre Ausführungen zu psychoanalytischen Arbeiten über den Fundamentalismus mit dem Urteil, diese seien »tautologisch« und produzierten »heiße Luft« (ebd., S. 649). Sie geht davon aus, man könne nur dann individualpsychologische Aussagen machen, wenn man Fundamentalisten bei sich in der Praxis auf der Couch liegen habe. Im klinischen Behandlungszimmer sei der Boden weniger »slippery«. Hier könne gut untersucht werden, welche Bedürfnisse der Fundamentalismus für viele Menschen so attraktiv mache. Als klinisches Fallbeispiel berichtet sie dann verblüffenderweise von der Psychotherapie eines Neonazis, ohne zu begründen, wie sie dazu kommt, Faschismus und Fundamentalismus als gleiche oder ähnliche Phänomene zu betrachten. Auch wenn es sich um zwei Ideologien handelt, die einige Parallelen aufweisen (Kap. 3), existieren eben auch bedeutsame Unterschiede.

Abella plädiert für einen Fundamentalismus als »universales Phänomen«, eingebettet in »elementare Ängste und Bedürfnisse«, die zu jedem Menschen gehörten. Sie plädiert für einen »operationalen Fundamentalismus«, wo wir spalten und uns unkritisch auf Gewissheiten verlassen und blind vertrauen können.

Freud war sich der Probleme bei der Ausweitung der Psychoanalyse auf das nicht-klinische Feld durchaus bewusst. Er hat sich dennoch nicht davon abschrecken lassen und sich immer wieder auf diesen rutschigen Boden begeben. So hat er einige Schriften zur Religion, zur Kultur und auch zur Kunst verfasst, ohne dabei beispielsweise den »Mann Moses« auf die Couch zu legen. Allerdings, und darin durchaus in Übereinstimmung mit Abellas methodischen Fragen, sollte man klären, was genau man untersuchen möchte.

5.2 Adorno: Ideologie und Ideologiekritik

Grundlage für die hier vertretene Art der Auseinandersetzung mit der Ideologie des Fundamentalismus sind die Arbeiten Adornos. Diese sind alle über ein halbes Jahrhundert alt, und es stellt sich die Frage, ob sie genügend aktuell sind, zumal die Begriffe der Ideologie und der Ideologiekritik durchaus etwas in Vergessenheit geraten sind, und zwar nicht zuletzt wegen ihrer Orientierung an den Kategorien »wahr« und »falsch«. In ihrem Buch über »Halbwahrheiten« in einem postfaktischen Kontext führt Gess dies auf die grundsätzliche Ablehnung eines normativen Wahrheitsbegriffs durch postmoderne Theoretiker*innen zurück. Sie wirft dann die Frage auf, ob nicht gerade »heute, wo sich die Frage von Wahrheit und Falschheit neu stellt, seine Renaissance notwendig« sei (Gess, 2021, S. 17), und sie verdeutlicht in Anlehnung an Adorno, dass der Verzicht auf einen wie auch immer gefüllten Wahrheitsbegriff zu einem verheerenden Relativismus führen kann, an dessen Stelle »eine normative Macht des Faktischen, dessen Alternativlosigkeit die Frage nach der Wahrheit in Relativismus, Zynismus oder Autoritarismus kippen lässt« treten kann (Gess, 2021, S. 29). Der Verzicht auf die Frage nach Wahrheit, respektive eine Unterscheidung dessen, was Tatsachen und was Meinungen sind, scheint demnach ein Vakuum zu hinterlassen, welches gegenüber totalitären und autoritären Systemen, zu denen der Fundamentalismus zweifelsohne zählt, anfällig macht.

In den *Studien zum autoritären Charakter* (2017) untersuchten Adorno und Kolleg*innen der Berkeley-Gruppe das Phänomen des Faschismus. Ihr Interesse galt dem potenziell faschistischen Individuum und der Frage, wie die psychische Struktur derjeniger Menschen beschrieben werden kann, die besonders empfänglich für faschistische, antidemokratische Propaganda sind.

> »Die Kritik der totalitären Ideologien hat nicht diese zu widerlegen, denn sie erheben den Anspruch von Autonomie und Konsistenz überhaupt nicht oder nur ganz schattenhaft. Angezeigt ist es ihnen gegenüber vielmehr, auf welche Dispositionen in den Menschen sie spekulieren, was sie in diesen hervorzurufen trachten, und das ist höllenweit verschieden von den offiziellen Deklamationen« (Adorno, 2018, S. 466).

Adorno ging bei seiner Frage, warum eine Ideologie für manche Menschen attraktiv sein könnte, und für andere nicht, von einigen Grundannahmen aus. Die Ausgangshypothese lautet: Ideologien, verstanden als politische, wirtschaftliche und gesellschaftliche Überzeugungen eines Individuums bilden ein kohärentes, durch eine Mentalität zusammengehaltenes Denkmuster. Dieses Denkmuster ist Ausdruck latenter Züge der individuellen Charakterstruktur. Eine weitere Hypothese führt diese erste Grundannahme weiter: Die Empfänglichkeit eines Individuums für bestimmte Ideologien sei in erster Linie (wenn auch nicht nur) von psychischen Bedürfnissen abhängig. Dabei ist von Bedeutung, zwischen Ideologie und Bedürfnissen, welche der Ideologie zugrunde liegen, zu unterscheiden: Gleiche ideologische Trends können bei verschiedenen Individuen unterschiedliche Ursachen haben. Gleiche persönliche Bedürfnisse können sich in unterschiedlichen ideologischen Trends ausdrücken. Damit ist auch gesagt, dass es sich bei einer Ideologie um eine kollektive Größe handelt, die bereits existiert und insofern ein Angebot von außen ist. »Ideologien bestehen unabhängig vom Einzelnen« (Adorno, 2017, S. 3). Sie sind nicht ausschließlich im Bereich der Individualpsychologie von Bedeutung, sondern gleichzeitig in der Gesellschaft zu verorten. »Die Selbständigkeit geistiger Produkte, ja die Bedingung ihrer Verselbständigung selbst wird im Namen Ideologie zusammengedacht mit der realen geschichtlichen Bewegung der Gesellschaft. In ihr entspringen die Produkte und in ihr üben sie ihre Funktion aus« (Adorno, 2018, S. 457). Diese doppelte Zugehörigkeit ist insofern wichtig, als damit bestimmte Vorstellungen, wie die Idee eines »primären Fundamentalismus« (Auchter, 2016) nicht in Betracht kommen (Kap. 4).

Adorno geht nun noch einen Schritt weiter, wenn er schreibt, dass hinter den Bedürfnissen die Charakterstruktur stehe, welche die Bedürfnisse organisiere. Insofern könne der Charakter als »Determinante ideologischer Präferenzen betrachtet werden« (Adorno, 2017, S. 7). Wie ist die Beziehung zwischen Charakterstruktur und Ideologie gedacht? Die Charakterstruktur wird »als eine Agentur [verstanden], die soziologische Einflüsse auf die Ideologie vermittelt« (Adorno, 2017, S. 8). Wenn die Rolle der Charakterstruktur transparent gemacht werden kann, lasse sich besser begreifen, welche soziologischen Faktoren die entscheidenden sind und wie sie wirken. Auch wenn die Charakterstruktur für etwas relativ Dauerhaftes steht, ist sie doch eher ein Potenzial, eine Bereitschaft, eine Disposition zu einem Verhalten und nicht das Verhalten selbst. Ob also jemand tatsächlich Faschist bzw. Fundamentalist wird, hängt ganz entschieden auch von äußeren Faktoren ab. In manchen Fällen spricht das Individuum bloß die Ansichten nach, die in seinem sozialen Milieu als gegeben betrachtet werden und die zu hinterfragen es keinen Grund sieht. Fundamentalist kann man werden, indem man in eine bestimmte Freikirche oder religiöse Gruppe hineingeboren wird, weil die Eltern dort aktiv sind. In anderen Fällen hat man sich für eine bestimmte Gruppe entschieden, weil diese die Ideale vertritt, mit denen man bereits sympathisierte.

Die Frage nach der psychischen Bereitschaft für eine bestimmte Ideologie steht in einer verwandtschaftlichen Nähe zum Konzept der psychosozialen respektive institutionellen Abwehr von Mentzos (1988). Dessen Leitfrage würde auf den Fundamentalismus angewandt lauten: Wie sieht das Konglomerat aus Wünschen, Ängsten, Konflikten und strukturellen Voraussetzungen eines Individuums aus, damit das Angebot des Fundamentalismus als psychosoziale Abwehr fungieren kann? So geht Mentzos etwa davon aus, dass der Mensch auf Befreiung und Entlastung von Schuld, Scham und Selbstverachtung angewiesen ist, nicht ohne auf die kritische Konsequenz dieser Ausgangslauge hinzuweisen: Dieses Bedürfnis mache ihn zum Opfer derjenigen, die ihm entsprechende Linderung zu bieten und zu verkaufen wüssten (ebd.).

Die interessierende Frage ist: Warum lassen sich Menschen so leicht von Propaganda, die ihnen ein besseres Leben verspricht, täuschen? Adornos Antwort lautet: Weil es ihrer Charakterstruktur entspricht. »Weil [...] lange bestehende Sehnsüchte und Erwartungen, Ängste und Unruhen die Menschen für bestimmte Überzeugungen empfänglich und anderen gegenüber resistent machen« (Adorno, 2017, S. 13). Mich interessiert, analog zu Adorno, diese potenzielle Bereitschaft, dieser psychische Aspekt des Individuums, der für die fundamentalistische Ideologie empfänglich machen könnte. Es geht mir nicht um Produktion und Dynamik fundamentalistischer Propaganda. Das ist eine andere Fragestellung, die Aspekte der Gruppendynamik und der Massenpsychologie viel ausführlicher miteinbeziehen müsste. Ich übernehme also die Grundüberlegungen Adornos, die er im Zusammenhang mit der Ideologie des Faschismus formuliert hat und wende sie auf die Ideologie des Fundamentalismus an. Whitebook betont in diesem Zusammenhang:

> »so wie der Faschismus den historischen Horizont bildete, vor dem die klassische Frankfurter Schule ihre Position entwickelte, so definiert meiner Ansicht nach der weltweite Aufstieg des Fundamentalismus [...] den Kontext, in dem die psychoanalytischen Gesellschaftstheoretiker von heute ihren Standpunkt definieren müssen. Wie Horkheimer und Adorno, die sich die tiefenpsychologischen Ressourcen der Psychoanalyse zunutze machten, um den Wahnsinn zu verstehen, dem sie sich gegenübersahen, müssen wir Heutigen eben diese Ressourcen einsetzen, um den verbreiteten Irrationalismus zu begreifen, der unsere Zeit kennzeichnet« (Whitebook, 2009, S. 827f.).

5.3 Der Beitrag der Objektbeziehungstheorie

Die von Adorno vertretene Theorie der Charakterstruktur lehnt sich recht konsequent an die Freud'sche Triebtheorie an. Ich stütze mich im Folgenden mehr auf objektbeziehungstheoretische Konzepte, insbesondere auf die von Ogden herausgearbeiteten »erfahrungsbildenden Modi«: den depressiven Modus, den paranoid-schizoiden Modus und den autistisch-berührenden Modus. Während die ersten beiden Modi von Melanie Klein als depressive und paranoid-schizoide Position eingeführt wurden, stellt der dritte Modus einen genuinen Beitrag Ogdens dar, der allerdings in der vorliegenden Arbeit nicht berücksichtigt wird. Ogden versteht diese drei erfahrungsbildenden Modi als Komponenten eines dialektischen Prozesses menschlicher Erfahrungsbildung. Er konzipiert menschliche Erfahrung grundlegend als das Ergebnis des dialektischen Zusammenspiels dieser drei erfahrungsbildender Modi in dem Sinne, dass jeder einzelne Modus für sich allein nicht bestehen könne, sondern nach den anderen beiden Polen verlange, etwa so wie ein Konzept des Bewussten nur sinnvoll ist, wenn es in Relation zum Unbewussten steht (Ogden, 2006). Jeder der drei erfahrungsbildenden Modi lässt sich gemäß Ogden durch folgende vier Charakteristika kennzeichnen (2006, S. 10):

1. eine bestimmte Form von Symbolbildung,
2. spezifische Abwehrmechanismen,
3. eine spezifische Form der Objektbeziehung und
4. den Grad der Subjektivität.

Diese vier Charakteristika eignen sich gut, um die psychologischen Charakteristika, die mit fundamentalistischer Religiosität verbunden sind, zu beschreiben (ausführlicher dazu Kap. 6).

Die Entscheidung für eine objektbeziehungstheoretisch geprägte Metapsychologie bedeutet eine Akzentuierung. Fundamentalismus ist ein vielschichtiges Phänomen, das auch mit einem anderen Fokus, beispielsweise der patriarchal geprägten Sexualitätsmoral, beleuchtet werden kann (Riesebrodt, 2001). In diesem Fall würde sich eher eine triebtheoretische Perspektive anbieten (z. B. Grunberger, 1982; Chasseguet-Smirguel, 1989; Davis, 2006). Meines Erachtens schließen sich die beiden Perspektiven nicht aus. Der Fokus auf der Triebfeindlichkeit und auf sexuellen Tabus scheint mir allerdings für die christliche Religion überhaupt prägend zu sein, auch wenn sich diese im Fundamentalismus nochmals deutlich zuspitzt.

Während sich ein Teil der religionspsychologischen Schriften Freuds mit dem katholischen Ritus auseinandersetzte und er diese Art der Frömmigkeit aus triebtheoretischer Sicht in durchaus nachvollziehbarer Art und Weise als »universelle Zwangsneurose« (Freud, 1907, S. 139) bezeichnen konnte, die das Individuum davor bewahre, eine individuelle Zwangsneurose zu entwickeln, zeichnen sich fundamentalistische Varianten der Religiosität durch eine andere Psychodynamik aus, und wie noch zu zeigen sein wird, insbesondere durch eine andere psychische Struktur, was meines Erachtens objektbeziehungstheoretische Modelle nahelegt. Darüber hinaus hat sich in den letzten hundert Jahren das Nachdenken über religiöse Phänomene aus psychoanalytischer Sicht markant verändert.

5.3.1 Paradigmenwechsel im Verhältnis von Psychoanalyse und Religion

Wenn sich die Psychoanalyse dem Thema der Religion und dabei vorwiegend deren destruktiven Seiten widmet, ist eine kurze Einführung der Verhältnisbestimmung zwischen diesen beiden Gebieten erforderlich. Dieses Verhältnis wird zuweilen gar als »Nicht-Verhältnis« bezeichnet (Bohleber & Klumbies, 2009, S. 11). Dabei dürften damit weniger die aktuellen Verhältnisse gemeint sein, als diejenigen zu Zeiten Freuds. Denn im Gegensatz zu Freuds Haltung gegenüber der Religion, die sich dezidiert religionskritisch präsentierte, hat in neuerer Zeit eher eine Annäherung von Psychoanalyse und Religion beziehungsweise Theologie stattgefunden, die weniger als problematisches Verhältnis, als vielmehr eine Begegnung in erstaunlich gutem Einvernehmen erscheint. Die Frage drängt sich auf, was aus der religionskritischen Potenz der Psychoanalyse, wie Freud sie vertrat, geworden ist. Seine Einschätzung religiöser Phänomene zeichnet sich durch eine radikale Entmythologisierung aus:

> »Ich glaube in der Tat, dass ein großes Stück der mythologischen Weltauffassung, die weit bis in die modernsten Religionen hinein reicht, nichts anderes ist als in die Außenwelt projizierte Psychologie. [...] Man könnte sich getrauen, die Mythen vom Paradies und Sündenfall, von Gott, von Guten und Bösen, von der Unsterblichkeit u. drgl. in solcher Weise aufzulösen, die Metaphysik in Metapsychologie umzusetzen« (Freud, 1904, S. 287f.).

Diese Aussage ist formal gesehen das Programm der Freud'schen Religionspsychologie: Religiöser Glaube als Projektion innerpsychischer Vorgänge in die Außenwelt. Ob man dabei die Formulierung Freuds, dass die Religion »nichts anderes als« projizierte Psychologie sei, übernehmen will und sich somit atheistisch positioniert, ist Ansichtssache. Meines Erachtens ist diese Formulierung zu theologisch gedacht. Eine agnostische Position, die sich generell jeglicher Aussagen über die Existenz oder das Wesen eines göttlichen Objekts enthält, scheint mir angemessener. In vergleichbarer Art und Weise lassen die Objekte, Figuren, Personen, die Patient*innen und Analysand*innen erwähnen, auch keine Rückschlüsse auf diese Personen zu, sondern können nur als Aussagen der Patient*innen verstanden werden.

Freud stützte seine Religionspsychologie hauptsächlich auf die Vaterbeziehung: »Die Psychoanalyse hat uns den intimen Zusammenhang zwischen dem Vaterkomplex und der Gottesgläubigkeit kennen gelehrt, hat uns gezeigt, dass der persönliche Gott psychologisch nichts anderes ist als ein erhöhter Vater« (Freud, 1910, S. 195). Freud sah in der Ambivalenz des Vaterverhältnisses, der gleichzeitig bestehenden Furcht vor ihm und der Sehnsucht nach seinem Schutz, die Wurzeln des Religiösen. Die stärksten Kräfte für die Ausbildung religiöser Betätigung liegen demnach in der Abwehr kindlicher Hilflosigkeit und im Bedürfnis nach Schutz gegen die so erlebte Ohnmacht. Gläubige Menschen wendeten sich in dieser Vorstellung an ein göttliches Objekt wie an den beschützenden Vater. Allerdings, so Freud weiter, seien religiöse Vorstellungen Illusionen, denn sie seien ausnahmslos aus kindlichem Wunschdenken gespeist. Die Religion könne zwar dazu dienen, Leiden zu ersparen und Glück zu erwerben, der Preis aber sei hoch: Er führe gemäß Freud zu einem psychischen Infantilismus, den es zu überwinden gelte.

Das Problem an dieser Position Freuds war, dass er das Illusionsbedürfnis des Menschen eliminieren wollte zugunsten eines optimistischen Verständnisses von Wissenschaft und Vernunft. Whitebook meint dazu, »dass die Annahme, Illusion ließe sich eliminieren, ihrerseits eine Illusion ist« (Whitebook, 2009, S. 836). Er sieht in der Position Freuds einen Widerspruch, wenn dieser einerseits religiöse Vorstellungen als Wunscherfüllungen betrachtet, andererseits aber vertritt, dass sich diese infantilen Wünsche im Laufe der »Erziehung zur Realität« irgendwann in Luft auflösten. Nicht zuletzt aufgrund dieser Schwächen in der Freud'schen Position hätten sich die Verhältnisse verschoben und es habe sich »in der Psychoanalyse eine neue Art von Langmut gegenüber der Religion entwickelt« (ebd.), oder sogar eine Art von schlechtem Gewissen aufgrund der früheren Angriffe der Psychoanalyse auf die Religion. So tritt die neue Haltung als eine alte zutage, ganz nach dem Motto: »Die Religionskritik der Aufklärung hat sich als unzureichend erwiesen, woraus folgt, dass die Gültigkeit der religiösen Position, wie sie vor der Kritik bestand – der Status quo ante – wiederhergestellt werden sollte« (Whitebook, 2009, S. 837). Dieser Rückschritt kann aber nicht die Lösung des unbefriedigenden Freud'schen Ansatzes sein. Vielmehr stellt sich die Frage nach dem Schicksal »der ältesten, stärksten, dringendsten Wünsche der Menschheit«, da nicht davon auszugehen ist, dass diese auf magische Art und Weise verschwinden. Darüber hinaus mag die Religion zwar existenzielle Fragen aufwerfen, aber nicht die passenden Antworten zur Verfügung stellen, jedenfalls nicht für alle.

Die Grundlage für ein versöhnlicheres, aber eben relativ unkritisches Verhältnis zwischen Psychoanalyse und Religion wurde in den 1950er Jahren gelegt. Durch die Erforschung der präödipalen Mutter-Kind-Beziehungen wurden religiöse Phänomene neu interpretiert. Nicht mehr der Vater wurde als hauptsächlicher Garant des Schutzes gesehen, vielmehr sei es die Mutter, die dem Kind primär den anfangs erforderlichen Schutz, die Geborgenheit und das Vertrauen in die Welt vermittle. Das religiöse Erleben wurde neu in der frühen Mutter-Kind-Dyade lokalisiert, womit ein positiveres Verständnis von Religion einherging. Ab den 1970er Jahren entstanden viele Arbeiten, die den psychologischen Ort der religiösen Erfahrung in der frühen Mutter-Kind-Beziehung und der dort erlebten primärnarzisstischen Einheit verorteten. Diese bildet »die psychologische Basis für die religiöse Erfahrung eines letzten, absoluten grandiosen Objekts und die Begegnung mit ihm« (Bohleber, 2010, S. 816).

Der Ansatz für das Verständnis religiöser Phänomene ging in neuerer Zeit also mehr von der Beziehung zur Mutter und der entsprechenden Abhängigkeit des Kindes von ihr aus. Vor allem die Objektbeziehungstheorie fokussierte auf diese Abhängigkeit und die Schritte aus dieser Abhängigkeit heraus. Was dies für religiöse Phänomene bedeutet, hat Britton in verschiedenen Beiträgen herausgearbeitet.

5.3.2 Glaube als Objektbeziehung

Britton (2001) geht davon aus, dass der Glaube an etwas ein ganz ähnlicher Vorgang ist, wie Objekte zu besetzen. »Ein Glaube ist eine Phantasie, die mit den Eigenschaften eines psychischen Objekts ausgestattet worden ist, und zu glauben bedeutet, sich auf ein Objekt zu beziehen. Wir sprechen über Glauben genauso, wie wir über eine Beziehung sprechen würden« (Britton, 2001, S. 26). Als Konsequenz davon macht Britton auf eine bedeutsame Analogie aufmerksam. »Ähnlich wie unsere wichtigsten zwischenmenschlichen Beziehungen können wir die Glaubensvorstellungen, die uns am meisten bedeuten, nur durch einen Trauerprozess aufgeben. Nach meiner Erfahrung haben Menschen, denen es schwerfällt, ein Objekt aufzugeben, auch Schwierigkeiten, Glaubensvorstellungen und Überzeugungen aufzugeben« (ebd., S. 26). Das heißt, Glaubensvorstellungen können nicht ohne Trauer aufgegeben werden. Menschen, die ihre unglaubwürdig gewordenen Glaubensvorstellungen nicht aufgeben können, können auch ihre verlorenen Objekte nicht aufgeben. Eine der Glaubensvorstellungen, die im Zusammenhang mit dem Verlust eines Objekts aufgegeben werden müssten, wäre die Überzeugung, ohne das verlorene Objekt nicht mehr weiterleben zu können. Analog dazu können, so Britton, manche Menschen nicht akzeptieren, dass ihre Glaubensvorstellungen entbehrlich sind.

Diese dezidiert vom Objekt her gedachte Perspektive auf das Phänomen des religiösen Glaubens erklärt die Unmöglichkeit, mit Fundamentalisten zu diskutieren. So gibt es Bücher aus der Gattung der Ratgeberliteratur, wie beispielsweise »Wie man mit Fundamentalisten diskutiert, ohne den Verstand zu verlieren« (Schleichert, 2017). Der Essay zeigt »die rhetorischen und argumentativen Tricks von Politikern, Dogmatikern und Fundamentalisten jeder Couleur. Er zeigt, wie man die Schwachstellen ihrer Diskussionsweisen und Weltanschauungen nutzt, um in Streitgesprächen besser zu bestehen« (Klappentext zum Buch). Die Stoßrichtung ist also eine Art Aufrüstung, wie man sich im Kampf gegen Fundamentalisten besser wappnen kann, um in der Auseinandersetzung zu bestehen – und dabei eben nicht den Sinn für die Realität zu verlieren. Im hier vorliegenden Buch geht es um etwas anderes. Es geht nicht darum, die besseren Argumente zu haben. Diskussionen auf dieser Ebene arten regelmäßig in Besserwisserei und Rechthaberei aus, Fundamentalisten wirken dann sehr stur und unzugänglich. Es geht, das zeigt Britton anschaulich auf, um viel mehr als um Abwägungen in Glaubensfragen. Zugespitzt formuliert: Fundamentalisten reagieren auf Widerspruch und Infragestellung wie Dreijährige, denen man ihre Mutter wegnimmt. Auf psychoanalytischer Ebene schlage ich daher folgende Hypothese vor: *Der Glaube an Gott ist eine prekäre Objektbeziehung.*

5.3.3 Das Prekäre der Objektbeziehung zu einem göttlichen Objekt

Evangelikale und fundamentalistische Christen betonen ihre persönliche Beziehung zu Gott und Jesus und wenden dies auch in ihren Missionierungsstrategien an:

> *»Kennst du Jesus?«*
> *»Jesus liebt dich!«*
> *»Hast du Jesus in dein Herz aufgenommen?«*

In einem Zeitungsartikel war folgende Überschrift zu lesen: »Nehme ich meine Frau in die Arme, spüre ich Schmetterlinge im Bauch, mit Jesus ist das Gefühl dasselbe« (Hehli, 2018). Und weiter im Text: »Wir führen eine Beziehung zu dritt«, sagt die Ehefrau. Der Dritte im Bund, das sei Gott – ihr bester Freund.

Diese Betonung der Nähe, der persönlichen Beziehung, der Unmittelbarkeit zu einem Wesen, das man weder sehen noch hören kann, ist in zweierlei Hinsicht bemerkenswert. Zum einen, weil es sich um ein Objekt handelt, das man nie sinnlich wahrgenommen hat, wie beispielsweise die Brust der Mutter. Vielmehr wurde dieses Objekt immer nur indirekt in heiligen Texten oder mythischen Handlungen repräsentiert, wobei die katholische Variante bei der Vermittlung ein deutlich sinnlicheres Repertoire aufweist, als die protestantische. Der zweite bemerkenswerte Aspekt dieser Art von Objektbeziehung besteht in der nicht nur vorübergehenden, sondern permanenten Abwesenheit des göttlichen Objekts. Zahlreiche Menschen behaupten sogar, dass es gar nicht existiert.

Exkurs »Gottesrepräsentanz«

Mit der Frage, wie man sich die Objektbeziehung zu einem göttlichen, nie sinnlich wahrgenommenen Objekt vorstellen kann, hat sich die argentinische Psychoanalytikerin Ana-Maria Rizzuto beschäftigt. Sie entwirft ein Arbeitsmodell zur Entstehung von Gottesbildern in Anlehnung an die Objektbeziehungstheorie (Rizzuto, 1979). Dabei führt sie die Entstehung von Gottesbildern auf zwei Wurzeln zurück: Zum einen auf einen unbewussten Prozess in Anlehnung an die übermächtigen Elternfiguren, den sie als »Gottesrepräsentanz« bezeichnet. Zum zweiten auf die religiös-kulturelle Überlieferung, traditionell bestehende »Konzepte« von Gott, die von außen kommen.

Im intermediären Raum (nach Winnicott, 1987) treffen nun beide zusammen: die inneren Gottesrepräsentanzen und die überlieferten Gotteskonzepte, also der »private« und der »offizielle« Gott. Aus dieser Begegnung entstehen in der Folge die unterschiedlichen Gottesbilder, respektive Objektbeziehungen. Nach Rizzuto ist Gott ein spezieller Typus einer Objektrepräsentanz, die vom Kind in Anlehnung an die Repräsentanzen der primären Objekte als Übergangsobjekt im Sinne Winnicotts erschaffen wird (zum Übergangsobjekt ausführlich in Kap. 6). Anders als Freud, der meist nur den Vater als Quelle der göttlichen Repräsentanz sah, sieht Rizzuto sowohl die Mutter als auch Geschwister und Großeltern als Figuren, aus denen die Gottesrepräsentanz besteht. Repräsentanzen in einem allgemeinen Sinn versteht sie als Erinnerungsprozesse, die in dynamischer Interaktion um das Objekt und das Selbst herum kodifiziert werden. Es handelt sich aber nicht bloß um abgespeicherte Erinnerungen, vielmehr kreiert das Kind seine Gottesrepräsentanz durch Erfahrung und Fantasie. Insofern handelt es sich nie bloß um eine Kopie oder Verlängerung der Eltern, betont wird der schöpferische Akt des Kindes.

>The point is that the very pressure of living makes us rework, over and over again, consciously and unconsciously, the memories of those we encountered at the beginning of our days – the time of the heroic, mythic reality of childhood. The fantasy of the child certainly adds color, drama, glamour, and horror to the insignificant moments as well as to the real tragedies of everyday life. It is out of this matrix of facts and fantasies, wishes, hopes, and fears, in the exchanges with those incredible beings called parent, that the image of God is concocted« (Rizzuto, 1979, S. 7).

Der englische Ausdruck »concocted« lässt sich am ehesten mit »zusammen-gebastelt«, »zusammengebraut« übersetzen und betont den aktiven, schöpferi-schen Anteil des Kindes beim Konstruieren dieses transzendenten Gegenübers.

Die weitere Frage ist nun, wieso die elterlichen Imagines in ein Gottesbild ein-fließen, respektive welches psychische Bedürfnis dazu drängt, eine Repräsentanz eines so machtvollen Wesens zu erschaffen, das man selbst nie sinnlich wahr-genommen hat. Rizzuto sieht die Antwort in der Anknüpfung an animistisch-kausale Fragestellungen des Kindes im Alter von etwa drei Jahren. Dabei handle es sich um Fragestellungen, die um die Größe und Macht der Eltern sowie um ei-gene Größenfantasien kreisen. Insbesondere wenn diese Größenvorstellungen an ihre Grenzen gelangen, scheint eine wunschgeleitete projektive Überschreitung dieser begrenzenden Realität naheliegend. Darin sieht Rizzuto die zentrale Funk-tion der Gottesrepräsentanz.

Aufgrund der eben beschriebenen Besonderheit dieser Art von Objektbeziehung gehe ich davon aus, dass der Glaube an ein göttliches Wesen eine prekäre Ob-jektbeziehung darstellt. Und ich gehe weiter davon aus, dass das Prekäre dieser Objektbeziehung – die Abwesenheit und überhaupt die umstrittene ontologische Ba-sis des göttlichen Objekts – von Fundamentalisten verleugnet wird.

Eine psychoanalytische Auseinandersetzung mit Religion im Allgemeinen und Fundamentalismus im Besonderen sollte sich also mit der Frage beschäfti-gen: *Wie gehen Subjekte mit der Abwesenheit ihrer (göttlichen) Objekte um?*

5.4   Die Abwesenheit des Objekts

Die Frage nach der Bewältigung von Trennungserfahrung und Abwesenheit hat die Psychoanalyse seit Beginn beschäftigt. In der bekannten Passage aus *Jenseits des Lustprinzips* berichtet Freud von seinem anderthalbjährigen Enkel, der ein bemerkenswertes Spiel spielte:

»Das Kind hatte eine Holzspule, die mit einem Bindfaden umwickelt war. Es fiel ihm nie ein, sie zum Beispiel am Boden hinter sich herzuziehen, also Wagen mit ihr zu spielen, sondern es warf die am Faden gehaltene Spule mit großem Geschick über den Rand seines verhängten Bettchens, so daß sie darin verschwand, sagte dazu sein bedeutungsvolles *o–o–o–o* und zog dann die Spule am Faden wieder aus dem Bett heraus, begrüßte aber deren Erscheinen jetzt mit einem freudigen ›Da‹« (Freud, 1920, S. 12).

Freud sieht im Spiel mit der Fadenspule das Fortgehen der Mutter ebenso nachgestellt wie deren Zurückkommen, also eine eindrückliche Darstellung des Kleinen, mit der Abwesenheit der Mutter umzugehen. Mit entscheidend für die Wirksamkeit dieses Spiels dürfte sein, dass er die Holzspule, die offensichtlich für die Mutter steht, aktiv wegschickt, und auch wieder aktiv zurückholt. Er bestimmt in seinem Spiel den Zeitpunkt und die Dauer der Abwesenheit und ist dadurch diesen Situationen nicht mehr passiv ausgeliefert. Damit konzipiert Freud eine Vorstufe zu dem, was Winnicott später als »Übergangsobjekt« bezeichnet hat. Dies zeigt sich insbesondere an einer Bemerkung Freuds, die Winnicott fast wörtlich bei der Charakterisierung der Übergangsobjekte einige Jahre später verwendete. Freud resümiert das Spiel des Kindes in folgenden Worten:

»Die Deutung des Spiels lag dann nahe. Es war im Zusammenhang mit der großen kulturellen Leistung des Kindes, mit dem von ihm zustande gebrachten Triebverzicht [...], das Fortgehen der Mutter ohne Sträuben zu gestatten. Es entschädigte sich gleichsam dafür, indem es dasselbe Verschwinden und Wiederkommen mit den ihm erreichbaren Gegenständen selbst in Szene setzte. Für die affektive Einschätzung dieses Spieles ist es natürlich gleichgültig, ob das Kind es selbst erfunden oder sich infolge einer Anregung zu eigen gemacht hatte« (Freud, 1920, S. 13).

Die Fadenspule wird vom Kind als Übergangsobjekt verwendet, ganz gleich, ob es diese Verwendung »gefunden oder vorgefunden hat«, so wird es Winnicott einige Zeit später für die Beschreibung der Übergangsobjekte formulieren.

5.5 Das Übergangsobjekt als Repräsentant des abwesenden Objekts

Nach Winnicott (1987) sind Übergangsobjekte Repräsentanzen der Mutter im Prozess der Trennung. Sie werden immer dann nötig, wenn es um Situationen des

Alleinseins geht. Das Kind braucht sie vor allem nachts zum Schlafen, aber auch tagsüber zwischendurch. Übergangsobjekte dienen damit als Überbrückung der zeitweiligen Trennung, die über die Abwesenheit hinweghelfen. Das Übergangsobjekt muss bestimmte Merkmale aufweisen, um seine Funktion zu erfüllen. Es darf nicht verändert, also auch nicht gewaschen werden. Es soll das Gefühl von Wärme vermitteln, das heißt den Eindruck, lebendig zu sein, eine eigene Realität zu haben (wie die Mutter). Deswegen eignen sich Dinge wie Deckenzipfel und Teddybären dazu, aber auch andere nicht dingliche Phänomene wie Daumenlutschen oder Summgeräusche, die etwas vom mütterlichen Bereich bewahren.

Das Übergangsobjekt wird während der ersten Lebensjahre des Kindes zum ersten Gegenstand, der in der kindlichen Vorstellung »nicht Ich« ist. Gleichzeitig ist es ein Ersatz für die Mutter, die das Kind noch nicht als völlig von ihm separates und unabhängiges Individuum wahrnimmt. Das Kind verfügt in dieser Zeit noch nicht über eine akkurate Selbst-Objekt-Differenzierung, es weiß und spürt noch nicht, wo es endet und wo das Objekt beginnt.

Das Schicksal des Übergangsobjekts ist es, dass ihm mehr und mehr die Bedeutung entzogen wird; bei einer gesunden Entwicklung findet keine Verinnerlichung statt. Aber es gerät auch nicht ganz in Vergessenheit, wird nicht betrauert, vielmehr wird es »in die Rumpelkammer verbannt« (Winnicott, 1987, S. 15). Das Kind kann sich des Übergangsobjekts aber nur dann bedienen, wenn das innere Objekt als lebendig, real, gut genug, und nicht als verfolgend erlebt wird.

Neben dieser tröstenden Funktion im Prozess der Trennung von der Mutter haben Übergangsobjekte noch eine zweite Funktion, die Winnicott folgendermaßen beschreibt: »Das Objekt wird zärtlich behandelt, aber auch leidenschaftlich geliebt und misshandelt. [...] Es muss triebhafte Liebe ebenso ›überleben‹ wie Hass und gegebenenfalls reine Aggression« (ebd., S. 14). Das Kind kann also gegenüber diesem Objekt auch Aggressionen äußern, ohne die Rache des Objekts fürchten zu müssen, und kann es wieder verwenden, wenn es dieses braucht, um sich zu beruhigen (Volkan, 2005, S. 154). Übergangsobjekte sollen demnach nicht nur die Angst vor der Trennung überwinden, sondern auch die Aggression binden und verschieben helfen.

Mit diesen Übergangsobjekten bezeichnet Winnicott einen »intermediären Raum«. In diesem Raum können Objekte verwendet werden, »die nicht Teil des kindlichen Körpers sind, jedoch noch nicht völlig als zur Außenwelt gehörig erkannt werden« (Winnicott, 1987, S. 11). Es ist ein dritter Bereich, neben dem inneren und dem äußeren Bereich, in den sowohl innere Realität als auch äußeres Leben einfließen. In diesem Reservat darf sich das Individuum von der Aufgabe erholen, innere und äußere Realität getrennt zu halten. Es ist ein neutraler Erfahrungsbereich, der nicht infrage gestellt wird, der sich vielmehr durch die implizite Spielregel auszeichnet, nicht gefragt zu werden: »Hast du dir das ausgedacht, oder ist es von außen an dich herangetragen worden?« (Winnicott, 1987, S. 23). Winnicott bezeichnet dies als die wichtigste Funktion der Übergangsphänomene. Mit anderen Worten: Die ontologische Qualität des Übergangsobjekts spielt für die psychische Realität keine Rolle.

In solchen »Augenblicken des Ausruhens« unterscheiden auch erwachsene Menschen nicht so messerscharf zwischen dem, was Realität und was eine Illusion ist. In solchen Momenten hallt die Beziehung zum Übergangsobjekt nach und es ist möglich, die biologisch gut fundierte Haltung zu vertreten, dass eine Schwangerschaft nur durch Befruchtung einer Eizelle stattfinden kann – und gleichzeitig an die jungfräuliche Empfängnis zu glauben. Oder man weiß eigentlich schon, dass man nicht über einen See spazieren kann, aber gleichzeitig hält man solche Wunder für durchaus möglich. Volkan betont, dass es sich nicht um religiöse Momente im engeren Sinne handeln muss, wenn er darauf hinweist, dass es viele Menschen gebe, die solche religiösen Augenblicke des Ausruhens nicht benötigten: »doch vielleicht geben sie diesen nur einen anderen Namen. Beispielsweise spielen sie das Spiel, in der Astrologie das Magische mit dem Realen zu verbinden« (Volkan, 2005, S. 156; vgl. die Ähnlichkeit zu Mannonis Konzept der »croyance«, Kap. 6).

5.6 Das göttliche Objekt als Übergangsobjekt

Die Frage, ob göttliche Objekte als Übergangsobjekte verstanden werden können, wird erstaunlich oft und rasch mit »Ja« beantwortet. Das mag daran liegen, dass Winnicott die Vorfahren aller kulturellen (und damit auch religiösen) »Objekte« im intermediären Raum, im »potential space« ansiedelt und diese damit dem Bereich der Übergangsobjekte zurechnet. Was es aber heißt, wenn ein Konzept aus dem individualpsychologischen, privaten Bereich in den öffentlichen übertragen wird, was es allenfalls dabei zu bedenken gilt, wird selten bedacht. Neubaur (2002) hat sich dieser Frage gestellt und gleich ein Gütekriterium für den religiösen und politischen Bereich formuliert: Der gesellschaftliche Übergangsraum wäre dann gut genug, wenn darin Diskrepanzen erarbeitet werden können. Sie bezieht sich dabei auf einen Ausdruck von Beland, der von »Diskrepanztoleranz« spricht, als einer Form der Frustrationstoleranz, die den Übergang von der paranoid-schizoiden zur depressiven Position einleite, indem sie den Beginn der Integration von Gut und Böse erlaube (siehe dazu ausführlich Kap. 6).

Nach Rizzuto können göttliche Objekte psychologisch betrachtet durchaus als illusionäre Übergangsobjekte bezeichnet werden (Rizzuto, 1979, S. 176). In verschiedener Hinsicht handelt es sich dabei allerdings um spezielle Übergangsobjekte: Anders als bei Teddybären, Decken oder Puppen fehlt dem göttlichen Objekt wie bereits erwähnt *jegliche sinnliche Wahrnehmbarkeit*. Es ist sozusagen ein mentales Produkt, das aus den Repräsentationen der primären Objekte hergestellt wird. Vor allem die Säuglingsforschung hat die Bedeutung der sinnlichen Wahrnehmung auf allen Ebenen für die Entstehung von inneren Repräsentanzen herausgearbeitet. So sind es »kinästhetische, propriozeptive, visuelle, akustische Geruchs-, Temperatur- und Gleichgewichtsempfindungen« (Andina-Kernen, 2021), die dem Kleinkind eine ganzheitlich-umfassende somatopsychische Erfahrung ermöglichen, die als Basis für die Entstehung innerer Repräsentanzen dienen. Was die Abwesenheit all dieser körperlich wahrnehmbaren Eindrücke für die Entstehung von Übergangsobjekten und allenfalls auch deren modifizierte Qualität bedeutet, kann hier nicht ausführlich entfaltet werden. Zu beachten ist der Hinweis von Neubaur, dass auch im religiösen Bereich sinnlich erlebbare Bereiche geschaffen werden. Im Bereich der Religion können Übergangsobjekte

> »etwas von den Vermittlern der Erlösungsreligionen, etwas von den Tröstern der Kulturerschaffungsreligionen, etwas von den Vergegenständlichungen, die Idole und Fetische als körperliche, greifbare Stellvertreter in allen Religionen haben – und sie sind auch so etwas wie die numina, die signalisieren, hier kann etwas ganz Unerhörtes geschehen, auf das ich angewiesen bin [...]« (Neubaur, 1987, S. 86).

Übergangsobjekte im religiösen Bereich können demnach sinnliche Qualität haben, was die Frage aufwirft, ob man von Partial-Übergangsobjekten des Göttlichen reden könnte. Könnten also beispielsweise die Figur der »Mutter Gottes« Maria, oder der Papst als »Stellvertreter Christi auf Erden« verschiedene Rituale, Gebete wie das Vaterunser, religiöse Lieder oder die Bibel als »Heilige Schrift« oder das »Wort Gottes« als solche Partial-Übergangsobjekte fungieren? Gibt es also neben dem Objekt »Gott« so etwas wie Partialobjekte des Göttlichen, die als Übergangsobjekte infrage kommen und als solche verwendet werden?

Dass ein Übergangsobjekt »irgendein Teilobjekt – wie zum Beispiel die Brust – symbolisiert« (Winnicott, 1987, S. 15), ist für Winnicott selbstverständlich. Britton (1993) bejaht diese Frage ebenfalls und hat dazu einen bemerkenswerten Ansatz formuliert, in dem er darauf hinweist, dass dies konfessionell recht verschieden ausgeprägt ist. Während in der katholischen Kirche die Gestalt der Maria sowie die Sakramente die Funktion von Übergangsobjekten einnehmen können, ist es im Protestantismus die Bibel, die »heilige Schrift«. Britton hat diese beiden Varianten als Ding- und Wortverehrung bezeichnet. In einem weiteren Schritt ordnet Britton die Dingverehrung eher dem mütterlichen, die Wortverehrung eher dem väterlichen Bereich zu, und er zieht daraus seine weiter oben beschriebenen Schlüsse zur Herleitung des christlichen Fundamentalismus (Kap. 4).

Zu einer anderen Einschätzung gelangt Drechsel (2005), der sich in Weiterführung der Gedanken Winnicotts ausführlich mit der Frage religiöser Partialobjekte insbesondere der Bibel als »heiliger Schrift« befasst hat. Seine These lautet, dass die Bibel im Protestantismus diejenige Rolle eingenommen habe, die in vorreformatorischer Zeit des Katholizismus Maria innehatte. Nach Drechsel ist die Bibel gar Repräsentanz des Weiblichen, genauer des Mütterlichen schlechthin. Als Beleg für seine Einschätzung zieht er Sprachbilder heran, die im Verlauf der Kirchengeschichte für die Bibel verwendet wurden und teils symbolisch, teils explizit auf das Weibliche verwiesen: »*Wurzelgrund, Quelle, Nährboden, Brunnen*; oder auch Luthers Bezeichnung der Schrift als ›*alleine Königin*‹« (Drechsel, 2005, S. 144). Des Weiteren stützt er sich auf empirisches Material, das er aus einer Art Mischung von gestalttherapeutischer Gruppenarbeit und Bibelseminaren entwickelte, bei der die Anwesenden die Bibel als eine Person (analog zum »leeren Stuhl« in der Gestalttherapie) ansprechen sollten. Die zutage geförderten Einfälle deuteten ebenfalls auf das Weibliche, oder eben mehr noch auf das Mütterliche hin, sodass Drechsler resümiert: »In gegenwärtigen Situationen konstelliert sich im personalen Blick auf die Schrift als ganze eine deutliche *Mutterübertragung* in ihren verschiedensten individuell geprägten Variationen, die mit der historisch-phänomenologischen Begriffs- und Bildsymbolik der Schrift als Mutterimago korrespondiert« (ebd., 2005, S. 147). Die Frage, ob sich die biblischen Texte als Übergangsobjekte eignen und als solche verwendet werden, scheint für Drechsel demnach bejaht werden zu können. »Verstehen wir mit Winnicott den Vorgang des unmittelbaren Textgebrauchs als die ›Verwendung eines Übergangsobjektes‹, so wird deutlich, daß der Text in seinem Gegebensein als ein kollektives (durch die Tradition vorgegebenes) *potentielles Übergangsobjekt* verstanden werden kann« (ebd., 2005, S. 217). Entscheidend ist der Hinweis, auf welcher Basis eine entsprechende Verwendung des Textes als Übergangsobjekt möglich wird. Nach Drechsler muss die Sprache der Schrift als Symbolsprache qualifiziert werden, genauer noch als eine *präsentativ-symbolische* Sprache, damit sie als Übergangsobjekt infrage kommt. Er sieht darin eine strukturelle Analogie zur sinnlich entstandenen Mutterrepräsentanz. Gehe diese »*mutterbezogene, sinnlich-symbolische Qualität der Schrift als ganzer* [sic] *verloren, so beinhaltet die-*

ser Wegfall auch den Verlust der sinnlich-symbolischen Qualität ihrer Sprache, d. h. die religiöse Sprache der Schrift erstarrt in Form und Inhalt zum *Sprachklischee*« (S. 154). Mit diesem Hinweis auf die Symboltheorie Langers (1979) und den Ausführungen und Anwendungen dieser Kategorie auf den religiösen Bereich durch Lorenzer (1988) richtet sich der Blick auf den spezifisch fundamentalistischen Umgang mit dem biblischen Text, der wie weiter oben dargelegt, eine symbolische Lesart nicht kennt.

Im Protestantismus gilt seit Martin Luther, dass das göttliche Objekt zwar abwesend ist, in seinem Wort, den biblischen Texten, jedoch symbolisch anwesend ist. Während dies die traditionelle protestantische Lehre und Frömmigkeit darstellt und in dieser sprachlich-symbolischen Verwendung der biblischen Texte diese durchaus als Übergangsobjekte fungieren können, findet bei Fundamentalisten eine markante Akzentverschiebung statt. Ihr Gott ist nicht im Wort anwesend, ihr Gott *ist* das Wort, die »heilige Schrift«, das Wort Gottes. Fundamentalisten benutzen die biblischen Texte demzufolge nicht als Übergangsobjekte in einem symbolischen, sondern in einem konkretistischen Sinn.

Zusammenfassend ließe sich also festhalten: Die Konzeption der Übergangsphänomene als Phänomen in einem intermediären Raum ermöglicht eine psychoanalytische Positionierung zu religiösen Phänomenen jenseits der Dichotomisierung von gläubiger Rezeption oder atheistischer Ablehnung. Die Spielregel des intermediären Raums, in dem die Frage, ob etwas erfunden oder angetroffen wurde, nicht gestellt wird, ist die angemessene Ausgangslage, um sich aus psychoanalytischer Perspektive mit religiösen Phänomenen auseinandersetzen zu können.

Der Glaube an ein göttliches Objekt kann als eine prekäre Objektbeziehung verstanden werden. Prekär ist diese Objektbeziehung in mehrfacher Weise: aufgrund des Fehlens jeglicher sinnlicher Wahrnehmung des Objekts, wegen seiner permanenten Abwesenheit und infolge der ontologischen Unsicherheit eben dieses Objekts. Neben der Beziehung zum Objekt »Gott« lässt sich konfessionsspezifisch von Partial-Übergangsobjektbeziehung sprechen. Im protestantischen Bereich wird die »Schrift«, die Bibel, als ein Partial-Übergangsobjekt des Göttlichen verwendet und damit als Vorstufe eines *Symbols.*

6 Symbolbildung, symbolische Gleichsetzung und der »potential space«

Der Umgang mit der Abwesenheit des guten, göttlichen Objekts wurde als Ausgangspunkt für weitere Überlegungen gesetzt. In einem ersten Schritt wurde gezeigt, wie die Vorstellung von Übergangsobjekten eine Möglichkeit darstellt, dieser Abwesenheit auf kreative Weise zu begegnen. Im religiösen, insbesondere im protestantischen Raum, haben wir gesehen, dass das abwesende göttliche Objekt in seinem »Wort«, den biblischen Texten, sozusagen wiedergefunden wird, sodass wir davon ausgehen, dass der biblische Text als Übergangsobjekt verwendet werden kann.

Winnicott betont, dass das Übergangsobjekt das abwesende Objekt oder ein Teil dessen *symbolisiere*, schränkt aber gleichzeitig ein, dass dies nicht ganz zutreffe, weil eine der Voraussetzungen der Symbolbildung die Fähigkeit zur Unterscheidung von Innen und Außen sei. Der Übergangsraum sei der Raum, in dem die Erfahrung, Unterschiede und Ähnlichkeiten zu erkennen und zu akzeptieren, erst allmählich möglich werde. Symbole können demnach als eine Weiterentwicklung der Übergangsobjekte verstanden werden. Insofern bezeichnet er den intermediären Raum und die Verwendung von Übergangsobjekten als »Wurzeln der Symbolbildung« (Winnicott, 1987, S. 15).

In einem weiteren Schritt geht es nun darum, diese Entwicklung vom Übergangsobjekt zum Symbol weiter zu verfolgen. Dabei wird sich zeigen, dass die Geradlinigkeit dieser Entwicklung keineswegs selbstverständlich ist. Vielmehr zeigen sich mit diesem grundlegenden Prozess der Symbolbildung eine ganze Reihe weiterer Aspekte des psychischen Lebens, die einige erhellende Einsichten für ein besseres Gesamtverständnis der fundamentalistischen Mentalität eröffnen.

Das Verständnis dessen, was Symbole sind und wie, respektive wozu Symbolbildung stattfindet, veränderte sich im Laufe der Geschichte der Psychoanalyse erheblich. In den Anfängen wurde das Symbol vorwiegend im Dienste der Verdrängung und der Symptombildung, also pathologisch determiniert angesiedelt (Löchel, 2000, S. 695; Segal, 1996, S. 49ff.).

In der Weiterentwicklung durch die Objektbeziehungstheorie änderte sich das Vorzeichen, und die Symbolbildung wurde in ihrer Bedeutung für die Ich-Entwicklung und die Entwicklung der Objektbeziehungen anerkannt. Vom weiten Feld der Symbolisierung interessiert in unserem Zusammenhang vor allem dieser letztere Aspekt und dabei insbesondere derjenige, der sich mit der Verwendung von Symbolen durch die Erfahrung der Abwesenheit des Objekts beschäftigt. In dieser Perspektive ist der bedeutsamste Text Freuds derjenige des »Fort-Da«-Spiels (Kap. 5), in dem Freud den Ausdruck »Symbol« aber gar nicht verwendet. Kennzeichnend für das psychoanalytische Verständnis von Symbolisierung ist die Vorstellung, dass ein Element ein anderes, das abwesend ist, vertritt. Diese Vertretung ist ein unbewusster Vorgang (Löchel, 2000, S. 695).

6.1 Symbolbildung und symbolische Gleichsetzung

Grundlegend für das objektbeziehungstheoretisch geprägte Verständnis des Vorgangs der Symbolbildung sind die Arbeiten von Hanna Segal (1992, 1996, 1997). Sie weist darauf hin, dass die Ausgangslage der Symbolbildung als eine Anordnung von drei Elementen, genauer als eine dreigeteilte Beziehung verstanden werden könne, »eine Beziehung zwischen der symbolisierten Sache, dem, was als Symbol fungiert und einer *Person*, für die das eine das andere repräsentiert« (Segal, 1992, S. 76). Von entscheidender Bedeutung sind also die Beziehungen zwischen diesen drei Elementen, insbesondere *die Unterscheidung zwischen Symbol und Symbolisiertem*. Ist diese Unterscheidung gegeben, bezeichnet Segal dies als die »echte Symbolbildung« (»symbol formation proper«), während die fehlende Unterscheidung von Symbol und Symbolisiertem zur sogenannten »*symbolischen Gleichsetzung*« (»symbolic equation«) führe, eine Gleichsetzung von Symbol und Symbolisiertem. Segal illustriert den Unterschied anhand zweier klinischer Vignetten. Der schizophrene Patient A befand sich als Patient in einer Klinik, als der Arzt ihn fragte, warum er eigentlich nach Beginn seiner Erkrankung aufgehört habe, Geige zu spielen. Der Patient antwortete mit heftiger Entrüstung: »Warum? Erwarten Sie, dass ich in der Öffentlichkeit onaniere?« (ebd., S. 73). Ein anderer Patient, B, berichtete von einem Traum, in dem er und ein junges Mädchen ein Geigenduett spielten. Bei der Besprechung des Traums brachte er »Assoziationen von Herumfingern (fiddling), Onanieren, wobei sich dann herausstellte, dass die Geige sein Geschlechtsteil repräsentierte und das Geigespielen die Onanierphantasie von einer Beziehung mit dem Mädchen« (ebd., S. 73). Beide Patienten verwenden das gleiche Symbol für die gleiche Handlung: das Geigespielen steht für das Onanieren, aber sie verwenden dieses Symbol auf unterschiedliche Art und Weise. A setzt das Instrument mit seinem Penis gleich, weshalb es für ihn unmöglich ist, in der Öffentlichkeit mit seinem Instrument aufzutreten, es zu berühren und darüber zu streichen. B wird durch seinen Traum die Symbolhaftigkeit des Geigenspiels deutlich, als Repräsentanz des Onanierens, was ihm ermöglichte, fröhlich weiter sein Instrument zu spielen. Nach Segal verwendet er das Geigenspiel in einem sublimierenden Sinn.

Die noch grundsätzlichere Frage zur Art und Weise der Verwendung von Symbolen lautet jedoch: Wie kommt es überhaupt dazu, dass wir Symbole bilden? In Kapitel 5 haben wir gesehen, dass diese als Repräsentanten des abwesenden Objekts fungieren, wie beispielsweise das Spiel mit der Fadenspule. Offensichtlich bewirkt also erst die Abwesenheit des Objekts den Antrieb, Symbole zu kreieren. Mit anderen Worten: bei *An*wesenheit des guten Objekts, wenn kein Mangel vorliegt, ist Symbolbildung nicht erforderlich.

Für Segal ist die »Symbolbildung [...] eine Handlung des Ich, das versucht mit den Ängsten umzugehen, die durch seine Beziehung zum Objekt aufgewühlt werden« (Segal, 1992, S. 76). Da ist zum einen die Angst vor dem Verlust oder der Unerreichbarkeit des guten Objekts, zum anderen die Angst vor bösen Objekten. Dabei hängen beide Aspekte eng miteinander zusammen. In einem sehr frühen Stadium der Entwicklung ist eine Vorstellung von Abwesenheit kaum vorhanden. Immer wenn der Zustand der Vereinigung mit dem guten Objekt fehlt, wird nicht Abwesenheit erfahren, vielmehr fühlt sich das Ich vom bösen Objekt überrollt. Hier wird der Bezug der Arbeiten Segals über die Symbolbildung zum Denken Melanie Kleins deutlich, insbesondere ihrer Konzepte der paranoid-schizoiden und der depressiven Position. Wie in Kapitel 5 erläutert, hat Ogden die Klein'schen Positionen als *erfahrungsbildende Modi* verstanden, als Prozess, durch den Wahrnehmung auf jeweils charakteristische Art und Weise Bedeutung zugeschrieben wird. Wie diese Zuschreibung in den jeweiligen Modi zustande kommt, versucht er anhand von vier Kriterien zu beschreiben. Zum einen, und für unseren Zusammenhang besonders von Bedeutung, herrscht eine bestimmte *Form von Symbolbildung* vor, ebenso ist der jeweilige Modus durch *spezifische Abwehrmechanismen* gekennzeichnet. Des Weiteren lassen sich unterschiedliche *Arten der Objektbeziehung* identifizieren, die untrennbar verbunden sind mit dem *Grad der Subjektivität,* die im entsprechenden Modus dominiert. Diese vier Kriterien nach Ogden (2006) bilden im Folgenden die Struktur für die Beschreibung der paranoid-schizoiden wie auch der depressiven Position.

Paranoid-schizoide Position

Gemäß Klein wird das Objekt in den ersten drei bis vier Lebensmonaten als in zwei Teile gespalten erlebt. Der eine besteht aus einem idealen und guten, der andere aus einem durch und durch bösen Anteil. Ziel des Ich ist in diesem Stadium die Vereinigung mit dem idealen Objekt und die kompromisslose Vernichtung des bösen Objekts (und damit auch der bösen Teile des Selbst). Hintergrund dieses Spaltungsmanövers ist die Angst des Kleinkindes, von seinem primären Objekt, von dem es komplett abhängig ist, zerstört zu werden. Dieses so wahrgenommene Objekt zeigt deshalb zerstörende und verfolgende Züge, weil es mit dem Hass des Kleinkinds projektiv aufgeladen ist. Zur Abwehr gegen diese unerträgliche Angst vor der drohenden Zerstörung spaltet nun das Subjekt dieses Objekt in ein gutes und ein böses auf, um die liebevolle Beziehung zum guten Teil des Objekts bewahren zu können.

In diesem *paranoid-schizoiden Modus* mobilisiert die Erfahrung, dasselbe Objekt gleichzeitig zu lieben und zu hassen, unerträgliche Angst. Darin besteht das zentrale Dilemma.

Die *Spaltung stellt den hauptsächlichen Abwehrmechanismus* dar. Weitere Abwehrmechanismen wie Introjektion, projektive Identifikation sowie Verleugnung und Idealisierung versteht Ogden als Variationen der Spaltung (Ogden, 2006, S. 23).

Projektive Identifikation ist für ihn hingegen die dominante Form der Objektbeziehung im Sinne eines interpersonellen Prozesses. Bei der projektiven Identifikation projiziert das Subjekt in der Fantasie Teile seines Selbst und internalisierter Objekte in eine andere Person hinein, die als zu gefährlich oder gefährdet erlebt werden, als dass sie im eigenen Inneren behalten werden könnten. Das Objekt wird mit den ausgelagerten Teilen des Selbst identifiziert. Es fühlt sich dann so an, dass es diese tatsächlich enthält. Damit werden auf der Basis einer omnipotenten Fantasie Aspekte des Selbst in eine andere Person hineinverlegt, um diese von innen kontrollieren zu können. Hierdurch bringt der Projizierende einerseits bedrohliche oder bedrohte Aspekte seines Selbst in Sicherheit. Andererseits kontrolliert er sein Objekt auf omnipotente Art und Weise, indem er Aspekte der eigenen Person in das Objekt auslagert, und dessen Inneres als Teil seines Selbst behandelt. Ziel dieses Manövers ist eine Verlagerung psychischer Spannung. Die Objektbeziehung ist damit durch In-Dienst-Nahme des Gegenübers geprägt. Die Kehrseite an diesem Abwehrmanöver ist, dass Objekte nicht als Subjekte erlebt werden, sondern als Kräfte oder Dinge, die geliebt, gehasst oder gefürchtet werden und die auf einen einwirken.

Durch dieses leitende Prinzip, das Gefährdende vom Gefährdeten zu trennen, wird die Erfahrung von Ambivalenz ausgeschlossen. Ein und demselben Objekt gegenüber Liebe und Hass zu empfinden, stellt wie schon erwähnt die zentrale Angst im paranoid-schizoiden Modus dar. Schon nur dann, wenn ein gutes Objekt Anlass zur Enttäuschung gibt,

> »wird es nicht mehr als gutes Objekt erfahren – und nicht einmal mehr als *enttäuschendes* gutes Objekt – sondern als enttarntes schlechtes Objekt, das in der Maske eines guten aufgetreten war. Anstelle der Erfahrung von Ambivalenz ergibt sich dadurch eine Erfahrung der Wahrheitsfindung durch Entlarvung« (Ogden, 2006, S. 19).

Als Folge davon kann keine kontinuierliche Beziehungsgeschichte mit einem Objekt entstehen, vielmehr findet ein permanentes Umschreiben der Geschichte statt, was zu einem prekären Modus von Objektbeziehung führt, die sich andauernd »in einem Zustand der Aufhebung befindet« (ebd.).

Segal (1992) sieht in diesem spezifischen Vorgang der projektiven Identifikation, der über die Projektion hinausgeht, die Vorstufe der Symbolbildung. Indem Teile des Selbst nach außen projiziert und mit Teilen der äußeren Welt identifiziert werden, gelten sie hinfort als deren Repräsentanten. Diese frühen Symbole werden jedoch vom Ich nicht als Symbole empfunden, sondern *als das Objekt selbst*. Die Symbole auf dieser Stufe unterscheiden sich maßgeblich von den später gebildeten Symbolen, sodass diese erste Stufe der Symbolbildung von Segal wie weiter oben erwähnt als *symbolische Gleichsetzung* bezeichnet wird. Die symbolische Gleichsetzung zwischen dem ursprünglichen Objekt und dem Symbol ist die Basis für das konkrete Denken des Schizophrenen, wie es sich unter anderem an der obigen Fallvignette des Geige spielenden Patienten A gezeigt hat. Diese Substitute unterscheiden sich kaum vom ursprünglichen Objekt und werden so empfunden und behandelt, als seien sie mit dem Objekt identisch. Diese Nichtunterscheidung zwischen Symbol und symbolisierter Sache ist Teil einer Störung in der Beziehung zwischen Ich und Objekt. Durch Projektion und Identifizierung von Teilen des Ichs und innerer Objekte mit einem äußeren Objekt wird die Unterscheidung zwischen Selbst und Objekt verwischt. Dadurch, dass ein Teil des Selbst mit dem Objekt vermischt ist, wird das Symbol mit dem symbolisierten Objekt verwechselt. Und es zeigt sich auf eindrückliche Art und Weise, »dass Störungen in den Objektbeziehungen des Ichs [...] sich in Störungen der Symbolbildung [zeigen]« (Segal, 1992, S. 76).

131

Depressive Position

Im Rahmen einer förderlichen Entwicklung des Ichs finden Veränderungen in den Beziehungen zu den Objekten statt. Diese gehen dem eben dargestellten Zusammenhang entsprechend einher mit Veränderungen in der Symbolbildung, genauer von den frühen symbolischen Gleichsetzungen zu voll ausgebildeten Symbolen. In der depressiven Position wird das *Objekt als ganzheitliches Objekt* empfunden. In Verbindung damit steht ein größeres Bewusstsein der Unterscheidung und der Getrenntheit zwischen Ich und Objekt. Gleichzeitig, da das Objekt als Ganzes erkannt wird, wird auch die Ambivalenz intensiver erfahren. Die Beziehung zum Objekt ist geprägt von Schuldgefühl und Verlustangst, Trauer und dem Bemühen, das Objekt neu zu schaffen. Gleichzeitig werden Prozesse der Introjektion ausgeprägter als die der Projektion, im Bemühen darum, das Objekt in sich zu behalten. Nach wiederholter Erfahrung von Verlust und Wiederherstellung wird ein gutes Objekt stabil im Ich etabliert. Damit verbunden ist eine Änderung der Triebziele: In der paranoid-schizoiden Position galt der totale Besitz des Guten und die totale Zerstörung des bösen Objekts als primäres Triebziel. In der depressiven Position ist das Ich vielmehr besorgt darum, das Objekt von eigener Aggression und Besitzgier zu befreien, mit der Konsequenz einer gewissen Hemmung der primären aggressiven und libidinösen Triebziele (Segal, 1992, S. 80f.).

Diese Situation bildet nun die Basis für die Schaffung von Symbolen und deren Funktion. Das Symbol wird nun dazu verwendet, die Aggression vom ursprünglichen Objekt abzuwenden, auf das Symbol zu verlagern und damit Affekte wie Schuld und Angst im Rahmen zu halten, denn das Ausmaß an Schuld, die bezogen auf das Symbol erfahren wird, ist merklich kleiner als jene, die durch einen Angriff auf das Primärobjekt entsteht. Wir treffen hier auf einen ganz ähnlichen Gedanken, wie ihn Winnicott in Bezug auf die Übergangsobjekte formuliert hat. Ziel dieser Verlagerung ist es also, das Objekt zu schützen und für sich zu bewahren. Durch diesen Akt der Verlagerung wird deutlich, dass hier das Symbol nicht dem Primärobjekt entspricht.

Durch diese Unterscheidung zwischen Primärobjekt und Symbol erhalten letztere eine neue Qualität. Nun werden sie als etwas empfunden, das durch das eigene Ich geschaffen wurde und nicht mit dem Primärobjekt gleichgesetzt wird. Solcherart innerlich erschaffene Symbole können dann erneut in die Außenwelt projiziert werden und dieser symbolische Bedeutung verleihen. Somit werden die Symbole für die Sublimierung verfügbar, was ein entscheidender Unterschied zur symbolischen Gleichsetzung bedeutet. Bei der »echten Symbolbildung« werden die Symbole als Schöpfung des Subjekts anerkannt und können so von ihm frei, wenn auch unbewusst, eingesetzt werden.

6.2 Symbolbildung und Subjektivität

»Symbolische Bedeutung wird durch das Subjekt erzeugt, das zwischen dem Symbol und dem, was dieses repräsentiert, vermittelt« (Ogden, 2006, S. 12). Als Konsequenz daraus folgt, so Ogden weiter, dass ein interpretierendes Subjekt erst im Raum zwischen Symbol und Symbolisiertem entsteht. Und umgekehrt ermöglicht erst die Entwicklung der Fähigkeit zur Subjektivität dem Individuum, zwischen Symbol und Symbolisierten zu vermitteln. Die Leistung dieser eigentlichen Art von Symbolbildung erlaubt es dem Individuum, sich als Person zu erleben, seine eigenen Gedanken zu denken und seine eigenen Gefühle zu fühlen. Gedanken und Gefühle werden so als individuelle Kreationen erlebt. Dadurch entsteht ein Gefühl der Verantwortlichkeit für das eigene psychische Erleben und Verhalten. Eine der Konsequenzen dieser Subjekthaftigkeit ist die Gegenseitigkeit dieser Erfahrung. In dem Maße, wie ein Individuum sich selbst als Subjekt erlebt, wird es auch fähig, seine Objekte als Subjekte zu erleben. Auch wenn sich Affektzustände verändern können, bleiben die Objekte doch dieselben, neue Erfahrungen kommen zu den alten hinzu, heben diese aber nicht auf. So entsteht Kontinuität in der Beziehung zu Objekten. Bezogen auf verschiedene Gefühlszustände von Liebe und Hass ist dies die Basis oder der Kontext für die Entwicklung der Fähigkeit zur Ambivalenz. Dass dies nicht selbstverständlich ist, zeigt nochmals der Vergleich mit der Welt des paranoid-schizoiden Modus: Wenn sich dort jemand vom Objekt enttäuscht fühlt oder auf es wütend ist, erlebt er dieses nicht mehr als dasselbe Objekt, sondern als ein anderes, neues. Diese Erfahrung der Diskontinuität schließt die Entstehung von Geschichtlichkeit und damit von Ambivalenz aus.

Während es also im paranoid-schizoiden Modus »zu einer kontinuierlichen defensiven Modifizierung der Vergangenheit« kommt, ist das Individuum im depressiven Modus »in einer Geschichte verankert, die man schafft, indem man seine Vergangenheit neu interpretiert« (Ogden, 2006, S. 13). Im paranoid-schizoiden Modus werden Objekte nicht als eigenständige Subjekte gesehen. Dies wäre jedoch Voraussetzung dafür, um für sie echte Anteilnahme aufbringen zu können und sie nicht nur zu schätzen, wie etwa gutes Essen oder gesunde Bergluft. »Objekte können beschädigt oder aufgebraucht werden; verletzen kann man aber nur ein Subjekt« (ebd.). Erst dadurch entsteht die Erfahrung von Schuld.

»Schuld ist ein ganz spezifischer Schmerz, den man *über einen gewissen Zeitraum* als Folge einer realen oder eingebildeten Verletzung fühlt, die man einem Menschen zugefügt hat, der einem nicht gleichgültig ist« (ebd., S. 14).

Wenn man andere Menschen sowohl als Objekte wie auch als Subjekte erlebt, erkennt man an, dass sich deren Existenz außerhalb des eigenen Omnipotenzbereichs abspielt. In dieser Welt, die von verschiedenen Subjekten besiedelt wird, die man auf ambivalente Art und Weise liebt, entsteht eine neue Form der Angst: die *Angst, dass man die geliebte Person im Zorn vertrieben oder verletzt hat.* Damit verbunden tauchen Gefühle wie Einsamkeit und Traurigkeit auf, sowie die Erfahrung, jemanden zu vermissen.

6.3 Subjektivität und Interpretation

Die Unterscheidung von Symbol und Symbolisiertem ist also Voraussetzung für die Entstehung einer subjektiven Perspektive, die gefordert ist, um dem Symbol eine Bedeutung zuzuschreiben. Das Subjekt kann seine eigenen Gedanken und Interpretationen erschaffen. Dadurch unterscheidet es sich von einem Wesen, das Symbole in ihrer Offenheit und Vieldeutigkeit verkennt und sich so verhält, als sei die Bedeutung eines Symbols von vornherein objektiv gegeben. Wenn die Fähigkeit fehlt, zwischen dem Symbol und dem Symbolisierten zu unterscheiden, entsteht eine beschränkte Form von Subjektivität. Das Selbst ist dann in erster Linie ein Objekt, das sich durch Gedanken und Gefühle getrieben erlebt, als ob diese inneren Zustände äußere Kräfte, unausweichlichen Naturgewalten ähnlich, oder physische Dinge wären, die das Individuum bestürmen und besetzen (Ogden, 2006, S. 22). Es gibt kein interpretierendes Subjekt, das zwischen dem wahrgenommenen Gegenstand und den damit zusammenhängenden Gefühlen und Gedanken vermittelt. Vielmehr werden Gefühle und Gedanken als Fakten gesehen, die so gegeben sind. Wahrnehmung und Interpretation fallen zusammen und werden als ein und dasselbe erfahren. »Was man aus der Perspektive des depressiven Modus als Interpretation sehen würde, würde man im paranoid-schizoiden Modus als einen Versuch erleben, die ›Tatsachen zu verdrehen‹, mithilfe ›dieses psychologischen Quatsches‹ ablenken, zu täuschen und Verwirrung zu stiften« (ebd., S. 21). Im klinisch-therapeutischen Rahmen könnte dies etwa folgendermaßen klingen: »The hallucination does not sound like a voice, it is a voice. One's husband does not simply behave coldly, he is ice. One does not feel like one's father, one's father is in one's blood and must be bled out in order for one to be free of him« (Ogden, 1992, S. 218).

Mit dieser fehlenden Unterscheidung zwischen Symbol und Symbolisierten gibt es keinen Raum für Subjektivität, keine Ideen oder Gefühle, die subjektiv als solche erlebt werden, die von jemand anderem auch anders erlebt werden könnten. Die Bedeutung der eigenen Erfahrung zu verstehen, ist nur dann möglich, wenn eine Sache für eine andere stehen kann, ohne diese andere Sache zu sein.

Paranoid-schizoide und depressive Position im Überblick (nach Ogden, 2006)

	Paranoid-schizoide Position	Depressive Position
Objektbeziehung	Objekte werden nicht als Subjekte erlebt, sondern als geliebte, gehasste oder gefürchtete Kräfte oder Dinge, die auf einen einwirken oder übergreifen. Ihnen gegenüber entsteht keine Schuld. Der zentrale Objektbezug ist derjenige der projektiven Identifikation. Es entsteht keine Geschichte der Objektbeziehung. Ein enttäuschendes Objekt ist nicht mehr dasselbe, sondern ein neues Objekt. Statt Ambivalenz herrscht Wahrheitsfindung durch Entlarvung.	Objekte werden als eigenständige Subjekte erlebt. Objekte als Subjekte können verletzt werden, daraus entsteht Schuld. Objekte bleiben konstant dieselben, auch wenn sie unterschiedliche Affekte auslösen wie Liebe und Hass. Dies ist die Voraussetzung für Ambivalenz. Dadurch, dass das Objekt konstant dasselbe bleibt, entsteht eine Geschichte der Beziehung zu ihm.
Zentrale Angst und Abwehr	Angst, dasselbe Objekt zu lieben und zu hassen; Angst vor Vernichtung durch das böse Objekt. Spaltung als Abwehr. Andere Abwehrmechanismen wie Introjektion, Projektive Identifikation, Verleugnung und Idealisierung als Variationen der Spaltung.	Angst, das Objekt zu verletzen, zu schädigen, zu vertreiben. Abwehrmechanismen sind die Verdrängung, Reaktionsbildung, Isolation, Rationalisierung und Intellektualisierung.
Subjektivität	Ein interpretierendes Subjekt ist kaum vorhanden. Gedanken und Gefühle sind keine persönlichen Schöpfungen, sondern Fakten. Wahrnehmung und Interpretation fallen zusammen.	Es existiert ein interpretierendes Subjekt. Dieses kreiert Bedeutung durch Vermittlung zwischen Symbol und Symbolisiertem. Umgekehrt wird im Raum zwischen Symbol und Symbolisiertem das interpretierende Subjekt konstituiert.
Symbolbildung	symbolische Gleichsetzung	echte Symbolbildung

6.4 Symbolische Gleichsetzung: Fetisch und psychische Äquivalenz

Der psychische Mechanismus, der bei der symbolischen Gleichsetzung am Werk ist, weist gewisse Ähnlichkeiten mit zwei weiteren Modellen auf, die anders theoretisch fundiert sind. Das erste Modell, das von einer »Fetischierung des Symbols« (Türcke, 2014) ausgeht, ist triebtheoretisch fundiert. Das zweite Modell der »psychischen Äquivalenz« von Fonagy et al. (2004) ist im Kontext des Mentalisierungskonzeptes angesiedelt.

6.4.1 Das Symbol als Fetisch

Wie in Kapitel 4 bereits erwähnt, formuliert Türcke (2014) eine triebtheoretische Perspektive auf den Mechanismus der symbolischen Gleichsetzung.

> »Ein Symbol als Symbol begehren heißt das begehren, wofür es steht. Das Symbol ist Leiter, Mittler des Begehrens, nicht sein eigentliches Objekt. Ein Symbol um seiner selbst willen begehren heißt hingegen, es vom Leiter zum Objekt zu machen. Es hört auf, Symbol zu sein, und wird zu dem, wofür es bloß stehen sollte: zur Sache selbst. [...] Einem Symbol gilt libidinöse Energie nur mittelbar. Sie wird von ihm umgelenkt aufs Symbolisierte. Wird das Symbol aber zur Sache selbst, so wird diese zum Objekt der Begierde. Ihre libidinöse Besetzung geschieht unmittelbar. Das ist, psychoanalytisch gesprochen, ein Akt der Entsublimierung. Das Symbol wird zum Fetisch« (S. 112f.).

In einer unveröffentlichten Fallstudie berichtet Susanne Kita von einem Patienten, der Mitglied einer fundamentalistischen Gruppierung ist. Sie beschreibt seine »Angst vor einer inneren Loslösung von einem malignen, göttlichen Introjekt [...] ein Introjekt, das allwissend ist und gleichzeitig die Unterwerfung unter ein Nichtwissen einforderte« (Kita, 2019, S. 16). Sie beschreibt dann ihre Gegenübertragung in der Begegnung mit diesem malignen Introjekt, das ihr verunmöglichte, während der Behandlung genauer zu verstehen, worum es ging. Erst beim nachträglichen Formulieren eines Fallberichts kommt sie zum Schluss, dass es sich bei der Behandlung dieses Patienten um eine Begegnung in »perversen Gewässern« handelte. So wurden die Konzepte der Perversion und des Fetischismus für sie zu Schlüsselbegriffen zum besseren Verstehen dieses Patienten.

Freud (1927a) sieht die Wurzeln des Fetischismus in der Verneinung der Kastration. Beim Versuch, die Genese des Fetischs zu verstehen, geht er davon aus, dass die Entdeckung der Kastration beim kleinen Jungen traumatische Qualität habe und die Fetischbildung sozusagen an ein »Haltmachen der Erinnerung bei traumatischer Amnesie gemahnt« (Freud, ebd., S. 314). Ausgehend von dieser Entdeckung zeichnet Böhme die Skizze Freuds anschaulich weiter:

> »Da ist der kleine voyeuristische Junge, der ›von unten her‹ das Genitale (der Mutter) erspähen will, aber ›auf dem Wege aufgehalten wurde‹: Das ist eine überaus konkrete Szene. Was sieht er? Er sieht nicht, was er zu sehen erwartete: ein männliches Genitale. *Da* ist nichts dergleichen. Dieses ›nichts dergleichen‹ ist dasjenige, was den Blick ›aufhalten‹ lässt. Freud drückt dies nicht genau aus; denn es hat den *imaginierten* Anblick gegeben – der erwartete Phallus; es muss einen Blick gegeben haben, der das Fehlen des Phallus schreckhaft konstatierte; es muss ein Niederschlagen des Auges gegeben haben, ein Festhalten an Knie, Fuss oder Schuh. Eines davon wird nun ›eingesetzt‹ als Fetisch, d. h. als jenes Objekt, dass (sic!) ein gesehenes anderes ersetzt und nun jeden folgenden Blick ›aufhält‹ und alle sexuelle Energie bindet. Jetzt nimmt der aufgehaltene Blick endgültig Aufenthalt. Kurz, hinter jedem Fetisch steht der Anblick der Frau, der die Abwesenheit des Phallus preisgibt: die Kastration« (Böhme, 2020, S. 401f.).

Der Fetisch beinhaltet also im Freud'schen Verständnis zugleich das Trauma und seine Abwehr. Er ermöglicht es, an der unbewussten Fantasie, dass es nichts als den Phallus gibt, festzuhalten. Gleichzeitig konserviert er den verdrängten Anblick, dass es die Kastration gibt. Diese Doppelnatur im Fetisch ist primärprozesshaft organisiert. Er enthält eine merkwürdige Form von Kompromissbildung, die auf Ich-Spaltung beruht. Merkwürdig ist sie deshalb, weil sie zwei Zuschreibungen enthält, die sich ausschließen: die Kastration *und* den Phallus (ebd., S. 402). Strukturell wird der Fetischismus damit zu einer unbewussten Kompromissbildung voller Widersprüche aus Verdrängung, Verleugnung und Aufrechterhaltung des Verleugneten, ein Gebilde, welches logisch wie psychisch unvereinbare Operationen beinhaltet und dem Lustprinzip wie auch dem Realitätsprinzip gleichermaßen Tribut zollt.

Nun stellt sich allerdings die Frage, wieso das, was bei Winnicott so »entspannt« erscheint, nämlich der Verzicht auf die Frage »Hast du das erfunden oder so vorgefunden?« im Zusammenhang mit dem Fetischismus deutlich weniger entspannt, wenn nicht sogar pathologisch klingt. Was ist der Unterschied zwischen dem spielerischen Umgang im intermediären Bereich und dem Fetischismus? Für Winnicott stellen die Übergangsobjekte nicht nur den Ursprung von Spiel, Kunst, Kreativität und Religion dar, sondern eben auch des Fetischismus (Winnicott, 1987). Gleichzeitig scheint er sich dagegen zu sträuben, »einen Begriff aus der Nosologie der Perversionen zur Bezeichnung von universalen, für die frühkindliche Reifung förderlichen, passageren Phänomenen zu verwenden, die für ihn die Quelle aller Kreativität sind« (Böhme, 2020, S. 439). Böhme schlägt vor, von einer großen Schnittmenge zwischen Übergangsobjekten und Fetischen auszugehen. Weder könne und solle man ein Kind bei der Verwendung seiner Übergangsobjekte vom Fetischismus freisprechen, noch dem Fetischismus die kulturelle Leistung absprechen. Beide entfalteten nach Böhme einen intermediären Raum, »ein ludisches Als-ob, das weder nur illusionär, noch dem Realitätsprinzip unterstellt ist. [...] Beide sind Beschwichtiger von Angst [...] und Hüter vor Desintegration« (ebd.). Nichtsdestotrotz gibt es einen entscheidenden Unterschied: Während Übergangsobjekte etwas zeitlich begrenztes, passageres haben und irgendwann in der Regel überflüssig werden, können sie sich eben auch in den »zwanghaften Bann des Fetisches« verwandeln, die in ihrer permanenten »Wiederholung erstarren« (Böhme, 2020, S. 440).

Auf einer anderen Ebene, die noch stärker von der Abwesenheit des Primärobjekts ausgeht, ließe sich der Fetisch als eine Fixierung des Übergangsobjekts verstehen, wenn die Mutter zu lange real abwesend war.

> »Die Fixierung bedeutet nichts anderes, als dass gesagt werden muss: Nein, nur die Mutterbrust soll es sein. Wenn sie nicht mehr schöpferisch hervorgebracht werden kann, tritt die Fixierung ein. Dem Fetisch ist man mehr ausgeliefert als dem Übergangsobjekt, weil das Übergangsobjekt mehrere Arten von Entbehrung in Guthaben ummünzen kann, so dass die eigene synthetisierende Leistung deutlicher wird« (Neubaur, 1987, S. 75).

Übergangsobjekte werden demnach dann zu Fetischen, wenn die Beziehung zu ihnen nicht mehr durch eine Beweglichkeit dessen, wofür sie verwendet werden, gekennzeichnet ist, sondern so fixiert werden, dass sie nicht mehr ihre eigentliche Funktion erfüllen, die vom Subjekt als eigene kreative Leistung hergestellt wird.

Auch Massud Khan beschäftigte die Frage, worin sich der Fetischismus und die Übergangsobjekte unterschieden, und er kommt zu dem Schluss, dass Fetische heterogene Gebilde, eine Art Konglomerate darstellen (Khan zit. nach Böhme, 2020, S. 442). Mit anderen Worten, Fetische haben nicht bloß eine einzige Ursache oder Funktion, sondern bilden verdichtete Knotenpunkte verschiedener Symbolisierungen im intermediären Bereich. Zentral gehe es um die Angst vor dem Ausgeliefertsein »an die Erregung und das erregende Objekt, an den Sadismus und drohende körperliche Auflösung, an Vernichtung und Verlassenwerden« (Khan zit. nach Böhme, 2020, S. 444). Ohne auf die Arbeit Khans im Ganzen eingehen zu können, ist hier die Ausweitung der Angst bedeutsam: Es geht nicht nur um Kastrationsangst, es geht um eine Vielzahl sehr diffuser und früher Ängste, unter anderem auch um Vernichtungsangst. Damit stellt die Arbeit Khans eine entscheidende Weiterentwicklung des Freud'schen Fetischismus-Konzepts dar und befreit dieses unter anderem von folgendem Fragekomplex: Ging Freud davon aus, dass nur der »kleine voyeuristische Junge« das Potenzial zum späteren Fetischisten in sich beherbergt? Was ist mit den Mädchen? Sind Frauen damit »vom Fetischismus ›ausgeschlossen‹« (Böhme, 2020, S. 444)? Ging die Psychoanalyse zu Zeiten Freuds tatsächlich davon aus, dass »Männer pervers und Frauen hysterisch seien« (ebd., S. 456)? Khan geht in seinem Ansatz nicht nur von »kleinen voyeuristischen Jungen« aus, sondern betont das Ausmaß respektive die Wucht der sich überkreuzenden Affekte, Objektverwendungen, Symbole und Aktionen. Diese würden in einem ungeklärten, ungelösten, ja unintegrierten Zustand irgendwie ertragen. Dieses Ertragen des so Verschiedenartigen mache den »Als-ob-Charakter« des Fetischismus aus. Dabei und im Unterschied zu den Übergangsobjekten sei das Als-ob nicht bloß als spielerischer Umgang zu verstehen, sondern als *Entfremdung* des Fetischisten in doppelter Hinsicht: von sich selbst und vom Objekt seines Begehrens. Fetischismus werde damit zu »einem Selbstrettungsversuch, um archaische Angstsituationen zu bewältigen« (Böhme, 2020, S. 444). Dass dem Fetisch, der aus solch existenziellen Ängsten befreien soll, in der Vorstellungswelt seiner »Besitzer« durchaus etwas Übernatürliches anhaftet, erstaunt nicht. »Der Fetischist ist daher ein Mensch, der sich in der trügerischen Sicherheit wiegt, Zugang zu einem magischen Objekt zu haben und dieses Objekt auf omnipotente Weise besitzen und kontrollieren zu können« (Khan zit. nach ebd., S. 444).

6.4.2 Der Modus der »psychischen Äquivalenz«

Im Zusammenhang mit dem Mentalisierungskonzept beschreiben die Arbeiten von Fonagy et al. (2004) den Modus der »psychischen Äquivalenz«, der Ähnlichkeiten mit dem Konzept der symbolischen Gleichsetzung aufweist – allerdings, ohne dass die Autor*innen dies selbst so formulieren. Fonagy et al. stützen ihre Arbeit auf die Beobachtung, dass sehr kleine Kinder innere Zustände, also ihre psychische Realität, in zwei verschiedenen Modi repräsentieren: Zum einen im Modus der psychischen Äquivalenz, zum anderen im Als-ob-Modus. »Psychische Äquivalenz« bezeichnet »die primitivere Ebene des mentalen Funktionierens, auf der innere Zustände wie Gedanken, Fantasien und Gefühle mit der Realität verwechselt und als Realität – statt als (bloße) Repräsentationen der Realität – empfunden werden« (Fonagy et al., 2004, S. 296). Dagegen zeichnet sich der Als-ob-Modus »durch ein Gewahrsein des repräsentationalen Charakters innerer Zustände« aus (ebd.).

Anhand dieser Definitionen lässt sich erschließen, dass die beiden Modi sich durch die Beziehung zwischen innerer und äußerer Realität unterscheiden. Nach Fonagy et al. operieren Zwei- bis Dreijährige im Modus der psychischen Äquivalenz, das heißt, sie nehmen Vorstellungen nicht als Repräsentationen wahr, sondern als direkte Abbilder der Realität. Als Folge dessen gehen sie davon aus, dass ihre Vorstellungen immer zutreffend seien. Die Annahme einer Entsprechung von Schein und Wirklichkeit wird erst dann unhaltbar, wenn man sich vorstellen kann, dass Überzeugungen auch falsch sein könnten. Umgekehrt ist es unwahrscheinlich, dass kleine Kinder sich vorstellen können, ihre eigene Überzeugung könnte falsch sein, respektive sich von denjenigen anderer unterscheiden, solange sie nicht verstehen, dass ein und dieselbe faktische, materielle Realität zu unterschiedlichen Überzeugungen führen kann (ebd., S. 263). Sie gehen demnach davon aus, dass das, was sie glauben, wirklich so ist. Bei Erwachsenen mit der Haltung, dass Überzeugung mit Wissen gleichgesetzt werden kann, stelle dies ein Kennzeichen der paranoid-schizoiden Position dar (ebd., S. 265). Es fehlt ein intermediärer Raum, es fehlt vielleicht sogar das Bewusst- oder zumindest das Gewahrsein, dass es sich hierbei um verschiedene Ebenen handelt. Jedenfalls findet keine gegenseitige Interaktion zwischen innerer und äußerer Realität statt, die innere Realität wird für die äußere gehalten.

Es ist verblüffend, dass die augenfällige Ähnlichkeit des Konzepts der »symbolischen Gleichsetzung« mit dem Modus der »psychischen Äquivalenz« im Standardwerk von Fonagy et al. mit keinem Wort explizit erwähnt wird. Es finden sich lediglich zwei Andeutungen dazu (ebd., S. 272, S. 274). Das führt zu der Frage, ob es sich wirklich um ähnliche Modelle handelt, oder ob die Unterschiede nicht doch größer sind als die Gemeinsamkeiten. Nach Streeck-Fischer (2006, S. 116) beschreibt der Äquivalenzmodus der psychischen Realität nicht das gleiche wie die symbolische Gleichsetzung. Im Äquivalenzmodus gehe es nicht um die Gleichsetzung von Symbol und Symbolisiertem, sondern um die fehlende Trennung zwischen Innen und Außen. Im Äquivalenzmodus entspreche der innere Zustand genau der äußeren Realität. Das bedeutet, dass alles, was ich

(»innen«) denke, der äußeren Realität entspricht. Damit betont sie den Aspekt der kindlichen Omnipotenz beim Äquivalenzmodus. Die Frage ist nun, ob der Effekt, dass ein inneres Bild unmittelbar Realitätscharakter erhält, nicht genau so bei der symbolischen Gleichsetzung eintritt: Ist es für den psychotischen Geigenspieler nicht genau so, dass sein Geigenspiel ganz real zum Masturbieren vor Publikum wird?

Den Aspekt des Psychotischen greift Montag (2015, S. 387) auf, wenn sie die symbolische Gleichsetzung, wie Segal sie entworfen hat, an ihren Ursprungsort zurückbringt und fragt, ob denn der Äquivalenzmodus des kleinen Kindes mit der Psychose verglichen werden könne – und dies unter Rückgriff auf regressive Prozesse durchaus bejaht.

Anders als Streeck-Fischer sieht Hopf (2014, S. 298) eher die Ähnlichkeiten der beiden Modelle sowohl zwischen Äquivalenzmodus und symbolischer Gleichsetzung als auch zwischen Als-ob-Modus und reifer Symbolisierung.

Im Anschluss daran stellt sich die Frage, ob Symbol und Symbolisiertes als »pars pro toto« für Vorstellung und Realität verstanden werden könnten. Auch entwicklungspsychologisch stehen die symbolische Gleichsetzung und der Modus der psychischen Äquivalenz als Vorstufen für die weitere Entwicklung des Als-ob-Modus wie auch der eigentlichen Symbolisierung. Hier stoßen wir dann allerdings auf einen entscheidenden Unterschied: Die eigentliche Symbolisierung gilt durchaus als eine anzustrebende Entwicklung und Fähigkeit, der Als-ob-Modus als solcher jedoch nicht. Er kommt als zweite Perspektive dazu, und erst die Integration beider Modi (Äquivalenz und Als-ob) führt zum Ziel. Fonagy et al. gehen davon aus, dass im Alter von vier bis fünf Jahren eine Integration der beiden dargestellten Erfahrungsmodi stattfindet, womit dann die Fähigkeit zur Mentalisierung gegeben sei.

Wie sich an dieser Diskussion zeigt, öffnet sich mit dem Themenkomplex der Symbolisierung und der Mentalisierung und der Tatsache, dass diese Vorgänge nichts Selbstverständliches sind, ein weites Feld. Es geht um nichts weniger als um die Art und Weise, wie Phänomene der Außenwelt intrapsychisch verarbeitet, verstanden und interpretiert werden.

6.5 Vom Übergangsobjekt zum Übergangsraum: »potential space«

Die Entwicklung der Symbolisierungsfähigkeit ist weder selbstverständlich noch irreversibel: Wenn Ängste zu stark werden, kann eine Regression auf die paranoid-schizoide Position mitsamt der symbolischen Gleichsetzung erfolgen. Zu dieser kommt es, wie eben beschrieben, durch eine Fehlentwicklung an den Übergängen von der paranoid-schizoiden zur depressiven Position. Ogden (1992) hat sich ausführlich mit diesem Übergang beschäftigt und eine Systematik zusammengestellt, was beim Prozess der Symbolbildung alles schief gehen kann. Dabei geht es ihm vor allem um den *Raum*, in dem Symbolbildung stattfindet und weniger um zeitliche Abfolgen im Rahmen der Entwicklung des Kleinkindes. Während in den vorhergehenden Abschnitten die Frage des abwesenden *Objekts* und des Übergangs*objekts* im Vordergrund stand, geht es nun vor allem um den intermediären *Raum*, den *»potential space«*, in dem diese Prozesse stattfinden.

6.5.1 Eine Psychopathologie des »potential space«

Ausgangslage der folgenden Überlegungen ist die Vorstellung eines dialektischen Verhältnisses von Fantasie und Realität, respektive von Symbol und Symbolisiertem. Im Anschluss an Winnicott liegt nach Ogden der »potential space« in diesem dialektischen Spannungsfeld. Jeder der folgenden Fälle stellt eine Störung dieses dialektischen Verhältnisses dar (Ogden, 1992, S. 213ff.).

Die Realität wird von der Fantasie subsumiert. Mit dem Ausdruck »Realität« ist hier all das gemeint, was außerhalb des Bereichs der Omnipotenz des Subjekts erfahren wird. Dieser Fall tritt dann ein, wenn der Realitätspol des dialektischen Gebildes zwischen Fantasie und Realität kollabiert. Das Subjekt wird dann eingesperrt in das Reich seiner Fantasie und behandelt seine Fantasieobjekte so, als seien diese die Realität selbst. Dies ist eine zweidimensionale Welt, die als Sammlung von Fakten erfahren wird. Was von außen erfahren wird, wird nicht durch die eigene Subjektivität, die als Agentur des eigenen Selbst Bedeutung erschafft, vermittelt. Alles existiert nur genau so, wie es erlebt wird. Das ist die Ausgangslage der oben beschriebenen symbolischen Gleichsetzung.

Realität als Abwehr gegen Fantasie. Dies ist ziemlich genau die Umkehrung des vorher beschriebenen Falls: Der Fantasiepol kollabiert. Am besten lässt sich dies anhand des folgenden Beispiels erläutern:

Ein siebenjähriger Junge schaut sich ein Marionettenspiel an und kann nichts Unterhaltsames daran finden. Stattdessen beschäftigt ihn die Tatsache, dass die Figuren aus Holz sind, an seidenen Fäden hängen und von Leuten manipuliert werden, die hinter der Bühne stehen. Diese Fixierung des Fokus auf die Wirklichkeit führt zu einer Ausblutung der Fantasie. Es fehlt an der Möglichkeit, sich in der Fantasie auf das dargebotene Spiel einzulassen.

Dissoziation von Realität und Fantasie. Ogden beschreibt diesen Fall anhand von Freuds Fetischismusverständnis (1927a), wonach das Subjekt gleichzeitig weiß, aber auch nicht weiß, dass Frauen keinen Penis haben. Dieses Konstrukt ist deshalb nicht dialektisch, weil die beiden Pole Fantasie und Realität nichts voneinander wissen dürfen, sie voneinander gespalten sind und so statisch nebeneinander koexistieren, ohne einander informieren und beeinflussen zu können. In diesem Fall sind alle denkbaren Kombinationen von Bedeutungen möglich, außer eben derjenigen, dass Frauen keinen Penis haben (zur Verwandtschaft von Fetischismus und symbolischer Gleichsetzung siehe oben).

Verwerfung von Realität und Fantasie. Dieser Fall stellt eine basalere Form von Störung dar als die vorhergehenden. Während die bisherigen Fälle alle auf jeweils unterschiedliche Art und Weise einen Kollaps der dialektischen Spannung zwischen Realität und Fantasie beinhalteten, gelingt es dem Subjekt in diesem vierten Fall gar nicht erst, diesen dialektischen Prozess zu generieren. Es handelt sich um einen Zustand von Nicht-Erfahrung. Es gibt zwar Wahrnehmung sensorischer Daten, der aber keinerlei Bedeutung attribuiert wird. Bedeutung wird also nicht verleugnet, sie wird gar nicht erst kreiert. Green (1975) bezeichnet dies als »weiße Psychose«. Jegliche Erfahrung ist emotional gleichwertig, jedes Ding ist genauso gut oder schlecht wie jedes andere. Alles kann für etwas anderes stehen.

Anhand dieser Übersicht zeigt sich nun, dass die symbolische Gleichsetzung nur eine von vier möglichen Fehlentwicklungen darstellt, wenn man das Verhältnis zwischen Symbol und Symbolisiertem betrachtet. Diese Störungen kommen durch schwerwiegende vorzeitige Unterbrechungen der Mutter-Kind-Einheit zustande, so Ogden. Um dies besser zu verstehen, ist eine genauere Betrachtung des größeren Kontexts der hier diskutierten Fragen lohnenswert. Die Frage Ogdens nach dem Übergang von der paranoid-schizoiden in die depressive Position ist mit der Frage verbunden, was es heißt, wenn die Mutter als ganzheitliches Objekt wahrgenommen und entdeckt wird. Dies gelingt erst in der depressiven Position und kann geradezu als Marker für diese bezeichnet werden, wenn man die Qualität der Objektbeziehung für den Unterschied zwischen der paranoid-schizoiden und der depressiven Position heranzieht. Ogden stützt sich dabei auch hier auf Winnicott, der davon ausgeht, dass der psychische *Raum* für die Entdeckung des äußeren Objekts erst geschaffen werden muss. Es geht im Folgenden also um die Frage, wie aus einer Mutter-Kind-Einheit eine Mutter und ein Kind als eigenständiges Subjekt und Objekt werden.

6.5.2 Die Entdeckung der Außenwelt oder: raus aus dem omnipotenten Kerker

Mutter-Kind-Einheit

»There is no such thing as an infant« schrieb Winnicott (1960, S. 39), und zwar im Sinne eines von seiner Mutter separierten Individuums. Am Anfang besteht vielmehr eine Mutter-Kind-Einheit, bei der sich das Kind noch nicht als getrennt von der Mutter erlebt. Die Mutter ist noch keine »Andere«, kein Gegenüber. Es gibt noch keine Selbst-Objekt-Differenzierung. Das Kind hat in dieser Phase noch kein Begehren, wenn die Mutter es angemessen versorgt, das heißt so unaufdringlich, dass das Kind es gar nicht merkt, etwa so wie die Luft zum Atmen selbstverständlich da ist. Es gibt noch keinen Mangel, der Begehren wecken könnte. In diesem Stadium wird die Mutter noch nicht als Objekt wahrgenommen, sondern als liebevoll haltende »mütterliche Umgebung« (»holding environment«). Das Kleinkind erlebt diese so, als wäre sie von ihm selbst »erschaffen« worden.

Was ist damit gemeint? Der Säugling ist nach der Geburt komplett abhängig von der mütterlichen Fürsorge. Er hat aber keine Möglichkeit, etwas davon zu wissen, weil er noch kein Bewusstsein von Innen und Außen hat. Er erlebt diese Situation auf eine andere Art und Weise: nämlich als ein *Gefühl der Omnipotenz*: Immer, wenn er nach der Brust verlangt, ist sie da. Er erlebt die Präsenz der fürsorglichen Mutter als selbstverständlich, und er geht davon aus, dass jeder Impuls, den er verspürt, die unmittelbare Befriedigung mit absoluter Zuverlässigkeit auslöst. Er macht eine Erfahrung, die man als *magische Kontrolle* bezeichnen kann: Schon allein das Verlangen nach der mütterlichen Brust lässt diese erscheinen und bewirkt Sättigung und Befriedigung, sodass er mit dem Grundgefühl aufwächst, die mütterliche Brust immer wieder *neu erschaffen zu können*. Dieser magische Automatismus geht so weit, dass der Säugling die Brust nicht als etwas Fremdes, sondern als Teil seines Selbst erfährt. Diesen Zustand des kindlichen Erlebens, bei dem Objekte der Außenwelt in die eigene Welt hineingezogen werden und in einem Allmachtserleben als etwas selbst Kreiertes und damit Eigenes erlebt werden, bezeichnet Winnicott als Illusion: »Ist also die Anpassung der Mutter an die Bedürfnisse des Kindes genügend gut, dann wird sie dem Kind damit die *Illusion* geben, dass es eine äußere Realität gibt, die mit seinen schöpferischen Fähigkeiten korrespondiert« (Drechsel, 2005, S. 168). Weil auf der anderen Seite die Mutter ihr Kind aufgrund der fast vollständigen Anpassung an seine Bedürfnisse als einen Teil ihres Selbst erlebt, befinden sich beide im *Zustand ihrer je eigenen Illusion*: »Es gibt *keinen Austausch* zwischen Mutter und Kind, sondern nur eine den Austausch gar nicht erst ermöglichende *Illusionsüberschneidung*« (ebd., S. 169). Diesen »dritten Raum« bezeichnet Winnicott als intermediären Raum, in den innere und äußere Realität gleichermaßen einfließen, der aber weder innere noch äußere Realität *ist*, sondern eben ein *potenzieller Raum*, ein »Möglichkeitsraum«.

Phase der Übergangsobjekte

Im weiteren Verlauf der Entwicklung entsteht eine Verlagerung in der Qualität dieser dialektischen Beziehung von Versorgung ohne Mangel und dosierter unvermeidlicher Frustration dieser Bedürfnisse. Der oft genannte Ausdruck, dass die Mutter »good enough« sein sollte, bedeutet unter anderem, dass sie eben nicht die permanente vollkommene Versorgungsquelle der kindlichen Bedürfnisse darstellen soll. Der Ausgangspunkt, dass so etwas wie ein »potential space« entstehen kann, liegt darin begründet, dass die ausreichend gute Mutter das Kind angemessen frustriert, damit sich dieses als ein subjektives Wesen mit Wunsch und Begehren erleben kann. In dieser Periode der Übergangsphänomene nimmt die Rolle der Mutter also mehr und mehr desillusionierende Züge an. Die kindlichen Bedürfnisse nach umfassender mütterlicher Versorgung werden zunehmend frustriert. Das Kind muss lernen, damit umgehen zu können. Es geht dabei letztlich um die Erfahrung der Abwesenheit der Mutter, um die partielle Trennung von ihr. Dabei kommen dem Kind zwei Überbrückungsmöglichkeiten zu Hilfe. Zum einen die Internalisierung der mütterlichen Anwesenheit. Dabei wird nicht die Mutter als Objekt internalisiert, sondern die Mutter als (liebevolle, haltende) Umgebung. Zum anderen verfügt das Kleinkind über die Möglichkeit, sich Übergangsobjekte zu erschaffen, wie wir weiter oben gesehen haben. Das Übergangsobjekt entsteht im intermediären Raum. Es ist kein intrapsychischer Raum, sondern ein *inter*psychischer, einer der im Zwischenreich zwischen Kind und Mutter entsteht. In diesem werden Erfahrungen möglich, die zwischen Fantasie und Wirklichkeit liegen.

Die Etablierung eines Übergangobjekts zeigt, dass das Kind in der Lage ist, zu etwas anderem, zu etwas Äußerem eine Beziehung aufzunehmen. Durch ihre doppelte Herkunft übernehmen also Übergangsobjekte einerseits als Kreationen des Kleinkinds den illusionären Charakter, andererseits geben sie durch ihre Zugehörigkeit zur Außenwelt der Illusion eine erste Gestalt. Dieses »subjektive Objekt« wird also gleichsam als illusionär zum Selbst gehörig erlebt »und muss doch nicht als ein die Härte der Außenwelt repräsentierendes Nicht-Ich-Objekt abgelehnt werden« (Drechsel, 2005, S. 172). Dadurch, dass der intermediäre Raum einen kreativen Umgang mit der Realität, in den schöpferische Omnipotenz und reale, dingliche Welt einfließen, ermöglicht, wird er zum »potential space«. Die Doppelnatur dieses Erfahrungsraums ist entscheidend. Würde man dem Kind die Frage stellen: Hast du dieses Übergangsobjekt selbst gemacht oder hast du es in der Realität so vorgefunden, würde man es der Muße berauben, seine schöpferische Omnipotenzerfahrung zu kultivieren und damit zu stabilisieren. Diese Frage würde dem Kind eine in dieser Situation unangemessene Entscheidung aufzwingen. Mit der Antwort »Ich habe es so vorgefunden« würde es seiner Kreativität beraubt, auf die »Zufälle der Außenwelt stossen und damit seine Ohnmacht gebrandmarkt werden« (Neubaur, 2002, S. 93). Mit der Antwort »Ich habe es selbst erschaffen« müsste es das Übergangsobjekt als pure unbewusste Phantasie ohne reale Basis in der Außenwelt entlarven. Das Stellen dieser disjunktiven Entscheidungsfrage würde den »potential space« zerstören.

Die Mutter als externes Objekt

Nur wenn der Raum vorhanden war, um das skizzierte illusionäre Erleben auszubilden, kann der lebenslang dauernde Vorgang der Desillusionierung einsetzen. Inhalt dieses Prozesses ist die schrittweise Rücknahme der Omnipotenzfantasie, die davon ausgeht, die äußere Welt ließe sich magisch erschaffen und kontrollieren. Die Rücknahme der Omnipotenzfantasie besteht unter anderem in der Anerkennung des Objektes als eines Wesens in der Außenwelt. Damit stellt sich die Frage, wie der Übergang von der Mutter-Kind-Einheit zu einer Wahrnehmung des Objektes als Nicht-Ich geschehen kann. »Wie wird das Objekt als erkennbar als etwas, das nicht auf ›ein Bündel von Projektionen‹ reduziert werden kann, sondern als ein ›Ding an sich‹, das seine Widerständigkeit gegenüber allen Allmachtsphantasien erweist?« (Drechsel, 2005, S. 177). Oder anders formuliert: Wie kommt der Prozess zustande, dass das Subjekt das Objekt außerhalb seiner eigenen omnipotenten Kontrolle ansiedeln kann?

In Winnicotts Konzept der Entwicklung muss psychologisch verstanden Raum geschaffen werden, damit die Welt der äußeren Objekte entdeckt werden kann. Dieser Raum ist wie oben beschrieben besetzt durch ein inneres omnipotentes mütterliches Objekt. Damit das Kind also seine externe Mutter als ganzes Objekt entdecken und außerhalb der subjektiven Phänomene platzieren kann, muss es, so die radikale Hypothese Winnicotts, das innere omnipotente mütterliche Objekt *zerstören*. Erst dann kann es das Objekt lieben und wertschätzen. Doch es muss noch ein zweites Element dieses Prozesses hinzukommen: Das Objekt muss diese Zerstörung *überleben*. Denn nur so kann es zu etwas Äußerem werden, das auch *da* ist. Erst wenn das Objekt überlebt hat, besteht ihm gegenüber die Möglichkeit der Handhabung als eines Teiles der Welt, als Nicht-Ich. Erst wenn das Kind das übermächtige innere Objekt zerstört, kann es erleben, dass das reale äußere Objekt überlebt.

Dies ist ein Akt des Vertrauens, weil das Kind dieses äußere mütterliche Objekt bisher noch nicht getroffen hat. Es ist deshalb entscheidend, dass die Mutter da ist, wenn das Kind im Laufe dieses Prozesses, das innere omnipotente mütterliche Objekt zerstört und Raum schafft für die Entdeckung des äußeren mütterlichen Objekts. Im folgenden Zitat legt Winnicott diesen metapsychologischen Vorgang einem Kleinkind quasi in den Mund:

»From now on the subject says, ›Hullo, object!‹ ›I've destroyed you.‹ ›I love you.‹ ›You have value for me because of your survival of my destruction of you. While I am loving you (the real-mother-in-the-world, outside of the infant's omnipotence), I am all the time destroying you (the omnipotent internal-object-mother) in (unconscious fantasy) [...]‹. The subject can now use the (external) object that has survived« (Winnicott zit. nach Ogden, 1992, S. 196).

Erst nach dieser Zerstörung kann das neu entdeckte Objekt geliebt werden.

»Liebe, die diesen Namen verdient, entsteht nach Winnicott erst nach der Zerstörung des Objekts, wenn es überlebt hat, also wenn es wirklich klar ist, daß das Objekt nicht Phantasieobjekt ist. Das ist der erfüllte Augenblick, wo sich beides gegenseitig überhaupt erst erzeugt, das Ichgefühl, das Gefühl für die Realität des anderen und dessen Gefühle für meine Realität. Solange ich das Objekt nur angreife und zerstöre, ist es noch dem Introjektions-Projektionsvorgang immanent, erst wenn es überlebt, tritt es aus diesem Zirkel heraus. Die Bedingung dafür, daß ich das Objekt lieben kann, ist, daß ich es als Phantasieobjekt zerstöre. Das Paradoxe ist: Indem das Phantasieobjekt vernichtet wird, geht die Realität des Objektes auf« (Neubaur, 1987, S. 67).

Diese Erfahrung, dass das Objekt diesen Akt der Zerstörung überlebt, ist eine Form des »Holdings« über die Zeit hinweg. Die Objekt-Mutter bleibt emotional präsent, wenn das Kind diesen Akt des Vertrauens vom inneren zum äußeren Objekt wagt (Neubaur, 1987, S. 69ff.).

Der nahtlose Ablauf dieses Übergangs ist nicht selbstverständlich. Nach Winnicott sind zwei Störungen dieser Entwicklung möglich: Wenn das Kind die

Realität der Trennung zu früh erfährt, hat seine Erfahrung mit dem inneren Objekt in ihm nicht das Vertrauen erweckt, dass ein äußeres Objekt es auffängt, wenn es den Sprung nach außen wagt. Das Kind muss dann irgendwie mit der Angst und Hilflosigkeit zurechtkommen, die von einer frühzeitigen Erfahrung von Getrenntheit herrühren. Ein Anzeichen für diese Ausgangslage ist das Phänomen der buchstäblich »bodenlosen Angst«. Winnicott illustriert diesen Zustand mit dem paradigmatischen Traum, in dem der Träumer buchstäblich bodenlos und »ewig« ins Unendliche fällt als Beispiel für »archaische Seelenqualen« (Winnicott, 1991).

Zum zweiten wird dieser entscheidende Übergang von der inneren zur äußeren Objektwelt dann behindert, wenn das externe Objekt nicht da ist, um das Kind aufzufangen, wenn es sich erlaubt in dessen Arme zu fallen, wenn also das äußere Objekt den Angriff des Kindes »nicht überlebt«. *Überleben* bedeutet in diesem Zusammenhang: Das Objekt bleibt während dieses Übergangs vom inneren zum äußeren Objekt emotional präsent. Das heißt unter anderem: Es rächt sich nicht am Kind für dessen Zerstörungsakt.

In beiden genannten Fällen, in denen der Übergang vom inneren zum äußeren Objekt nicht wunschgemäß gelingt, ist die Konsequenz dieselbe: *Das Kind muss die Bindung an das innere omnipotente Objekt verstärken.* Nach Winnicott werden solche unbewussten omnipotenten inneren Objekte vom Kleinkind erschaffen, wenn es sich mit schmerzhaften, aber unvermeidlichen Unterbrechungen der mütterlichen haltenden Umgebung konfrontiert sieht. Dabei entstehen Ängste und Gefühle völliger Hilflosigkeit. Die Erschaffung und Mobilisierung entsprechender innerer Objekte, die nach den Regeln der eigenen Omnipotenz konstruiert werden, ist der Versuch einer entsprechenden Antwort darauf (Ogden, 1992, S. 195). Diese inneren omnipotenten Objekte werden dann zur einzigen Sicherheitsbasis. Das Kind sperrt sich dadurch in die eigene magische innere Welt ein, an die es sich rigide festklammert. Als Konsequenz daraus entwickelt es wenig Fähigkeiten, die äußere Objektwelt wahrzunehmen und von ihr Gebrauch zu machen. Die Grundhaltung zur Welt da draußen ist von Angst und Misstrauen geprägt statt von Wissbegier, Neugierde und Experimentierfreude.

6.6 Symbolische Gleichsetzung als Mittel der Verleugnung

Die Unterscheidung im Gebrauch der Symbole bei der Symbolbildung von der symbolischen Gleichsetzung ist insofern bedeutsam, als sie unmittelbar etwas darüber aussagt, wie Individuen mit der Abwesenheit der Objekte umgehen. Bei der *symbolischen Gleichsetzung* wird das Symbol so empfunden, als ob es das ursprüngliche Objekt *sei*. Die eigenen Charakteristika des Symbols, die es als etwas anderes als das Objekt markieren, werden nicht einbezogen. Zentral ist nun die Funktion für den Umgang mit dem abwesenden Objekt: »Die symbolische Gleichsetzung wird dazu benutzt, die Abwesenheit des idealen Objekts zu verleugnen [...]« (Segal, 1992, S. 82f.). Man vermisst in diesem Modus nicht ein abwesendes oder gar verlorenes Objekt. Vielmehr wird dessen Verlust *verleugnet* und »durch eine magische Wiederherstellung des verlorenen Objekts umgangen« (Ogden, 2006, S. 14). Das Gefühl der Traurigkeit wird vermieden, indem man das abwesende Objekt durch ein anderes oder durch sich selbst ersetzt. »Da die neue Person oder der Aspekt des Selbst dem verlorenen Objekt gefühlsmäßig gleichwertig ist, hat sich nichts verändert; es besteht keine Notwendigkeit, etwas zu betrauern, das noch immer gegenwärtig ist« (ebd., S. 25). Und, so Ogden weiter, es fehlt auch die Möglichkeit, ein verlorenes Objekt zu vermissen oder zu betrauern, wenn dessen Abwesenheit gar nicht als solche erlebt wird, weil sie durch omnipotentes Denken außer Kraft gesetzt wird.

Die Verwendung von Symbolen in der depressiven Position, wenn also die Trennung vom Objekt, Ambivalenz und Schuld erfahren und ertragen werden, ist demgegenüber eine völlig andere. Hier nun *repräsentiert* das Symbol das Objekt, seine Charakteristika werden erkannt und genutzt. »Das Symbol wird nicht dazu gebraucht, Verlust zu verleugnen, sondern ihn zu überwinden« (Segal, 1992, S. 83). Erst diese Haltung ermöglicht dem Kind, die Mutter als Subjekt wahrzunehmen. Und erst dieser Schritt ermöglicht die Entwicklung von Mitleid, Schuld, Trauer, Empathie und Reparationswünschen.

Im Gegensatz zu Melanie Klein betont Winnicott die Wichtigkeit eines mütterlichen Gegenübers, das die Wiedergutmachung empfängt. Genauso wichtig ist, dass das Kind den Empfang dieser Wiedergutmachung bei der Mutter so erlebt. Für die Vollendung dieses »*benignen Zirkels*« sei das Kleinkind abhängig von der Mutter als äußeres Objekt. Ohne das Erlebnis, dass die Mutter diesen Akt der kindlich fantasierten Zerstörung überlebt und ohne das Erlebnis ihrer unbewussten Anerkennung dieses Geschenks als Wiedergutmachung, gäbe es für das Kind kein Wachstum. Während also Kleinianer mehr die Fantasie, die Projektion und die psychologische Tiefenstruktur des Kleinkindes betonen (also innere, angeborene Aspekte), betonen Winnicott und Ogden die Veränderung und Entwicklung durch Interaktion. Bei ihnen geht es mehr darum, wie externe Objektrepräsentanzen erschaffen werden, als darum, wie die inneren Objekte durch Fantasie zustande kommen. Der Fokus liegt also darauf, wie das Kind aus seiner abgeschlossenen inneren Objektwelt herauskommt und seine Objektrepräsentanz an der Realität äußerer Objekte weiterentwickelt. Winnicott gab sich nicht zufrieden mit der kleinianischen Lösung: dem Läuterungsprozess innerer Objekte durch Reifung und sukzessiver projektiver Identifikationen. Bei Klein wirkt der ganze Prozess ziemlich kontinuierlich, während Winnicott und Ogden mehr den Sprung heraus aus dem eigenen omnipotenten Kerker betonen, der bei der Orientierung nach außen erforderlich ist.

7 Transfer – Literalismus und Dualismus

Es gilt nun auf Grundlage der dargelegten Theorieansätze noch genauer herauszuarbeiten, welche psychische Ausgangslage eine fundamentalistische Mentalität begünstigt. In Kapitel 1 wurde als Fazit festgehalten, dass Fundamentalismus als eine Verabsolutierung von Relativem verstanden werden kann, die sich je nach religiös-kulturellem Umfeld unterschiedlich manifestiert. Für den christlichen Fundamentalismus wurde diese Verabsolutierung durch zwei Merkmale konkretisiert. Er zeigt sich demnach

➤ in einem streng literalistischen Verständnis der biblischen Texte, das durch eine Verwechslung respektive Verkennung der Textgattungen zustande kommt
➤ in einem radikal dualistischen/manichäistischen Weltbild, das auf eine Zukunft hin entworfen ist, welche den Menschen eine Entscheidung aufzwingt, sich dem strikten Schema von Gut und Böse unterzuordnen.

Diese beiden Hauptmerkmale des christlich-protestantischen Fundamentalismus werden nun auf der Basis der vorgestellten metapsychologischen Konzepte genauer ausgeleuchtet. Dazu schlage ich zwei Hypothesen vor:

1. *Die Art und Weise, wie Fundamentalisten biblische Texte verstehen, ist ein Anwendungsfall einer symbolischen Gleichsetzung.*
2. *Der von Fundamentalisten vertretene Dualismus stellt eine radikale Spaltung in Gut und Böse auf der Grundlage einer paranoid-schizoiden Position dar.*

7.1 Literalismus als Anwendungsfall einer symbolischen Gleichsetzung

Der gängige Erklärungsansatz, dass die Bibel als unhinterfragbares Wort Gottes in erster Linie dazu diene, einer veränderten modernen Welt mit all ihren Unsicherheiten und Mehrdeutigkeiten ein felsenfestes Fundament entgegenzusetzen, hat eine gewisse Plausibilität, greift aber zu kurz. Es gibt Menschen, die sich durch Offenheit, Uneindeutigkeit und Pluralismus bedroht fühlen, und es gibt andere, die genau dies als Ausdruck von Freiheit und Gestaltungsmöglichkeit wertschätzen. Neben vielen anderen Gesichtspunkten, die für diese unterschiedliche Haltung eine Rolle spielen können, gehe ich davon aus, dass die weiter oben entfaltete Vorstellung der symbolischen Gleichsetzung eine prominente Rolle spielt. Dieses Konzept soll hier auf seine Relevanz für das Zustandekommen einer fundamentalistischen Haltung befragt werden.

Nach Britton beschränkt sich die Bedeutung des von Segal entwickelten Konzepts der symbolischen Gleichsetzung nicht auf das Behandlungszimmer. Vielmehr sei dieser Modus nicht nur für akute psychotische Zustände charakteristisch, wie er ursprünglich von Segal konzipiert wurde, sondern finde sich auch »bei Zwanghaftigkeit, Perversionen und Sucht, aber auch in der Psychopathologie des Alltagslebens und, natürlich, in der Kunst« (Britton, 2001, S. 180). Und, so darf man wohl ergänzen, er lässt sich auch im Bereich religiöser Vorstellungen fruchtbar machen. Ein bemerkenswerter Hinweis findet sich bei Winnicott (1987, S. 16), wenn er die unterschiedlichen Haltungen der beiden christlichen Konfessionen zum Abendmahl thematisiert. Gemäß katholischer Lehre *ist* die Hostie der Leib Christi und der Wein *ist* das Blut Christi, für die Reformierten sind Brot und Wein Symbole dafür im Sinne von Substituten. Auch wenn Winnicott diese Bemerkungen im Rahmen der Übergangsobjekte formuliert, also einer Vorstufe der Symbolbildung, kann daraus doch gefolgert werden, dass die katholische Lehre hier die symbolische Gleichsetzung für ihr Verständnis der Eucharistie dogmatisch festlegt. Die entsprechende Hypothese für den protestantisch-fundamentalistischen Umgang mit heiligen Texten würde also lauten: Das Textverständnis basiert auf dem Modus der symbolischen Gleichsetzung. Genauso wie etwas geschrieben steht, *so ist es, so war es und so wird es immer sein.* Die religiösen Texte sind Tatsachenberichte. Dies ist die Grundlage des biblizistischen, fundamentalistischen Bibellesens (Raguse, 1993, S. 113). Wie bereits weiter oben (Kap. 1) beschrieben, existiert so etwas wie eine mythologische Textgattung nicht in der Welt der Fundamentalisten. Der Spiel*raum*, einen Text als ein fiktives Narrativ, als eine mythische Erzählung zu verstehen, ist nicht vorgesehen. Damit dies möglich würde, wäre eine subjektive Position erforderlich, die es erlaubt, einen Text zu interpretieren. Genau diese beiden Konzepte, »Interpretation« und »Subjekt«, sind in der fundamentalistischen Position nicht vorhanden, werden als unzulässige Relativierung des heiligen Textes betrachtet. Ganz ähnlich, wie es Ogden für das klinische Behandlungssetting formuliert hat, ließe sich diese Haltung leicht modifiziert in folgende Worte fassen: Was man aus der Perspektive des depressiven Modus als Interpretation betrachten würde, würde man im *fun-*

damentalistischen (paranoid-schizoiden) Modus als einen Versuch erleben, »die ›Tatsachen zu verdrehen‹, mithilfe ›dieses psychologischen Quatsches‹ ablenken zu wollen, zu täuschen und Verwirrung zu stiften« (Ogden, 2006, S. 21). Die Beziehung zwischen Text und Leser*in ist wie in der symbolischen Gleichsetzung dyadisch und nicht triadisch organisiert. Es gibt keine dritte Instanz wie bei der eigentlichen Symbolisierung. Dieser dritte Punkt ist aber Voraussetzung für die Entstehung eines Interpretationsraums mit einem interpretierenden Subjekt. Der Text erlangt dadurch unvermittelt eine gottgleiche Position und wird infolgedessen als »Wort Gottes« bezeichnet. Dass dieser Text aus Worten besteht, die von Menschen über Jahrhunderte mündlich tradiert und dann schriftlich fixiert wurden, dass dieser Text also eine lange Geschichte mit zahlreichen Veränderungen und Weiterentwicklungen durchgemacht hat, wird vernachlässigt.

Die Frage ist nun, wieso Fundamentalisten dieses charakteristische Verständnis der biblischen Texte vertreten. Im Zusammenhang der bisher entwickelten Idee, hat dieses Verständnis eine ganz spezifische Funktion: *Diese Gleichsetzung des Wortes Gottes mit Gott selbst dient dazu, die Abwesenheit des göttlichen Objekts zu verleugnen.* Das ist, so die hier vertretene Hypothese, die primäre Funktion des fundamentalistischen Bibelverständnisses. Das abwesende göttliche Objekt ist in Wirklichkeit gar nicht abwesend, sondern hier, zwischen den Buchdeckeln der Bibel, anwesend. Dadurch wird das prekäre Moment der Objektbeziehung ausgeschaltet. Würde man das Prekäre der Objektbeziehung anerkennen, würde dies zu einer Haltung des Glaubens führen, die immer mit einer Prise Unsicherheit und Zweifel durchsetzt ist, weil die Beziehung zum Objekt des Glaubens nur eine prekäre sein kann, was von nicht fundamentalistischen religiösen Menschen in der Regel auch nicht dementiert wird. Das Prekäre zu *verleugnen* führt hingegen zu einer Haltung des (vermeintlichen) *Wissens*, dies entspricht dem fundamentalistischen Modus. Es ist wiederum Britton (2001), der darauf hinweist, dass der Unterschied von Glauben und Wissen auf den ersten Blick eindeutig scheint: Wenn wir etwas wissen, gehen wir davon aus, dass etwas unbestreitbar wahr ist. Wenn wir etwas glauben, halten wir es für (sehr) wahrscheinlich, räumen dennoch die Möglichkeit ein, dass es auch nicht wahr sein könnte. Das Interessante ist nun, dass wir, so Britton weiter, mit unseren gefühlsmäßigen Einstellungen diese Trennung nicht so genau vornehmen oder anders gesagt: Wir neigen zunächst einmal dazu, Glaube und Wissen gleichzusetzen und Glaubensvorstellungen wie Tatsachen zu behandeln. Wenn wir realisieren, dass es sich um Glaubensvorstellungen handelt, ist dies ein Akt der Emanzipation und damit ein psychischer Entwicklungsschritt. Nur durch die Entdeckung, dass man etwas auch *nicht* glauben kann, erkennt man an, dass man an etwas glaubt und nicht eine Tatsache weiß.

Dies setzt eine innere *Triangulierung* voraus. Triangulation bedeutet in diesem Zusammenhang: die Fähigkeit, eine Glaubensvorstellung von einem Standpunkt außerhalb des Glaubenssystems, aus einer dritten Position betrachten zu können. Jemand, der zwischen Glauben und Wissen nicht unterscheiden kann, kann seine Glaubensvorstellungen nicht aufgeben (Britton, 2001, S. 33). Wieso sollte er? Es gibt keinen Grund, sein Wissen aufzugeben, auch wenn dieses bloß ein vermeintliches Wissen ist. Dies ist die Ausgangslage des Fundamentalismus.

7.1.1 Das Symbol als Fetisch: Sind Fundamentalisten verkappte Fetischisten?

Türcke (2014) hat die symbolische Gleichsetzung mit dem Fetischismus in Zusammenhang gebracht (Kap. 1), und es stellt sich nun die Frage, ob für Fundamentalisten die Bibel im psychoanalytischen Sinn als Fetisch bezeichnet werden kann, nachdem deutlich wurde, dass sie von ihnen nicht im Sinne eines Übergangsobjekts verwendet wird (Kap. 6).

In der Diskussion der Frage nach den Unterschieden zwischen Übergangsobjekt und Fetisch geht es letztlich um die Art und Weise der Bindung des Subjekts an sein Objekt, respektive um die Möglichkeit, nach Gebrauch darauf auch wieder verzichten zu können. Und wie ein Echo hallt durch diese Diskussion die grundlegende Beobachtung Brittons (2001), wonach Personen, denen es schwerfällt, ein Objekt aufzugeben, auch große Schwierigkeiten haben, Glaubensvorstellungen und Überzeugungen aufzugeben (Kap. 5). Die zumindest temporäre Aufgabe eines Objekts wäre die Voraussetzung dafür, dass ein spielerischer Umgang möglich wäre, wie beim Horoskopgläubigen, der von sich behaupten kann: »Ich weiß eigentlich schon, dass das Ganze Humbug ist, aber dennoch halte ich irgendwie daran fest.« Die Struktur dieser Formulierung »Ich weiß eigentlich schon, aber dennoch [...]« stammt vom französischen Psychoanalytiker Octave Mannoni (1985). Er bezeichnet diese spezifische Haltung als »croyance«. Auf ein konkretes Beispiel angewandt würde dies etwa heißen: »Ich weiß eigentlich schon, dass es nicht Unglück bringt, wenn mir eine schwarze Katze über den Weg läuft, aber trotzdem bekomme ich ein mulmiges Gefühl dabei (gleichzeitig genieße ich auch etwas die Lust dieser absurden Illusion)«. Es handelt sich um eine

> »spezifische Art von Illusionen, die sich dadurch auszeichnen, unabhängig von Personen zu existieren, welche als ihre Träger in Frage kämen; und eine spezifische Art von Personen, die Freude am Umgang mit Illusionen haben, aber selbst über

ein besseres Wissen verfügen, welches sie diese Illusionen durchschauen lässt [...]«
(Pfaller, 2002, S. 47).

Der Kern dieser Formel geht von einem besseren Wissen der Träger*innen von Il-
lusionen aus, die sich einerseits davon distanzieren, anderseits doch daran hängen.
Mannonis Formel »je sais bien que ... mais quand même ...« (Mannoni, 1985,
S. 11) »macht die Struktur der Verleugnung explizit« (Pfaller, 2002, S. 52).
Mannoni konnte damit herausarbeiten, dass es beim sexuellen und religiösen
Fetischismus im Kern um den Begriff der *Verleugnung* geht. Damit hat er den
Fetischismus aus seinem ausschließlich sexuellen Kontext herausgeführt, und er
eröffnet ein Verständnis für die Verleugnung als allgemeine Struktur. Dabei ermöglicht er der psychoanalytischen Theorie auch einen Zugang zu Phänomenen,
die am Anfang des Diskurses um den Begriff des »Fetischismus« standen, nämlich aus kolonialistischer Perspektive fremdartige, als exotisch wahrgenommene
religiöse Phänomene (Pfaller, 2002, S. 47).

Obwohl die erwähnte Formel ein Indiz dafür ist, dass es um Verleugnung
geht, kann nicht umgekehrt davon ausgegangen werden, dass bei jeder Art von
Verleugnung diese Formulierung möglich wäre. Gerade der Fetischist verleugnet
zwar auch etwas, aber er würde sich in Bezug auf seine Perversion niemals dieser Formulierung bedienen. Der Fetischist *weiß* zwar schon, dass Frauen keinen
Penis haben, aber die Fortsetzung »quand même« findet nicht statt. Diese Fortsetzung bestehe, wie Mannoni betont, eben im Fetisch selbst. Man könnte also
behaupten, der zweite Halbsatz wird nicht verbalisiert, er wird agiert. Die Verleugnung ist also nicht explizit wie bei der »quand même«-Variante sondern
implizit bzw. stumm. Anders als Abergläubige, die sich von der Illusion distanzieren könnten, würde man sie damit konfrontieren, würden Fetischisten nicht
nur bestreiten, dass sie Träger einer Illusion sind, sondern auch die Tatsache bestreiten, dass überhaupt Illusion im Spiel ist (Pfaller, 2002).

Auch die fundamentalistische Position verleugnet etwas, und zwar die Abwesenheit des göttlichen Objekts. Je stärker Fundamentalisten damit konfrontiert
werden, desto unerbittlicher halten sie an ihrem »Fetisch«, der Bibel fest und
zwar so, dass alles, was darin steht, stimmen muss und kein Fehler enthalten
sein darf. Für Fundamentalisten ist ein spielerischer Umgang mit ihrer Bibel
undenkbar. Im Anschluss an Mannoni stellt sich somit die Frage: »Wissen«
Fundamentalisten eigentlich auch, dass die Gottesbeziehung eine prekäre ist?
»Wissen« sie es unbewusst und halten trotzdem an dessen Unmittelbarkeit fest?
Die Formulierung Türckes, dass die fundamentalistische Haltung im Kern das
»angestrengte Dementi des eigenen Zweifels« (1992, S. 12) sei, deutet darauf

hin, dass sie zumindest eine Ahnung davon haben. Diese Frage stellt sich nicht zuletzt deswegen, weil ihre Haltung so gar nichts Spielerisches aufweist. Es gibt kein »ludisches Als-ob«, alles ist heiliger Ernst. Wir können bisher nur erahnen, dass offensichtlich existenzielle Ängste mobilisiert werden, wenn etwas im fundamentalistischen System infrage gestellt wird.

Diese Art des religiösen Glaubens, wie ihn auch Fundamentalisten praktizieren, bezeichnet Mannoni als »foi«, von Pfaller als »Bekenntnis« übersetzt (2002, S. 58). Es ist eine Art religiöse Überzeugung, zu der sich ihre Träger*innen selbst bekennen. Das Interessante ist nun, dass Fundamentalisten ihren Glauben vom eigenen Selbstverständnis aus wahrscheinlich dieser Kategorie zuordnen würden. Von außen, das heißt vom psychoanalytischen Modell der Verleugnung und den Einsichten in die Fetischbildung im Anschluss an Freud und Mannoni, ist die fundamentalistische Form von Religion jedoch deutlich näher an der »croyance«, und zwar in der zugespitzten Form des Fetischismus, und nicht in der »klassischen« Variante des Aberglaubens. Der Unterschied zwischen diesen beiden Varianten liegt in der Freiheit, die Frage, ob etwas so vorgefunden oder erfunden wurde, offen zu lassen – eine Haltung, die aus Sicht der fundamentalistischen Position nicht in Betracht kommt. Zwar stellen Fundamentalisten genau diese Frage, ohne jedoch an einer offenen Antwort interessiert zu sein. Vielmehr beinhaltet die Frage von einem Fundamentalisten gestellt bereits das Urteil: Von Relevanz ist nur das Vorgefundene. Ein Gott, der selbst erschaffen worden wäre, wäre Götzendienst. Entweder etwas existiert, wird also so vorgefunden oder es existiert nicht, und dann muss und soll man sich auch nicht damit beschäftigen. Die Möglichkeit einer psychischen Realität, deren Voraussetzung es wäre, eine Position des »Als-ob« einnehmen zu können, existiert im fundamentalistischen Universum nicht. Es kennt nur den Modus der *psychischen Äquivalenz*.

7.1.2 »potential space« versus »panic room«

Aufgrund der bisherigen Darlegungen wird deutlich, dass Fundamentalisten durch die Verleugnung der Abwesenheit des göttlichen Objekts und der Verwendung der biblischen Texte im Modus der symbolischen Gleichsetzung den intermediären Raum, in dem Offenes, Mögliches mit vielen Deutungsalternativen, aber nie etwas Gewisses oder gar Abgeschlossenes, Definitives vor sich geht, fürchten wie der Teufel das Weihwasser. Neubaur bringt diese Alternativlosigkeit auf den Punkt: »Der Fundamentalist bringt den Übergangsraum um, nur was nichtübergangsräumlich geschieht, ist ihm wahr. Fundamentalismus ist die gesellschaftliche und religiöse Alternative zum Übergangsraum-Denken« (Neubaur, 2002, S. 98). Und weiter: »Gesellschaftlicher Übergangsraum ist, wenn er ›good enough‹ ist, ein Schutz gegen Fundamentalismus, gegen die Sucht, alle Sphären in eine zusammenfallen zu lassen [...]. Fundamentalismus ist die Abschaffung des Übergangsraums, sagten wir, denn wenn es nur einen Raum gibt, dann gibt es keinen Übergangsraum« (ebd., S. 110). Auf einer ganz anderen Ebene hat Lorenzer (1988) dieses Moment anhand seiner Kritik am Zweiten Vatikanischen Konzil herausgearbeitet. In den alten katholischen Kirchen gibt es viele dunkle Nischen, Nebenräume, wo man sich in unterschiedlicher Art und Weise einfinden und religiös – oder auch nichtreligiös – positionieren kann. Das wäre architektonisch die entsprechende Analogie zum »potential space«. Gemäß Lorenzer hat das zweite Vatikanische Konzil die Übergangsräume in den Kirchen zerstört. Erst recht gilt dies für den Protestantismus, bei dem der helle überschaubare Raum alles sichtbar macht und der das Wort ins Zentrum stellt.

Wie dieser Übergangsraum oder »potential space« mit all seinen Uneindeutigkeiten und seinem Potenzial entstehen kann oder eben nicht, hat Ogden (1992) im Anschluss an Winnicott plausibel entwickelt (Kap. 6). Laut seinen Ausführungen kann das mütterliche Objekt der Außenwelt nicht entdeckt werden, solange das innere omnipotente mütterliche Objekt nicht zerstört worden ist. Das Kind muss die Bindung an das innere omnipotente Objekt verstärken, wenn in diesem Entdeckungsprozess das Objekt nicht ausreichend verlässlich präsent ist, sodass diese inneren omnipotenten Objekte zur einzigen Sicherheitsbasis werden. Es sperrt sich dadurch in eine eigene innere magische Welt ein, an die es sich unnachgiebig festklammert, was zur Folge hat, dass es kaum Fähigkeiten entwickelt, die gesamte äußere Objektwelt schon nur wahrzunehmen, geschweige denn von ihr Gebrauch zu machen. Die Grundhaltung zu dieser Welt da draußen ist von Angst, Misstrauen und Ablehnung geprägt statt von Neugierde und Interesse. In die Sprache des Fundamentalismus übersetzt heißt das: Die Welt ist böse, der Sünde verfallen, vom Satan beherrscht. Das Einzige, woran sich der Fundamentalist noch festhalten kann, ist sein Buchstabenglaube, diesbezüglich darf nichts ins Wanken geraten. Der Charakter der Beziehung zu diesen Schriften wird von der eben skizzierten Vorstellung eines Sich-Einschließens in den eigenen omnipotenten Raum sehr treffend beschrieben. *Dieser Raum ist das Gegenteil des »potential space«, er ist eher ein »panic room«.* In einen Panikraum begibt man sich, wenn man sich bedroht fühlt, also dann, wenn man die Außenwelt als feindlich erlebt. Eindrucksvoll wurde dies im Film *Panic Room* von 2002 in Szene gesetzt, als Mutter und Tochter in ihrem neuen Haus von Einbrechern heimgesucht werden und in den im Haus integrierten Panikraum flüchten, wo sie zwar vorübergehend von den Einbrechern geschützt, aber eben auch eingeschlossen sind und nicht nach draußen gelangen können. Auch der Kontakt zur Außenwelt ist so gut wie unmöglich. Diese Flucht wirkt wie die Metapher eines Rückzugs aus einer feindlichen Welt, ein Zurück in den Mutterleib in ein pränatales Stadium. Im psychischen Sinne nach Ogden und Winnicott ist es ein Ort, der entwicklungsgeschichtlich gesehen *vor* der Zerstörung des omnipotenten inneren mütterlichen Objekts angesiedelt ist.

Wie schwierig, ja fast unmöglich ein Heraustreten aus dem omnipotenten Kerker als Voraussetzung für die Subjektkonstituierung ist, arbeitet Norma Heeb in ihrer klinischen Arbeit mit Patient*innen von fundamentalistischen Eltern heraus (Heeb, 2020). In ihren theoretischen Vorüberlegungen bezieht sie sich vor allem auf die Arbeiten von Beland (2009; 2011). Das fundamentalistische Glaubenssystem ist darauf ausgerichtet, Subjektbildung systematisch zu verhindern. Beland hat herausgearbeitet, welche Abläufe dies bewirken. Er geht davon aus, dass sich in fundamentalistischen Familien ein zentraler traumatogener Beziehungsaspekt transgenerational perpetuiert. Dieser Aspekt besteht in der Blockierung des elterlichen Containers und entsprechend einem Fehlen elterlicher Containment-Funktion. Dadurch, dass der blockierte Container die kindlichen Ängste nicht aufnimmt und lindert, verdoppelt er diese und wirft sie dann zurück.[7] Damit wird er zum Vorbild eines ungeheuer mächtigen und verdammenden Gottes, auf den das Kind bedingungslos angewiesen ist und wodurch seine existenzielle Bedürftigkeit in ein Dogma umgewandelt wird, das da lautet: Verstehen wollen und verstanden werden wollen ist schlecht. Es führt nur dazu, dass alles doppelt so schlimm ist wie vorher. »In der Reaktionsbildung gegen traumatische Ohnmacht bildet sich ein sich allmächtig glaubendes infantiles Selbst, das introjektiv identifiziert ist mit einem allwissend verdammenden und verfolgenden Objekt« (Beland, 2011, S. 408). Ein Zerstören dieses fundamentalistischen Gottes im Sinne Winnicotts steht außer Frage, vielmehr ist hier ein Gott am Werk, der das Subjekt schon in seinem Entstehungsprozess auslöscht, sodass der Fundamentalist alles, was mit Subjektkonstituierung zu tun hat, wie eben den »potential space«, bei sich und anderen zerstören muss. Anstelle eines Subjekts entsteht ein auf sich selbst und damit auf sein inneres omnipotentes Objekt zurückgeworfenes Selbst. Dieses in seiner Subjektentwicklung stark beeinträchtige Wesen bleibt so in einer

---

7   Vorstellbar wäre beispielsweise die Situation, dass ein Kind nachts aus einem Albtraum erwacht, Angst hat und zu den Eltern ins Schlafzimmer geht, in der Hoffnung, bei ihnen Trost und Wärme zu erhalten, von diesen jedoch zurückgewiesen wird und alleine in seinem Bett mit seiner Angst zurechtkommen muss.

basalen Abhängigkeit von einem unberechenbar gleichsam vernichtenden und erlösenden omnipotenten göttlichen Objekt gefangen (Heeb, 2020, S. 137).

Dies ist die Basis für den fundamentalistischen Glauben oder eben den fundamentalistischen Modus der Objektbeziehung. Wenn man mit Fundamentalisten diskutiert, ihre Sicht infrage stellt, mit anderen Worten die Realität von außen an sie heranträgt, werden existenzielle Ängste aktualisiert. Die gesamte Welt der äußeren Objekte wird als bedrohlich erlebt. Auf dieser Grundlage kann die »psychische Entstehungsgeschichte« religiöser Objekte in Anlehnung an die Entwicklungspsychologie Winnicotts und Ogdens noch weiterentwickelt werden: *In der Phase der Übergangsobjekte werden die göttlichen Objekte erschaffen. Während des Übergangs zu den äußeren Objekten zeigt sich, welche Qualität diese Objekte haben, mit anderen Worten wie stark sie nach dem Modell innerer omnipotenter Objekte gestaltet sind respektive wie unabhängig sie davon entstehen konnten.* Damit diese nicht nach dem Vorbild innerer omnipotenter Objekte gestaltet sind, gilt es, die Aussage von der Zerstörung des omnipotenten mütterlichen Objekts analog auf den religiösen Bereich anzuwenden. Wenn vorhin die Rede davon war, dass ein solch omnipotenter und furchterregender Gott nicht unmittelbar zerstört werden kann, ohne damit eigene Vernichtungsängste zu mobilisieren, schlägt Raguse einen Weg vor, der immer noch schwer genug wäre. So müsste der Leser den biblischen Text als übermächtiges Gegenüber, das ihm seine Freiheit (zu denken) raubt, zerstören, um ihn neu zu entdecken als eine Quelle, die ihm etwas zu sagen hat (Raguse, 1993, S. 128; ähnlich auch Drechsel, 2005, S. 134f.). »Das wäre das Ende einer fundamentalistischen Verobjektivierung des Textes« (Raguse, 1993, S. 128). Interessanterweise betont Raguse, dass die Zerstörung zwischen Leser und Text in beiden Richtungen stattfinden sollte. Auch der Text müsse seinen Leser zerstören, damit letzterer nicht von vornherein alles besser wisse und überhaupt Neues entdecken könne. Dieser zweite, zunächst etwas obskur klingende Teil, ist von großer Bedeutung. Gemeint ist, dass der Leser sich selbst als omnipotenten Interpreten des Textes, der genau weiß, was alles bedeutet, zerstören müsste. Das wäre das Ende einer willkürlichen hermeneutischen Herrschaft über den Text. Diese an sich subjektive hermeneutische Herrschaft tritt interessanterweise »in Gestalt vorgeblicher Verobjektivierung der Texte auf« (ebd.). Fundamentalisten wissen, wie der Text gemeint ist, es gibt nichts zu interpretieren, es gibt nur den Gehorsam gegenüber dem »Wort Gottes«. Indem sie die Ebene der Deutung verweigern, maßen sie sich die Deutungshoheit erst recht an. Zusammengefasst ergibt sich daraus eine paradoxe Melange aus vermeintlich demütiger Unterwerfung (des fundamentalistischen Lesers unter den Text) und omnipotenter Herrschaft (der fundamentalistische Leser weiß alles ganz genau).

7.2 Dualismus: Das Prinzip der Spaltung

Die zweite Hypothese lautet: *Der von Fundamentalisten vertretene Dualismus stellt eine radikale Spaltung in Gut und Böse auf der Grundlage einer paranoid-schizoiden Position dar.*

Das vielleicht verstörendste Merkmal des Fundamentalismus ist seine radikale Spaltung in Gut und Böse und die damit verbundene Gewalt. Diese zeigt sich in seiner protestantischen Spielart, wie gezeigt wurde, nicht primär in Gewaltakten (abgesehen vom Bereich der Kindererziehung), sondern mehr in einer Haltung, in einer bestimmten Vorstellung über Anders- oder Nichtgläubige. Auch hier knüpfen wir wieder an die Frage nach dem Umgang mit dem abwesenden Objekt an. *Während das literalistische Bibelverständnis im Dienst der Verleugnung der Abwesenheit des göttlichen Objekts steht, befassen wir uns im Folgenden mit den Konsequenzen, welche durch diese Verleugnung entstehen.*

Es geht in der Psychoanalyse nicht um irgendeine Abwesenheit, sondern um *qualifizierte Abwesenheit.* Um eine, die dadurch gekennzeichnet ist, dass »zu einem Zeitpunkt, an dem es dringend erforderlich gewesen wäre, einfach nichts geschah« (Winnicott zit. nach Neubaur, 2002, S. 93). Als paradigmatische Ausgangslage dieser Zustandsbeschreibung kann die Schilderung Segals über die primäre Erfahrung von Hunger hinzugezogen werden: »Der erste Hunger und der Drang, ihn zu befriedigen, sind begleitet von der Phantasie eines Objekts, das imstande ist, diesen Hunger zu stillen« (Segal zit. nach Britton, 2001, S. 145). Dabei gibt es noch keinen Unterschied zwischen Fantasie und Realität. Die Beziehungserfahrungen mit den Objekten und die Objekte selbst werden nicht mit eigener Fantasie durchsetzt erlebt, sondern als physische Ereignisse erfahren.

> »Ähnlich wird ein hungriges, wütendes Baby, das schreit und strampelt, phantasieren, dass es die Brust wirklich angreift [...]; es wird sein eigenes Geschrei, mit dem es sich selbst zerreisst und verletzt, als die zerrissene Brust erfahren, die den Säugling in seinem Inneren angreift. Daher erfährt dieser nicht nur Verlangen, sondern der Hunger-Schmerz und das eigene Schreien dürften auch als Verfolgungsangriff auf sein Inneres empfunden werden« (ebd).

Mit diesen Worten verweist Segal auf die Arbeiten Melanie Kleins und ihre entscheidende Entdeckung, dass die Vorstellung von Abwesenheit (des guten Objekts) alles andere als selbstverständlich ist. Klein hat bekanntlich die gute und die böse Brust als Bilder der guten respektive der schlechten Erfahrungen mit der Mutter entwickelt. Die Erfahrung der guten Brust wird mit einer Mutter verbunden, die stillt und nährt. Die böse Brust spiegelt die Aggression des Kindes auf die abwesende Mutter(-brust) wider. Diese wird böse, weil sie mit dem Hass des Kleinkinds projektiv aufgeladen wird, und zwar so sehr, dass das Ich fürchtet, von seinem (Teil-)Objekt, ursprünglich der mütterlichen (versagenden) Brust, zerstört zu werden. »Aus der abwesenden Brust wird auf diese Weise eine anwesende verfolgende Brust, die als Inbegriff alles Bösen erlebt wird und eine Vernichtungsangst auslöst, die der Angst vor der zerstörerischen Kraft im eigenen Innern entspricht« (Rohde-Dachser, 2009, S. 987). Nochmals zur Betonung, weil es für das Verständnis des Fundamentalismus so entscheidend ist: In einem primären Zustand der paranoid-schizoiden Position gibt es die Abwesenheit des guten Objekts nicht. Vielmehr bedeutet *Abwesenheit des guten Objekts Anwesenheit des bösen Objekts.*

Die Vorstellung von Abwesenheit ist, wie weiter oben dargestellt, eine Errungenschaft, die nur mithilfe von Übergangsobjekten erreicht werden kann. Diese vermitteln zwischen den beiden Polen der Leere respektive der Ohnmacht bei Abwesenheit und dem Wiederkommen der Mutter, was als Allmacht erlebt wird. Übergangsobjekte sind der Schlüssel dafür, dass Abwesenheit gedacht werden kann und nicht als böse Anwesenheit erlebt wird (Neubaur, 2002, S. 96). Gelingt diese Aufgabe des frühen Holdings, mündet dies in die Fähigkeit, allein zu sein. Gelingt dies jedoch nicht, und damit gleichbedeutend: Gelingt der Übergang von der paranoid-schizoiden zur depressiven Position nicht, bleibt die Abwesenheit insofern bedrohlich, als sie nicht betrauert werden kann, sondern als paranoide Grundstimmung, als Verfolgung durch das böse Objekt bestehen bleibt. Oder mehr noch in Anlehnung an Winnicott und Ogden formuliert: Solange das äußere mütterliche Objekt als Realität außerhalb des eigenen omnipotenten Raums unentdeckt bleibt, ist die Vorstellung eines abwesenden guten Objekts nicht möglich. Diese Erfahrung bleibt der depressiven Position vorbehalten.

7.2.1 Fundamentalismus als paranoid-schizoide Variante der Religion

Die Abwesenheit des (guten) Objekts kann also erst in der depressiven Position gedacht und mit der Vorstellung verknüpft werden, dass das Objekt an einem anderen Ort existiert. In der christlichen Vorstellung wäre dieser mythologische Ort der Himmel. Das göttliche Objekt existiert, aber es ist abwesend. Diese Abwesenheit wird erlitten. Britton (2001) konstruiert daraus einen Gedanken, der für sämtliche religiöse Zukunftsszenarien von Bedeutung ist:

>»Wenn die Abwesenheit des Objekts erkannt wird, wird der Platz, den das Objekt ursprünglich eingenommen und dann verlassen hat, als Raum erlebt. Enthält dieser Raum das Versprechen des Objekts, zurückzukehren, wird er als gutartig oder sogar als heilig erlebt, wenn er idealisiert wird« (S. 145f.).

Dies wäre die glaubende Variante, welche die Abwesenheit des göttlichen Objekts nicht verleugnet, aber auf dessen Wiederkehr hofft. In dieser christlichen Vorstellung würde Christus, der sich zurzeit im Himmel befindet, am Ende der Zeiten wieder zurück auf die Erde kommen. Dies ist sozusagen der – nicht fundamentalistische – »Mainstream« christlich-protestantischer Theologie und Frömmigkeit, die sich mehr oder weniger in diesem Setting eingerichtet hat und als depressive Position religiösen Lebens verstanden werden kann.

Die Frage ist nun: Was, wenn die Abwesenheit des guten göttlichen Objekts gar nicht gedacht und betrauert werden kann? Wie fühlt es sich an, wenn man auf die Wiederkunft des Messias, des Erlösers hofft, der auf dieser Welt paradiesähnliche Zustände bewerkstelligen wird, und der einfach nicht kommt? Und was, wenn all dies nicht als Erfahrung der Abwesenheit des guten göttlichen Objekts erlebt wird, sondern als Anwesenheit des Teufels, als Ausgeliefertsein an dämonische, widergöttliche, feindliche Mächte? Im fundamentalistisch-apokalyptischen Weltbild, in der paranoid-schizoiden Position wird diese Abwesenheit paranoid verarbeitet nach der Devise: »Wir sind der Verfolgung ausgesetzt.« Dies ist die Anwendung der Klein'schen Theorie auf den Fundamentalismus. Abwesenheit des guten Objekts bedeutet Anwesenheit des bösen verfolgenden Objekts. Die Erfahrung der Abwesenheit des guten göttlichen Objekts wird erlebt als Anwesenheit des personalisierten Bösen, des Teufels. Fundamentalisten erleben das irdische Dasein als Kriegsschauplatz. Und sie wissen, wie es ausgehen wird.

7.2.2 Apokalypse oder die Lust am Untergang der Anderen

Nirgends sonst verdichtet sich die dualistisch-manichäistische Vorstellung, die Teilung in Gut und Böse, deutlicher als in den apokalyptischen Szenarien. Da diese sich definitionsgemäß in der Zukunft abspielen, bilden sie eine großartige Fläche für entsprechende Projektionen. »In den Schilderungen der Apokalypse paaren sich Rachevorstellungen, Hass und grausame Bestrafungsfantasien mit einer Sehnsucht nach einem paradiesischen Zustand [...]. Dieses Nebeneinander von grausamsten Vernichtungsfantasien und einem ideal-narzisstischen Zustand gilt es zu erklären« (Bohleber & Klumbies, 2010, S. 33). Für ihren Erklärungsversuch berufen sich Bohleber und Klumbies auf die Interviews von Strozier mit protestantischen Fundamentalisten (Kap. 4). Als zentralen Faktor in deren Biografie taucht überall ein radikales Bekehrungserlebnis auf, welches das eigene Leben in ein klar abgegrenztes Vorher und Nachher aufteilt. In den von Strozier zusammengestellten Narrativen sind es vor allem die Kälte und Erbarmungslosigkeit, mit der die Vernichtung der ungläubigen Menschen im apokalyptischen Enddrama geschildert wird, die Bohleber & Klumbies auffallen. Sie interpretieren diese verstörenden Affekte dahingehend, dass die Ungläubigen das eigene sündige schlechte Selbst aus der Vergangenheit der Gläubigen verkörpern. Diese wurde aus dem eigenen Selbst ausgeschlossen, in die Ungläubigen hineinprojiziert, wo das Böse, nun endgültig vernichtet werden soll (ebd., S. 34). Durch diesen projektiven Vorgang werde die eigene Destruktivität abgespalten.

Davis (2006) knüpft an diese Gedanken an und zeigt in seiner Analyse auf, wie konsequent die Aspekte der Bekehrung, des Drangs zu evangelisieren und apokalyptische Vorstellungen zusammenhängen, wenn man sie vom Abwehrmanöver der Spaltung aus betrachtet. Wie Strozier (1994) gezeigt hat, gibt es in jeder fundamentalistischen Biografie eine sogenannte Bekehrung, ein radikales Davor und Danach. Der Terminus der »Wiedergeburt« beinhaltet den Tod des »alten« Ich, damit das »neue« Ich geboren werden kann. Die Funktion der Bekehrungsgeschichte besteht darin, diesen Mechanismus theologisch zu zementieren. Das neue Selbst ist eine Funktion der kompromisslosen Identifikation mit Jesus. Es geht nicht um eine Transformation des Selbst, es geht um Vernichtung des alten, sündigen Selbst, so die Analyse von Davis (2006, S. 277). Das ist insofern bemerkenswert, als die Grundangst der Fundamentalisten die *Vernichtungsangst* ist.

7.2.3 Vernichtungsangst als Grundangst der Fundamentalisten

Die fundamentalistische Bewegung entstand Anfang des 20. Jahrhunderts aus einer Angst heraus, dass die christliche Religion und Kultur, das christliche Leben durch die Kräfte der Moderne, den Liberalismus, die historisch-kritische Methode, den Darwinismus etc. untergehen werde und man sich dagegen mit allen Kräften zur Wehr setzen müsse. Auf individueller Ebene, so die hier vertretene Position, geht es um die Unmöglichkeit, die Abwesenheit des guten göttlichen Objekts innerpsychisch zu repräsentieren. Aus dem abwesenden guten Objekt wird ein anwesendes böses Objekt, das als Inbegriff alles Bösen erlebt wird. Dieses böse Objekt löst eine Vernichtungsangst aus, die aber nicht von außen kommt, sondern der Angst vor der zerstörerischen Kraft im eigenen Innern entspricht. Diese furchtbare Angst, oder eben auch diese zerstörerische Wut, kann nicht im eigenen Innern verbleiben, da sie nicht verarbeitet oder verdaut werden kann. Das Evakuieren der eigenen Vernichtungsangst ist die Grundlage der weiteren Überlegungen.

Die Psychodynamik der Bekehrung besteht demnach hauptsächlich in einem verzweifelten Verlangen, diese Angst genährt aus Zerstörungswut loszuwerden. Wie gezeigt gelingt dies nur, indem das alte Selbst, der »alte Mensch« stirbt. An dieser Stelle zeigt sich, wie passend die Vorstellung einer radikalen Bekehrung die Angst vor Vernichtung aufnimmt. Sie findet hier ihren Ort, indem nicht das Subjekt als Ganzes vernichtet wird, sondern »nur« der alte, wertlose, sündige Teil. Ja mehr noch, es ist sogar wünschenswert, diese »alte« Version des eigenen Selbst zu vernichten und möglichst komplett auszurotten. Die Vernichtungsangst wird durch dieses dogmatische Manöver in einen Vernichtungswunsch verwandelt.

Das ist aber noch nicht alles: Der Bekehrungsakt ist nicht so definitiv, wie sich das fundamentalistisch Gläubige wünschten. Er erfordert eine Praxis des Reenactings der eigenen Bekehrung. Diese Praxis ist diejenige des *Evangelisierens*. Davis definiert die Praxis des Evangelisierens als die »manische Wiederholung, wobei die Spaltung in der Psyche, die durch die Bekehrung erschaffen wurde, nun auf die Welt projiziert wird« (Davis, 2006, S. 281). Dabei fällt ihm der Mangel an Respekt gegenüber denjenigen auf, die evangelisiert werden sollen, den Ungläubigen. Dieser Mangel ist jedoch notwendig. Alles andere würde ein Bekenntnis des Zweifels bedeuten, was den Anderen zu einer Bedrohung werden lassen würde statt einer Projektionsfläche für all das, was durch die Bekehrung von der eigenen Psyche abgespalten wurde. Durch das Evangelisieren ist man in einem notwendigen Wiederholungszwang engagiert. Alles Schlechte, insbesondere die Vernichtungsangst, befindet sich außerhalb, und man muss alles dafür tun, dass es dort bleibt. Somit stellt das Evangelisieren ein Ritual dar, das die Spaltung und Projektion zementiert. Ohne Evangelisieren würde die fundamentalistische Psyche implodieren, so Davis weiter (2006, S. 283). Der Fundamentalismus trägt damit zur Chronifizierung der Spaltung und der paranoid-schizoiden Position bei und schafft für diese eine ideologische Basis. Auf diesem Hintergrund erscheint diese radikale Spaltung als Lösung, mehr noch, als einziger Weg zum »Heil«. Aber auch das ist noch nicht alles.

Erst die Vorstellung der *Apokalyptik* ermöglicht schließlich die endgültige Lösung der abgespaltenen Gefühle von Angst und Hass durch deren finale Evakuierung. Als Fundamentalist reinige man sich, indem man diese abgelehnten Zustände, ergänzend dazu auch das eigene Begehren, auf die Welt projiziere, die dadurch abgrundtief böse und verdorben wird und es genau deshalb auch sein und bleiben müsse. Erst die Vorstellung der Apokalyptik bietet die Möglichkeit, die unerträglichen Zustände von Vernichtungsangst und Zerstörungswut auf finale Art und Weise loszuwerden. Erleichterung und Genugtuung verschafft erst die Vorstellung, dass diese Welt am Ende der Tage in die Hände eines zornigen Gottes ausgeliefert werde, der seinen Zorn in einer Orgie purer Zerstörung zum Ausdruck bringe. Dies ist der Kern der Apokalypse. Sie ermöglicht zugleich die Befriedigung und die Abfuhr des eigenen Hasses durch die Zertrümmerung dieser Welt, wie sie im Buch der Offenbarung so detailliert beschrieben wird. Mit anderen Worten: *Die eigene Vernichtungsangst wird auf die Vernichtung der anderen projiziert.* Die fundamentalistische Psyche übergibt sich somit einer Zerstörungswut, die eine Zerstörung mindern soll, die einen von innen bedroht. Nach Davis ist es nicht ganz trivial, diese paradoxe Situation aufzulösen, denn einerseits soll der Zerstörungswut ein kompletter, unkontrollierter Ausdruck gewährt werden, andererseits soll das eigene »neue Selbst« diese Zerstörungsorgie irgendwie überleben. Wie soll das gehen? Die Antwort lautet: durch die Vorstellung der »Entrückung« in den Himmel (Davis, 2006, S. 288; Kap. 2). Sie beinhaltet die magische Vorstellung, dass die globale Zerstörung und das Ende der Welt zugleich die eigene Rettung bedeuten. Und genau an diesem Punkt zeigt sich der enge Zusammenhang zwischen Zerstörung der Anderen und der eigenen Rettung, mehr noch die psychologische Notwendigkeit, dass das Erste das Zweite bedingt. *Die eigene Rettung und Erlösung sind in der fundamentalistischen Psychologik nicht denkbar ohne die Zerstörung der verdorbenen und bösen Welt.* Die Konzeption der Apokalypse lautet: »Erlösung durch Vernichtung« (Beland, 2011, S. 401).

7.2.4 Im Himmel vereint mit Jesus – die idealisierte Nähe zum göttlichen Objekt

So vernichtend das apokalyptische Programm für die Ungläubigen ausgehen wird, so klar wird auf der anderen Seite der feste Glaube an einen idealisierten harmonischen Endzustand aufrechterhalten, in dem das Böse, Rache und Hass verschwunden sind, »Löwe und Lamm nebeneinander liegen«. Am dichtesten kommt dies im Bild des »himmlischen Jerusalems«, einem Topos aus dem neutestamentlichen Buch der Offenbarung des Johannes zum Ausdruck. Das »himmlische Jerusalem« kann als Bild für die äußerste Glückseligkeit in der Nähe des göttlichen Objekts betrachtet werden. Zur Veranschaulichung dieser

Bilderwelten sollen im Folgenden auszugsweise einige Textpassagen zitiert werden (Offenbarung, 21, 1–4, nach Deissler & Vögtle, 1985):

> »Dann sah ich einen neuen Himmel und eine neue Erde, denn der erste Himmel und die erste Erde sind vergangen [...]. Ich sah die heilige Stadt, das neue Jerusalem, von Gott her aus dem Himmel herabkommen [...]. Da hörte ich eine laute Stimme vom Thron her rufen: Seht, die Wohnung Gottes unter den Menschen! Er wird in ihrer Mitte wohnen, und sie werden sein Volk sein; und er, Gott, wird bei ihnen sein. Er wird alle Tränen von ihren Augen abwischen: Der Tod wird nicht mehr sein, keine Trauer, keine Klage, keine Mühsal. Denn was früher war, ist vergangen.«

Beim Lesen dieser Zeilen wird deutlich: Das lang ersehnte – und durch Verleugnung bereits als erreicht propagierte – Ziel ist hier erfüllt: die unmittelbare Nähe zum göttlichen Objekt mit all ihren paradiesischen Begleiterscheinungen. Das »himmlische Jerusalem« ist die Wiederkunft des verlorenen Paradieses. Diese idealisierte Nähe zum guten göttlichen Objekt bedingt, dass die Bewohner des himmlischen Jerusalems rein, jungfräulich, kindlich unschuldig sind. Alles Triebhafte, Sexuelle und Aggressive hat hier keinen Platz.

Wie wir gesehen haben, behaupten Fundamentalisten ihre unmittelbare Nähe zum göttlichen Objekt. Diese illusionäre Nähe wird nur durch Verleugnung möglich. Am Ende der Geschichte jedoch wird, durch einen magischen Vorgang der sogenannten »Entrückung« die geografische Distanz zwischen Himmel und Erde aufgehoben und die nun auch ganz konkrete räumliche Nähe zum göttlichen Objekt als das Ziel der Geschichte dargestellt. Am Ende der Zeiten und für immer und ewig nah bei Gott zu sein, darum geht es letztlich. Diese idealisierte Nähe hat ihren Preis und ist nur unter der Bedingung möglich, dass man das eigene Böse, Destruktive, Triebhafte bei sich ausmerzt, abspaltet und auf die ungläubige Welt projiziert. In der apokalyptischen Logik lässt das Ausmaß der Aggression, die aufgewendet wird, um diese Utopie Wirklichkeit werden zu lassen, auf die Intensität des Wunsches, dorthin zu gelangen, schließen. Rohde-Dachser bringt diese Dynamik in einer Formel auf den Punkt, die als Überschrift über die apokalyptische Vorstellung gesetzt werden kann: »Das destruktive Potenzial des Phantasmas einer Utopie auf Erden« (Rohde-Dachser, 2009, S. 991). Die Kehrseite der Idealisierung ist die Gewalt. Die reine, idealisierte Beziehung zu einem nur guten inneren Objekt, das um jeden Preis gut bleiben muss, beinhaltet zwingend die Projektion der Aggression auf ein davon abgespaltenes nur böses Objekt. Dieses abgespaltene böse Objekt kann zum Verfolger werden, der endgültig vernichtet werden muss.

7.3 Literalismus und Dualismus: Versuch einer Zusammenschau

Dass die beiden dargestellten Hauptmerkmale Dualismus und Literalismus aus einer psychoanalytischen Perspektive eng miteinander zusammenhängen, wurde bereits anhand des Konzepts der symbolischen Gleichsetzung, die aus der paranoid-schizoiden Position erfolgt, gezeigt.

Im Folgenden wird dies auf einer mehr pragmatischen Ebene anhand des Konzepts der Leserlenkung (nach Raguse, 1993, S. 154ff.) konkretisiert. Was ist mit Leserlenkung gemeint? Leser*innen sind nicht frei. Sie können nicht den Text der Offenbarung lesen und in aller Freiheit darüber sinnieren. Jedenfalls ist dies vom Erzähler nicht so vorgesehen. Er drängt die Leser*innen in eine bestimmte Rezeptionshaltung. Die Textintention ist dabei die folgende: Erzähler und Leser*innen sollen sich das gute Objekt durch die aufgerichtete Spaltung in Gut und Böse rein erhalten. »Rein bleibt es vor allem von dem eigenen gefährlichen und zerstörerischen Hass, der auf die Gegner gerichtet wird, und damit nicht mehr die Beziehung zum erwarteten Christus bedroht« (Raguse, 1993, S. 162). Der Erzähler versucht seine Leserschaft in eine Position zu bringen, in der beide einander in jeder Hinsicht gleich sind, insbesondere in der völligen Mitleidslosigkeit gegenüber der Vernichtung der Bewohner der sündigen Welt. Darüber sollen sich die Leser*innen mit dem Erzähler viel mehr freuen. Der Erzähler der Offenbarung zögert auch nicht, seine Leser*innen zu bedrohen, falls sie an diesem Buch etwas ändern sollten. Offenbar muss er sie einschüchtern, damit sie nicht auf die Idee kommen, eine subjektive Position einzunehmen, sondern den Modus der symbolischen Gleichsetzung vollziehen. Wer die Apokalypse als Fiktion lesen will, muss aufgrund der dem Text inhärenten Drohungen ziemlich angstfrei sein. Wenn die Leser*innen den Text nicht als Tatsachenbericht über ganz reale Ereignisse, die bevorstehen, verstehen, werden ihnen diejenigen Strafen angedroht, die ihnen beim Lesen des Textes anschaulich in ihrer ganzen Grausamkeit vorgeführt werden. Es ist dann die Aufgabe der Leserschaft, zu entscheiden, ob sie den Text als Tatsachenbericht sehen will oder ob sie die »Trennung gegen die Tendenz des Textes wieder aufrichtet und damit zwischen einer fiktiven und einer anderen Welt unterscheidet, von welcher aus die fiktive Welt als diese zu erkennen ist« (Raguse, 1993, S. 113). Voraussetzung dafür ist, den Text in seinem symbolischen Gehalt zu verstehen und als interpretierendes Subjekt aufzutreten, sich also nicht dem Text und seiner inhärenten Leserlenkung zu unterwerfen. Dies allerdings erfordert eine Haltung der Abgrenzung gegenüber einem Angebot, das bei entsprechender psychischer Ausgangslage sehr verführerisch daherkommen kann. Die Leser*innen sollen gezwungen werden, zusammen mit dem Erzähler und einer Schar nur guter Teilobjekte nur gute Objekte zu sein. Dadurch erhalten sie die Möglichkeit, ein äußerstes Maß an Zerstörungswut ohne Schuldgefühl auszuleben. Bei der paranoid-schizoiden Position erzeugt die Vernichtung eines Objekts, welches das absolut Böse verkörpert, keine Schuldgefühle. »Sie ist hier vielmehr legitim, weil das idealisierte Objekt [...] vor ihm bewahrt werden muss und – dies vor allem – weil mit der Vernichtung des Bösen die Utopie eines Paradieses in greifbare Nähe rückt« (Rohde-Dachser, 2009, S. 991).

Während also beim Lesen fiktionaler Texte zwischen Erzähler und Leserschaft eine Art passagerer »Fiktionspakt« geschlossen wird (Gess, 2021), schnürt der Erzähler der Offenbarung einen Pakt der anderen Art. Er macht den dafür aufgeschlossenen Leser*innen ein umfassendes Angebot: Ihnen wird eine Textschablone zur Verfügung gestellt, die sie über den Text legen und sich in einer reichhaltigen Bilderwelt mit blutigen Gefechten und Endzeitszenarien austoben können – all dies immer in der beruhigenden Gewissheit, dass sie zu den Guten gehören und am Ende siegen werden, wenn sie den Text genauso lesen, wie es für sie vorgesehen ist.

7.4 Resümee

Fundamentalisten wirken vordergründig oft umgänglich und freundlich, kippen aber unvermittelt ins Aggressive und Feindselige, wenn man ihre Ansichten nicht teilt. Der erbarmungslose und aggressive Grundton irritiert, wenn man bedenkt, dass diese Einstellung durch eine religiöse Tradition legitimiert wird, in der oft von einem »barmherzigen Gott« die Rede ist. Hier liegt der Ansatz zur Erkundung des Doppelbödigen und Untergründigen der fundamentalistischen Haltung.

Die Ausgangsfrage dieser Arbeit lautet: Welche psychische Disposition begünstigt die Bereitschaft, das fundamentalistische Glaubenssystem als passende Antwort auf eigene Fragen zu erleben? Nach dem hier skizzierten Ansatz bietet der Fundamentalismus nicht nur eine Antwort neben anderen an, er verspricht vielmehr die Erlösung aus einem Zustand, der durch Vernichtungsangst und Zerstörungswut gekennzeichnet ist. In eine religiöse Sprache übersetzt heißt dies: Wer oder was erlöst mich von dem Bösen?

Die entsprechende Antwort darauf aus der biblisch-christlichen Tradition lautet: Nur die Nähe Gottes, die in einer Haltung des Glaubens rezipiert wird, kann diese Erlösung bewirken. Ausgangspunkt der Überlegungen war die Beobachtung, dass Fundamentalisten diese Nähe zum guten göttlichen Objekt forciert behaupten müssen, weil sie dessen Abwesenheit nicht ertragen. Der Grund dafür ist eine psychische Disposition, die Abwesenheit nicht als Abwesenheit eines guten Objekts erleben kann, sondern als *An*wesenheit eines bösen Objekts. Daraus erwächst die Angst, von diesem bösen Objekt vernichtet zu werden, was eine Reihe von Abwehrmechanismen wie Verleugnung, Spaltung, Projektive Identifizierung und Idealisierung in Gang setzt.

Fundamentalisten verleugnen die Abwesenheit des göttlichen Objekts. Ihr literalistisches Bibelverständnis im Sinne einer symbolischen Gleichsetzung steht im Dienst dieser Verleugnung. Das »Wort Gottes«, die Bibel, wird mit Gott gleichgesetzt. Deshalb ist das göttliche Objekt gar nicht abwesend, sondern in seinem Wort anwesend, und zwar real, nicht symbolisch, und nur dann, wenn jeder einzelne Buchstabe als göttlich gesetzt übernommen wird. Durch die Verleugnung der Abwesenheit wird das Prekäre der Objektbeziehung zum göttlichen Objekt umgangen. Zweifel werden dadurch ausgeschaltet, die Haltung ist keine glaubende, sondern eine wissende. Diese literalistische Haltung befreit zugleich von der Last, das Wahrgenommene zu deuten, zu interpretieren, die Unsicherheit aushalten zu müssen, dass vieles erst einmal unklar ist und manches auch unklar bleibt. Sie entlastet von der Anstrengung, ein Subjekt zu werden, zu sein und zu bleiben, von der Arbeit und der Ermüdung, die das mit sich bringt, von der »fatigue, d'être soi« (Ehrenberg, 2015).

Damit das Verleugnete nicht wiederkehrt, sind weitere Abwehrmechanismen erforderlich. Die Vernichtungsangst wird umgekehrt und als Vernichtungswunsch auf die bösen Objekte gerichtet. Die Angst vor der Vernichtung rechtfertigt den Impuls, das böse Objekt zu zerstören, um nicht selbst von ihm zerstört zu werden. Die fundamentalistische Ideologie bietet eine breite Palette an Möglichkeiten, diese psychische Ausgangslage nicht als Krise, sondern als erstrebenswerte religiöse Einstellung zu leben. Die *dualistische Weltsicht*, verstanden als radikale Spaltung zwischen Gut und Böse, erlaubt eine Erbarmungslosigkeit gegenüber Individuen, die nicht denselben Glaubensstil teilen. Durch *Bekehrung und Wiedergeburt* wird das *alte sündige Selbst* ausgemerzt. Dies geschieht durch die Spaltung in ein nur böses, altes und in ein nur gutes, neues, eben *wiedergeborenes* Ich. Die Praxis des *Evangelisierens* dient dem Re-Enactment der Bekehrung, indem sie die Spaltung in der eigenen Psyche auf die Welt projiziert und zementiert. Die finale Lösung wird schließlich durch das reichhaltige Material der *apokalyptischen* Bilderwelt zur Verfügung gestellt. Die abgespaltenen Gefühle wie Angst und Hass werden dank der Vorstellung endgültig evakuiert, dass sie, personifiziert durch die ungläubigen Individuen, am Ende der Tage in die Hände eines zornigen allmächtigen Gottes übergeben werden, um sie auszulöschen. Durch diesen letzten Akt, der von Beland (2011) als »Erlösung durch Vernichtung« bezeichnet wird, ist der Weg frei für das lang ersehnte und dank Verleugnung bereits partiell erreichte Ziel: die unmittelbare und für alle Ewigkeit bestehende Nähe zum göttlichen Objekt.

Die dargestellten Abwehrmechanismen werden der paranoid-schizoiden Position zugeordnet. Innerhalb der psychoanalytischen Theorie werden sie meist als sogenannte »unreife« Abwehrmechanismen bezeichnet. Im fundamentalistischen Umfeld hingegen gelten die damit verbundenen Eigenschaften nicht als defizitär, sondern als höchst willkommen. Sie bilden den psychischen Nährboden, auf dem die fundamentalistische Ideologie gedeihen kann – eine Ideologie, welche psychische Errungenschaften der depressiven Position wie die Subjekthaftigkeit, die Fähigkeit zur Symbolisierung und Ambivalenz, Ambiguitätstoleranz, die Fähigkeit, Unsicherheiten zu ertragen,[8] als unerwünscht und unnötig deklariert. Umgekehrt stellt der Fundamentalismus die von einer absoluten Instanz abgesegnete Legitimation für die Abspaltung und Externalisierung zerstörerischer Impulse zur Verfügung und entlastet damit von der psychischen Arbeit, die erforderlich ist, diese Impulse zu integrieren und damit ihre destruktive Kraft zu entschärfen. Auf diesem Hintergrund entfaltet die fundamentalistische Lösung ihr verführerisches Potenzial.

---

8 Vgl. Bions Begriff der »negative capability« (1992).

Literatur

Abella, A. (2018). Can psychoanalysis contribute to the understanding of fundamentalism? An introduction to a vast question. *The International Journal of Psychoanalysis, 99*(3), 642–664. https://doi.org/10.1080/00207578.2018.1425874 [letzter Aufruf: 3.6.2022].

Adorno, T. (2017 [1950]). *Studien zum autoritären Charakter* (10. Auflage). Frankfurt a. M.: Suhrkamp.

Adorno, T. (2018 [1954]). *Soziologische Schriften I* (4. Auflage). Frankfurt a. M.: Suhrkamp.

Almond, G. A., Sivan, E. & Appleby, R. S. (1995). Fundamentalism: Genius and Species. In M. E. Marty & R. S. Appleby (Hrsg.), *Fundamentalisms comprehended. The Fundamentalism Project* (Band 5, S. 399–424). Chicago: The University of Chicago.

Amadeu Antonio Stiftung (2015). *»No World Order«. Wie antisemitische Verschwörungsideologien die Welt verklären*. https://www.amadeu-antonio-stiftung.de/wp-content/uploads/2018/08/verschwoerungen-internet–1.pdf [letzter Aufruf: 19.4.2022].

Amadeu Antonio Stiftung (2020). *QAnon in Deutschland*. https://www.amadeu-antonio -stiftung.de/wp-content/uploads/2020/11/01-dehate-report-QAnon.pdf [letzter Aufruf: 19.4.2022].

Amlinger, C. & Nachtwey, O. (2022). *Gekränkte Freiheit. Aspekte des libertären Autoritarismus*. Berlin: Suhrkamp.

Andina-Kernen, A. (2021). *Psychisches Wachsen. Symbolisierung, Metapher und künstlerisches Schaffen aus psychoanalytischer Sicht*. Basel: Schwabe.

Armstrong, K. (2004). *Im Kampf für Gott. Fundamentalismus in Christentum, Judentum und Islam*. München: Siedler.

Auchter, T. (2016). Das Selbst und das Fremde. Zur Psychoanalyse von Fremdenfeindlichkeit und Fundamentalismus. *Psyche, 70*(9/10), 856–880.

Baldauf, J. & Rathje, J. (2015). Neue Weltordnung und »jüdische Weltverschwörung«. Antisemitismus und Verschwörungsideologien. In Amadeu Antonio Stiftung (2015). *»No World Order«. Wie antisemitische Verschwörungsideologien die Welt verklären*. https://www.amadeu-antonio-stiftung.de/wp-content/uploads/2018/08/verschwoerungen -internet–1.pdf [letzter Aufruf: 19.4.2022].

Barkun, M. (2013 [2003]). *A Culture of Conspiracy. Apocalyptic Visions in Contemporary America* (2. Auflage). Berkeley: University of California Press (Kindle-Version).

Barr, J. (1977). *Fundamentalismus*. München: Chr. Kaiser.

Beier, M. (2006). On the Psychology of Violent Christian Fundamentalism: Fighting to Matter

Ultimately. Psychoanalytic Review, 93(2), 301–327. https://doi.org/10.1521/prev.2006.93.2.301 [letzter Aufruf: 8.10.2022].

Beland, H. (2009). Religion und Gewalt. Der Zusammenbruch der Ambivalenztoleranz in der konzeptuellen Gewalt theologisch/politischer Begriffsbildungen. *Psyche, 63*(9/10), 877–906.

Beland, H. (2011). *Unaushaltbarkeit.* Gießen: Psychosozial.

Berger, P. L. (1994). *Sehnsucht nach Sinn: Glauben in einer Zeit der Leichtgläubigkeit.* Frankfurt a. M.: Campus.

Bibelbund (2015). *Fundamentalisten, Evangelikale und Neuevangelikale.* https://bibelbund.de/2015/10/fundamentalisten-evangelikale-und-neu-evangelikale [letzter Aufruf: 20.1.2021].

Bion, W. (1992 [1962]). *Lernen durch Erfahrung.* Frankfurt a. M.: Suhrkamp.

Bohleber, W. (2009). Editorial. Psychoanalyse und Religion: Facetten eines nicht unproblematischen Verhältnisses. *Psyche, 63*(9/10), 813–821.

Bohleber, W. (2010). Idealität und Destruktivität. Überlegungen zur Psychodynamik des religiösen Fundamentalismus. In M. Leuzinger-Bohleber & P. Klumbies (Hrsg.), *Religion und Fanatismus. Psychoanalytische und theologische Zugänge* (S. 25–47). Göttingen: Vandenhoeck & Ruprecht.

Böhme, H. (2020 [2006]). *Fetischismus und Kultur. Eine andere Theorie der Moderne* (4. Auflage). Hamburg: rowohlt.

Bojanowski, A. (2010). *Vermeintlicher Arche Noah-Fund. Steinige Enttäuschung.* https://www.sueddeutsche.de/wissen/vermeintlicher-arche-noah-fund-steinige-enttaeuschung-1.911085 [letzter Aufruf: 21.5.2022].

Britton, R. (1993). Fundamentalismus und Idolbildung. In J. Gutwinski-Jeggle & J. M. Rotmann (Hrsg.): *„Die klugen Sinne pflegend": psychoanalytische und kulturkritische Beiträge; Hermann Beland zu Ehren* (S. 100–119). Tübingen: Edition diskord.

Britton, R. (2001). *Glaube, Phantasie und psychische Realität. Psychoanalytische Erkundungen.* Stuttgart: Klett-Cotta.

Brockschmidt, A. (2021). *Amerikas Gotteskrieger. Wie die religiöse Rechte die Demokratie gefährdet.* Hamburg: rowohlt Polaris.

Brunner, M. (2019). Enthemmte Männer. Psychoanalytisch-sozialpsychologische Überlegungen zur Freud'schen Massenpsychologie und zum Antifeminismus in der »Neuen« Rechten. *Journal für Psychoanalyse, 39*(60), 7–31.

Buchholz, R. (2017). *Falsche Wiederkehr der Religionen. Zur Konjunktur des Fundamentalismus.* Würzburg: echter.

Chasseguet-Smirgel, J. (1989). *Anatomie der menschlichen Perversion.* Stuttgart: Deutsche Verlagsanstalt.

Conzen, P. (2005). *Fanatismus. Psychoanalyse eines unheimlichen Phänomens.* Stuttgart: Kohlhammer.

Crouch, C. (2008). *Postdemokratie.* Frankfurt a. M.: Suhrkamp.

Davis, W. A. (2006). Bible Says: The Psychology of Christian Fundamentalism. *Psychoanalytic Review, 93*(2), 267–300.

Decker, O. & Brähler, E. (2018). *Flucht ins Autoritäre. Rechtsextreme Dynamiken in der Mitte der Gesellschaft.* Gießen: Psychosozial-Verlag.

Deckert, B. (2007). *All along the Watchtower. Eine psychoimmunologische Studie zu den Zeugen Jehovas*. Göttingen: V&R unipress.

Deissler, A. & Vögtle, A. (Hrsg.) (1985). *Neue Jerusalemer Bibel. Einheitsübersetzung mit dem Kommentar der Jerusalemer Bibel*. Freiburg: Herder.

Drechsel, W. (2005). *Pastoralpsychologische Bibelarbeit. Ein Verstehens- und Praxismodell gegenwärtiger Bibel-Erfahrung*. https://augustana.de/fileadmin/user_upload/dokumente/promotionen/Pastoralpsychologische%20Bibelarbeit.pdf [letzter Aufruf: 21.10.2021].

Dressler, B. (2018). Religiöse Bildung – Fundamentalismusprophylaxe? In J. Sautermeister & E. Zwick (Hrsg.), *Religion und Bildung: Antipoden oder Weggefährten. Diskurse aus historischer, systematischer und praktischer Sicht* (S.375–392). Paderborn: Ferdinand Schöningh.

Dyrendal, A. (2016). Conspiracy Theories and New Religious Movements. In J.R. Lewis & I.B. Töllefsen (Hrsg.), *The Oxford Handbook of New religious movements* (S. 198–209). Oxford: University.

Ehrenberg, A. (1998). *Das erschöpfte Selbst* (2. Auflage). Frankfurt: Campus.

Erdheim, M. (1988). *Psychoanalyse und Unbewusstheit in der Kultur*. Frankfurt: Suhrkamp.

Erdheim, M. (1993). Psychoanalyse, Adoleszenz und Nachträglichkeit. *Psyche, 47*(10), 934–950.

Essbach, W. (2014). *Religionssoziologie 1. Glaubenskrieg und Revolution als Wiege neuer Religionen*. Leiden und Boston: Wilhelm Fink.

Fachstelle infoSekta (Hrsg.). (2013). *Erziehungsverständnisse in evangelikalen Erziehungsratgebern und -kursen*. https://www.infosekta.ch/infos-zu-gruppen-und-themen/evangelikale-erziehung/fachstelle-infosekta-hrsg-2013-erziehungsverstandnisse-in-evangelikalen-erziehungsratgebern-und-kursen/ [letzter Aufruf: 9.4.2022].

Fonagy, P., Gergely, G., Jurist, E.L. & Target, M. (2004). *Affektregulierung, Mentalisierung und die Entwicklung des Selbst*. Stuttgart: Klett-Cotta.

Freud, S. (1904). *Zur Psychopathologie des Alltagslebens. GW IV*. Frankfurt a.M.: Fischer.

Freud, S. (1907). Zwangshandlungen und Religionsübungen. *GW VII*. Frankfurt a.M.: Fischer.

Freud, S. (1910). *Eine Kindheitserinnerung des Leonardo da Vinci. GW VIII*. Frankfurt a.M.: Fischer.

Freud, S. (1914). Zur Einführung des Narzissmus. *GW X*. Frankfurt a.M.: Fischer.

Freud, S. (1915). *Das Unbewusste. GW X*. Frankfurt a.M.: Fischer.

Freud, S. (1920). *Jenseits des Lustprinzips. GW XIII*. Frankfurt a.M.: Fischer.

Freud, S. (1921). *Massenpsychologie und Ich-Analyse. GW XIII*. Frankfurt a.M.: Fischer.

Freud, S. (1927a). Fetischismus. *GW XIV*. Frankfurt a.M.: Fischer.

Freud, S. (1927c). *Die Zukunft einer Illusion. GW XIV*. Frankfurt a.M.: Fischer.

Gess, N. (2021). *Halbwahrheiten. Zur Manipulation von Wirklichkeit*. Berlin: Matthes & Seitz.

Gorski, P. (2020). *Am Scheideweg. Amerikas Christen und die Demokratie vor und nach Trump*. Freiburg i. Br.: Herder.

Green, A. (1975). Analytiker, Symbolisierung und Abwesenheit im Rahmen der psychoanalytischen Situation. *Psyche, 29*(6), 503–541.

Grunberger, B. (1988). *Narziss und Anubis* (Band 1 und 2). München und Wien: Internationale Verlagsanstalt.

Harris, H.A. (1998). *Fundamentalism and Evangelicals*. Oxford Theological Monographs. New York: Oxford University Press.

Heeb, N. (2020). Der vernichtende Gott. Klinische Illustration traumatisierender Wirkungen christlich-fundamentalistischer Dogmen auf die Subjektkonstituierung. In J. Baumann, K. Grabska & G. Wolber (Hrsg.), *Wenn Zeit nicht alle Wunden heilt. Trauma und Transformation* (S. 122–138). Stuttgart: Klett-Cotta.

Hehli, S. (02.05.2018). »Nehme ich meine Frau in die Arme, spüre ich Schmetterlinge im Bauch, mit Jesus ist das Gefühl dasselbe«. https://www.nzz.ch/schweiz/unser-freund -im-himmel-wie-auf-erden-ld.1378671

Henson, J. S. & Wasserman, J. A. (2011). Six in one hand, half a dozen in the other: An ontological content analysis of radical Islam and the Christian right. *Culture and Religion, 12*(1), 39–58. https://doi.org/10.1080/14755610.2011.557013 [letzter Aufruf: 15.10.2021].

Henseler, H. (2003). Psychoanalytische Gedanken zum religiösen Fundamentalismus. In G. Poscheschnik & E. Rosita (Hrsg.), *Psychoanalyse im Spannungsfeld von Humanwissenschaft, Therapie und Kulturtheorie.* Frankfurt a. M.: Brandes & Apsel.

Hildebrandt, M. (2007). *Krieg der Religionen?* http://www.bpb.de/apuz/30669/krieg-der -religionen [letzter Aufruf: 3.10.2022].

Hochgeschwender, M. (2018). *Amerikanische Religion. Evangelikalismus, Pfingstlertum und Fundamentalismus.* Frankfurt a. M.: Verlag der Weltreligionen.

Hofstädter, R. (2008). *The paranoid style in American Politics and other essays.* New York: Vintage Books (Kindle-Version).

Hole, G. (2004). *Fanatismus. Der Drang zum Extrem und seine psychischen Wurzeln.* Gießen: Psychosozial-Verlag.

Hopf, H. (2014). *Die Psychoanalyse des Jungen.* Stuttgart: Klett-Cotta.

Ingber, M. (2005). Fundamentalismus im Judentum und in der jüdisch-israelischen Gesellschaft im Staat Israel. In C. Six, M. Riesebrodt & S. Haas (Hrsg.), *Religiöser Fundamentalismus. Vom Kolonialismus zur Globalisierung* (S. 91–115). Innsbruck: StudienVerlag.

Jäggi, C. J. & Krieger, D. J. (1991). *Fundamentalismus. Ein Phänomen der Gegenwart.* Zürich: Orell Füssli.

Juergensmeyer, M. (2004). *Terror im Namen Gottes. Ein Blick hinter die Kulissen des gewalttätigen Fundamentalismus.* Freiburg i.Br.: Herder.

Kita, S. (2019). *SOS – SAVE OUR SOULS. Eine analytische Begegnung in perversem Gewässer. Fallstudie.* Wissenschaftliche Arbeit im Rahmen der Ausbildung zur Psychoanalytikerin DPG/DGPT am Institut für Psychoanalyse und Psychotherapie Freiburg IPPF. Unveröffentlicht.

Keller, W. (1955). *Und die Bibel hat doch recht. Forscher beweisen die Wahrheit des Alten Testaments.* Düsseldorf: Econ.

Knepper, C. (2011). Harmonie, Gehorsam und Strafe. Ivo Saseks Lehre von der Kindererziehung. *Zeitschrift für Religions- und Weltanschauungsfragen, 4*(11), 132–139. https:// www.ewz-berlin.de/fileadmin/user_upload/ezw-berlin/publications/downloads/ Materialdienst_04_2011.pdf [letzter Aufruf: 22.4.2022].

Kössler, T. (2.5.2021). *QAnon, Kinderschändung und die Geschichte des Kinderschutzes. Geschichte der Gegenwart.* https://geschichtedergegenwart.ch/qanon-kinderschaendung-und -die-geschichte-des-kinderschutzes/ [letzter Aufruf: 28.02.2022].

Krauss, H. (2001). *Faschismus und Fundamentalismus. Varianten totalitärer Bewegung im Span-*

nungsfeld zwischen »prämodernem« Traditionalismus und kapitalistischer »Moderne«.
http://www.trend.infopartisan.net/trd0301/t010301.html [letzter Aufruf: 28.9.2020].

Krug, U. (2022). *Krankheit als Kränkung. Narzissmus und Ignoranz in pandemischen Zeiten.*
Berlin: Tiamat.

Lambrecht, O. & Baars, C. (2009). *Mission Gottesreich. Fundamentalistische Christen in Deutschland.* Berlin: Ch. Links.

Langer, S. (1979). *Philosophie auf neuem Wege. Das Symbol im Denken, im Ritus und in der Kunst* (2. Auflage). Mittenwald: Mäander.

Laplanche, J. & Pontalis, J. B. (1998). *Das Vokabular der Psychoanalyse* (14. Auflage). Frankfurt a. M.: Suhrkamp.

Larsen, M. D. (2005). Religiöser Fundamentalismus in den USA. Eine historische Perspektive. In C. Six, M. Riesebrodt & S. Haas (Hrsg.), *Religiöser Fundamentalismus. Vom Kolonialismus zur Globalisierung* (S. 69–89). Innsbruck: StudienVerlag.

Lewis, J. R. (2016). Satanic Ritual Abuse. In J. R. Lewis & I. B. Töllefsen (Hrsg.), *The Oxford Handbook of New religious movements* (S. 211–221). Oxford: University.

Löchel, E. (2000). Symbol, Symbolisierung. In W. Mertens & B. Waldvogel (Hrsg), *Handbuch psychoanalytischer Grundbegriffe.* Stuttgart: Kohlhammer.

Lorenzer, A. (1988). *Das Konzil der Buchhalter. Die Zerstörung der Sinnlichkeit. Eine Religionskritik.* Frankfurt a. M.: Fischer.

Mannoni, O. (1985). *Clefs pour l'Imaginaire ou l'Autre Scène.* Mayenne: Seuil.

Marty, M. E. & Appleby, R. S. (Hrsg.). (1995). *Fundamentalisms comprehended. The Fundamentalism Project* (Band 5). Chicago: The University of Chicago.

Marty, M. E. & Appleby, R. S. (1996). *Herausforderung Fundamentalismus. Radikale Christen, Moslems und Juden im Kampf gegen die Moderne.* New York: Campus.

Marsden, G. M. (2006 [1980]). *Fundamentalism and American Culture* (2. Auflage). Oxford: University Press (Kindle-Version).

Mentzos, S. (1988). *Interpersonale und institutionelle Abwehr.* Frankfurt a. M.: Suhrkamp.

Metz, M. & Seeßlen, G. (2012). *Blödmaschinen. Die Fabrikation der Stupidität* (2. Auflage). Berlin: Suhrkamp.

Meyer, T. (2011). *Was ist Fundamentalismus? Eine Einführung.* Wiesbaden: VS Verlag für Sozialwissenschaften.

Montag, C. (2015). Zum Konzept der Mentalisierung in Theorie und Behandlungstechnik der Psychosen. *Forum der Psychoanalyse, 31,* 375–393.

Morgenthaler, F. (2004). *Homosexualität, Heterosexualität, Perversion.* Gießen: Psychosozial-Verlag.

Müller-Pozzi, H. (2008). *Eine Triebtheorie für unsere Zeit. Sexualität und Konflikt in der Psychoanalyse.* Bern: Huber.

Neubaur, C. (1987). *Übergänge. Spiel und Realität in der Psychoanalyse Donald W. Winnicotts.* Frankfurt a. M.: Athenäum.

Neubaur, C. (2002). Winnicott oder: Das Leben, ein Übergangsraum. *Luzifer-Amor. Zeitschrift zur Geschichte der Psychoanalyse, 30*(15), 92–122.

Ogden, T. H. (1992). *The Matrix of the Mind. Object Relations and the Psychoanalytic Dialogue.* London: Maresfield Library (Kindle-Version).

Ogden, T. H. (2006). *Frühe Formen des Erlebens.* Gießen: Psychosozial-Verlag.

Paramo Ortega, R. (2013). *Fundamentalisten sind immer die anderen – Freud im Zeitalter des Fundamentalismus.* https://psydok.psycharchives.de/jspui/bitstream/20.500.11780/1055/1/Fundamentalisten_sind_immer_die_Anderen_2008.pdf [letzter Aufruf: 5.3.2020].

Pfaller, R. (2002). *Die Illusionen der anderen. Über das Lustprinzip in der Kultur.* Frankfurt a. M.: Suhrkamp.

Raguse, H. (1993). *Psychoanalyse und biblische Interpretation. Eine Auseinandersetzung mit Eugen Drewermanns Auslegung der Johannes-Apokalypse.* Stuttgart: Kohlhammer.

Riesebrodt, M. (2001). *Die Rückkehr der Religionen. Fundamentalismus und der »Kampf der Kulturen«* (2. Auflage). München: C. H. Beck.

Riesebrodt, M. (2005). Was ist »religiöser Fundamentalismus«? In C. Six, M. Riesebrodt & S. Haas (Hrsg.), *Religiöser Fundamentalismus. Vom Kolonialismus zur Globalisierung* (S. 13–32). Innsbruck: StudienVerlag.

Rizzuto, A. (1979). *The Birth of the living God. A Psychoanalytic Study.* Chicago und London: The University of Chicago Press (Kindle-Version).

Robertson, P. (1991). *The New World Order.* Nashville: Word Publishing.

Rohde-Dachser, C. (2009). Todestrieb, Gottesvorstellungen und der Wunsch nach Unsterblichkeit. *Psyche, 63*(9/10), 973–998.

Roy, O. (2010). *Heilige Einfalt. Über die politischen Gefahren entwurzelter Religionen.* München: Siedler.

Sarasin, P. (2021). *1977: Eine kurze Geschichte der Gegenwart.* Berlin: Suhrkamp.

Schäfer, H. W. (2008). *Kampf der Fundamentalismen. Radikales Christentum, radikaler Islam und Europas Moderne.* Frankfurt a. M. und Leipzig: Verlag der Weltreligionen.

Schleichert, H. (2017). *Wie man mit Fundamentalisten diskutiert, ohne den Verstand zu verlieren. Anleitung zum subversiven Denken* (10. Auflage). München: C. H. Beck.

Schneeberger, S. (2010). *Fundamentalismus für Einsteiger.* Aschaffenburg: Alibri.

Schweizer Radio und Fernsehen (13.4.2022). *Radikale Christen – Mein Ausstieg aus der OCG (Teil 1).* https://www.srf.ch/play/tv/reporter/video/radikale-christen---mein-ausstieg-aus-der-ocg-teil-1?urn=urn:srf:video:7b60fe29-10e4-42d0-a800-2f24ead68839

Segal, H. (1992). *Wahnvorstellung und künstlerische Kreativität. Ausgewählte Aufsätze.* Stuttgart: Klett-Cotta.

Segal, H. (1996). *Traum, Phantasie und Kunst.* Stuttgart: Klett-Cotta.

Segal, H. (1997). Silence is the real crime. In dies., *Psychoanalysis, Literature and War* (S. 143–156). London und New York: Routledge.

Segal, H. (2013). *Melanie Klein. Eine Einführung in ihr Werk* (2. Auflage). Frankfurt a. M.: Brandes & Apsel.

Sennett, R. (1998). *Der flexible Mensch – Die Kultur des neuen Kapitalismus.* Berlin: Berliner Taschenbuch-Verlag.

Streeck-Fischer, A. (2006). *Trauma und Entwicklung. Frühe Traumatisierungen und ihre Folgen in der Adoleszenz.* Stuttgart: Schattauer.

Strozier, C. B. (1994). *Apocalypse. On the Psychology of Fundamentalism in America.* Boston: Beacon Press.

Strozier, C. B. (2009). Denkstrukturen des Fundamentalismus. *Psyche, 63*(9/10), 925–947.

Strozier, C. B., Terman, D. M. & Jones, J. W. (2010). *The Fundamentalist Mindset.* Oxford: University Press.

Türcke, C. (1992). *Kassensturz. Zur Lage der Theologie.* Frankfurt a. M.: Fischer.

Türcke, C. (2014). *Fundamentalismus – markierter Nihilismus.* Hannover: Zu Klampen (Kindle-Version).

Volkan, V. (2005). *Blindes Vertrauen. Großgruppen und ihre Führer in Krisenzeiten.* Gießen: Psychosozial-Verlag.

Whitebook, J. (2009). Psychoanalyse, Religion und das Autonomieprojekt. *Psyche, 63*(9/10), 822–851.

Widla, N. (29.10.2020). Pseudoarchäologie. Wenn Satan im Museum haust. *Schweizerische Wochenzeitung, 44.* https://www.woz.ch/2044/pseudoarchaeologie/wenn-satan-im-museum-haust

Winnicott, D. W. (1960). Ego Distortion in Terms of True and False Self. In ders. (Hrsg.), *The Maturational Processes and the Facilitating Environment: Studies in the Theory of Emotional Development* (S. 140–152). London: Karnac.

Winnicott, D. W. (1987 [1971]). *Vom Spiel zur Kreativität.* Stuttgart: Klett-Cotta.

Winnicott, D. W. (1991). Die Angst vor dem Zusammenbruch. *Psyche, 45*(12), 1116–1126.

Wolf, L. (2019). Zwischen Enthemmung und Autoritarismus: Deutschland in der Mitte – Ein Gespräch mit Oliver Decker. *Journal für Psychoanalyse, 60,* 33–52.

Zinshtein, M. (2020). *'Til Kingdom Come* [Dokumentarfilm]. Israel und USA: MetFilm Production.

Psychosozial-Verlag

Martin Teising, Arne Burchartz (Hg.)

Die Illusion grenzenloser Verfügbarkeit

Über die Bedeutung von Grenzen für Psyche und Gesellschaft

Martin Teising, Arne Burchartz (Hg.)

Die Illusion grenzenloser Verfügbarkeit
Über die Bedeutung von Grenzen
für Psyche und Gesellschaft

Psychosozial-Verlag

2023 · 301 Seiten · Broschur
ISBN 978-3-8379-3260-7

▸ **Facettenreiche Thematisierung von Grenzen und Versuchen, diese zu überwinden**
▸ **Fördert ein Bewusstsein dafür, dass Grenzen einengende und fesselnde, aber auch stabilisierende und lebensfördernde Funktionen haben**

Die Auflösung von Grenzen kann Freiheit ermöglichen – Grenzenlosigkeit aber, etwa beim Verbrauch von Ressourcen, kann auch Lebensgrundlagen zerstören und zu Verunsicherungen des Individuums führen. Die Autor*innen thematisieren das Ringen um Grenzen und ihre Bedeutung für die individuelle Psyche, für Gruppen und die Gesellschaft.

Einen Schwerpunkt bilden Arbeiten zur Transgender-Thematik, die sich mit der potenziellen Kränkung durch eine biologisch angelegte Geschlechtlichkeit beschäftigen. Weitere Beiträge thematisieren das bittere Anerkennenmüssen einschränkender Behinderungen, die Ursachen der Klimakrise und die Notwendigkeit angesichts von *end-of-life decisions*, die Begrenzung des eigenen Lebens anerkennen zu müssen.

Mit Beiträgen von Bernd Ahrbeck, Josef Christian Aigner, David Bell, Heribert Blass, Arne Burchartz, Frank Dammasch, Hans Hopf, Heribert Kellnhofer, Vera King, Hans-Geert Metzger, Martin Teising, Sally Weintrobe, Jean-Pierre Wils, Hans-Jürgen Wirth und Achim Würker

Walltorstr. 10 · 35390 Gießen · Tel. 0641-969978-18 · Fax 0641-969978-19
bestellung@psychosozial-verlag.de · www.psychosozial-verlag.de